Franz-Josef Brüggemeier / Gerhard Hoffmann

Menschen im Jahr 1000

HERDER / SPEKTRUM

Band 5514

Das Buch:

Heutige Schätzungen gehen davon aus, daß im Jahr 1000 n. Chr. auf der Erde 200 bis 300 Millionen Menschen gelebt haben. Wie haben diese Menschen vor 1000 Jahren ihre Situation erlebt? Das vorliegende Buch wirft einen Blick zurück – in das Herz und das Bewußtsein der Menschen an der ersten millenarischen Wende der europäisch-christlichen Zeitvorstellung. Die meisten Völker dieser Zeit besaßen andere Kalender, alle standen aber letztlich vor den gleichen Fragen. Wovor hatten die Menschen Angst, auf welche Zukunft hofften sie? Wie sprachen sie über ihre Not, ihr Glück, ihre Genüsse und Leiden, ihre Liebe, über die Neugier – oder Krieg und Gewalt? Welche Traditionen prägten ihr Leben, wie erfuhren sie Recht, wie gingen sie um mit den Grenzen des Lebens und ihrer Welt? Wie begegneten sie sich, und was wußten sie voneinander?

Eine Epoche, reich an vielfältiger Kultur, gewinnt ein lebendiges und menschliches, farbiges und dramatisches Gesicht. Sie war geprägt durch eine Vielzahl eigenständiger, oftmals hoch entwickelter Kulturen in China, Indien, Südostasien, Byzanz, der islamischen Welt, in Europa, Mesoamerika und Afrika. Von ihnen stammen die aussagekräftigen Zeugnisse einer Zeit, die ganz anders war als unsere heutige Welt, ihr zugleich aber erstaunlich ähnelte. Die Texte handeln von Menschen, über die wir wenig wissen, die jedoch Faszinierendes zu berichten haben. So entsteht ein neues Bild unserer Welt, das die Beschränkung auf Europa überwindet. Ein historisches Lesebuch, das in faszinierenden Berichten, Dokumenten, Augenzeugendarstellungen und poetischen Texten zeigt, daß wir eine gemeinsame Geschichte haben.

Die Herausgeber:

Professor Dr. Dr. Franz-Josef Brüggemeier hat am Historischen Seminar der Universität Freiburg den Lehrstuhl für Wirtschafts- und Sozialgeschichte inne. Zahlreiche Publikationen zu historischen und insbesondere sozial- und umweltgeschichtlichen Themen. Er leitet eine Gruppe, die – gefördert von der Volkswagenstiftung – über die Welt im Jahr 1000 arbeitet.

Dr. phil. habil. Gerhard Hoffmann, Studium der Arabistik, Islamwissenschaft und Geschichte an der Universität Leipzig. Lehrtätigkeit zur arabisch-islamischen Geschichte des Mittelalters und der Neuzeit an den Universitäten Leipzig, Berlin, Kiel. Arbeitsgebiete: Geschichte des mittelalterlichen arabisch-islamischen Orients; sozio-militärische Entwicklungen im Vorderen Orient des Mittelalters. Zahlreiche Veröffentlichungen.

Menschen im Jahr 1000

Herausgegeben von
Franz-Josef Brüggemeier und
Gerhard Hoffmann

in Zusammenarbeit mit Georg Berkemer,
Andreas Brockmann, Stefan Eisenhofer, Volkhard Huth
und Angela Schottenhammer

Herder

Freiburg · Basel · Wien

Gedruckt auf umweltfreundlichem,
chlorfrei gebleichtem Papier

Originalausgabe

Alle Rechte vorbehalten – Printed in Germany
© Verlag Herder Freiburg im Breisgau 1999
Satz: Fotosetzerei G. Scheydecker, Freiburg im Breisgau
Herstellung: Freiburger Graphische Betriebe 1999
Umschlaggestaltung: Joseph Pölzelbauer
Umschlagmotiv: Krieger des Nebukadnezar auf dem Marsch nach Jerusalem.
Kopie nach einer aus dem nordspanischen Kloster Tábara stammenden
Vorlage des Jahres 970 mit dem Apokalypsenkommentar des Beatus
von Liébana, gefertigt 1220 (New York, The Pierpont Morgan Library,
Cod. M 429, fol. 148 r; Auszug Bildmitte). Die Miniatur bezieht sich auf den
biblischen Text im 2. Buch der Könige, Kapitel 25.
Autorenfoto Hoffmann: Foto Herbst
ISBN: 3-451-05514-7

Inhalt

5

Vorwort

Das vorliegende Buch ist ein Gemeinschaftswerk und erstes Ergebnis eines Forschungsprojektes zur „Welt im Jahre 1000". Die Idee hierzu wurde vor etwa drei Jahren zusammen mit Jürg Steiner entwickelt und der im kommenden Jahr in Hannover stattfindenden Expo 2000 unterbreitet. Diese hat unser Vorhaben gefördert und behandelt das Thema auf der Weltausstellung.

Um ein derartig umfassendes Thema untersuchen zu können, ist wirksame Unterstützung erforderlich. Diese hat in großzügiger Weise die Volkswagenstiftung bewilligt, so daß gegenwärtig an den Universitäten Freiburg (Franz-Josef Brüggemeier) und Halle (Wolfgang Schenkluhn) ein Forschungsprojekt zur Welt im Jahre 1000 durchgeführt werden kann. Dessen Mitarbeiter haben die hier versammelten Dokumente ausgewählt und kommentiert, wofür wir uns herzlich bedanken: Georg Berkemer (Südostasien), Andreas Brockmann (Mesoamerika), Stefan Eisenhofer (Afrika), Volkhard Huth (Europa/Byzanz), Gerhard Hoffmann (islamischer Raum) und Angela Schottenhammer (China). Im Rahmen des Projektes entsteht derzeit eine Darstellung zur „Welt im Jahr 1000", die im Frühjahr 2000 erscheinen wird.

Einige Quellenauszüge wurden erstmals ins Deutsche übersetzt. Ist auf bereits vorhandene und zum Teil ältere deutsche Übersetzungen zurückgegriffen worden, haben die Mitarbeiter die Orthographie sowie die Umschriften für Namen und Begriffe aus den verschiedenen Sprachen vereinheitlicht. Erläuternde Zusätze stehen in Klammern oder in Fußnoten. Um die Lesbarkeit der Texte zu gewährleisten, erscheinen Fachtermini aus den jeweiligen Sprachen nur in Ausnahmefällen.

Bedanken möchten wir uns schließlich noch bei I. Wissner, C. Vogelpohl, T. Stüve und T. Bauer. Sie haben uns sehr geholfen, die Texte zu erfassen, Fehler auszumerzen, Informationen zu besorgen und das Manuskript zu erstellen.

Freiburg i. Br. /   *Franz-Josef Brüggemeier*
Halle im August 1999   *Gerhard Hoffmann*

Menschen im Jahre 1000
Einleitung

Heutige Schätzungen gehen davon aus, daß im Jahre 1000 n. Chr. auf der Erde 200 bis 300 Millionen Menschen gelebt haben. Die Geburtsraten waren im allgemeinen hoch, doch die Kindersterblichkeit ebenfalls, so daß die durchschnittliche Lebenserwartung lediglich 20 bis 25 Jahre betrug und die Bevölkerung nur langsam zunahm.

Der vorliegende Band läßt Menschen dieser Epoche zu Wort kommen. Er versammelt Texte über ihr Leben, ihre Gedankenwelt, Wünsche und Erlebnisse und behandelt jene Regionen, von denen schriftliche Zeugnisse vorliegen. Damit erstrecken sich die Texte auf Mittelamerika, China und Ostasien, Indien und Südostasien, auf die islamischen Gebiete zwischen der Iberischen Halbinsel und Mittelasien, das in Europa und Kleinasien liegende Reich von Byzanz, verschiedene Regionen des abendländischen Europa sowie einige Gebiete Ost- und Westafrikas. Für andere Regionen wie Australien, Neuseeland, weite Teile Nord- und Südamerikas sowie Afrikas oder das nördliche Asien liegen derartige schriftliche Zeugnisse nicht vor.

Das als Bezugspunkt gewählte Jahr 1000 entstammt der christlichen Zeitrechnung und hatte nur für einen kleineren Teil der damals bewohnten Erde eine Bedeutung. Die übergroße Mehrheit der Menschen lebte nach stark unterschiedlichen Zeitvorstellungen und Kalendern. Selbst in Europa waren die Vorstellungen davon, welches Jahr eigentlich gezählt wurde, nicht ganz einheitlich. Auf keinen Fall können wir davon ausgehen, daß die erste Jahrtausendwende, das damalige Millenium, mit Angst und Schrecken erwartet wurde und allgemeine apokalyptische Vorstellungen auslöste. Überwiegend ist dieses kalendarische Ereignis selbst in Europa offensichtlich nicht weiter beachtet worden.

Der Blick auf das Jahr 1000 hat deshalb einen gewissen zufälligen Charakter und erklärt sich vor allem aus unserer heutigen Situation, aus der zweiten Jahrtausendwende. Es ist jedoch äußerst reizvoll, eintausend Jahre zurückzublicken, die damalige Welt genauer zu betrachten und dabei vor allem über Europa hinaus zu schauen.

Eine bis heute verbreitete, auf Europa zentrierte Sichtweise plaziert das Jahr 1000 in die Epoche des Mittelalters, zwischen europäischer Antike und Renaissance. Dieses Mittelalter ist lange mit dem Makel einer stagnierenden, finsterkulturlosen Zeit versehen worden. Diese Sichtweise ist mittlerweile überwunden. Heute wissen wir, daß gerade um diese Zeit wichtige Neuanfänge zu verzeichnen sind. Es war die Phase wichtiger Klostergründungen und Reformbewegungen, der Begründung neuer Reiche – etwa durch die Ottonen – und eines allgemeinen kulturellen und wirtschaftlichen Aufschwunges.

Dennoch hob sich Europa zu dieser Zeit keineswegs durch wirtschaftliche, technische, politische oder kulturelle Leistungen hervor und bestand als politische, wirtschaftliche oder ökonomische Einheit um das Jahr 1000 (noch) nicht. Wichtige Teile im Osten und Süden gehörten zu anderen Kulturkreisen (Islam, Byzanz). Ein einigermaßen zusammenhängendes Gebilde bestand nur im Ostfrankenreich, das jedoch lediglich einen kleineren Teil dieses Kontinents abdeckte, in sich zersplittert war und gegenüber den anderen Kulturen der gleichen Zeit rückständig erscheint. Der Aufstieg Europas setzte erst etwa 400 Jahre später ein.

Die hoch entwickelten Kulturen und Zivilisationen befanden sich in China, Indien, Japan und Kambodscha, im vorderen Orient und Nordafrika (Byzanz, arabisch-islamische Welt) oder in Süd- und Mittelamerika. Vor allem für China, die islamischen Regionen und Teile Indiens kann diese Zeit durchaus als eine Form der „Renaissance" betrachtet werden, wenn man die damals feststellbare Wiederbelebung und teilweise Weiterentwicklung von kulturellen, wissenschaftlichen und technischen Leistungen des Altertums in Betracht zieht.

In Mittelamerika hatten die Tolteken Ende des 10. Jahrhunderts das Erbe der Maya und der Gründer von Teotihuacan übernommen und Leistungen hervorgebracht, auf die sich die späteren Azteken mit Stolz beriefen. Die islamischen Regionen, die sich religiös-staatlich unter der Oberherrschaft von drei konkurrierenden Kalifaten in Bagdad, Kairo und Cordoba und politisch in der Hand muslimischer Emire verschiedenster ethnischer Herkunft befanden, erlebten einen Höhepunkt ihrer klassischen Zivilisation. In Ostasien setzte die neuerliche Einigung Chinas unter der Song-Dynastie erhebliche Kräfte frei. Sie führte zu einer Stärkung der zivilen gegenüber den militärischen Prioritäten, begünstigte den Aufbau eines umfassenden Staatsapparates und ging einher mit einem beeindruckenden Aufschwung von Wissenschaft, Wirtschaft und nicht zuletzt der Technik. Der Übergang zu einer industrialisierten Gesellschaft schien sich anzubahnen.

In Japan baute die herrschende Adelsfamilie symbolträchtig die neue Hauptstadt Kyoto aus. In Südostasien existierten politische und kulturelle Zentren in Burma (Myanmar), dem heutigen nördlichen Vietnam und in Kambodscha, wo die beeindruckende Tempelanlage von Angkor entstand. Auf dem indischen Subkontinent ist eine gewisse Zweiteilung zu konstatieren, wobei in den nördlichen sowie den zentralen Regionen nahezu unaufhörlich politische und militärische Fehden zwischen Kleinkönigen und Fürsten ausgetragen wurden, die beträchtliche Zerstörungen und wirtschaftliche Verluste zur Folge hatten. Im Süden des Subkontinents dagegen konnte die Tamilen-Dynastie der Colas ihren Staat kontinuierlich erweitern und sich schließlich auch Ceylon (Sri Lanka) einverleiben. In Afrika wiederum gab es – zusätzlich zum islamischen Norden – im subsaharischen Westen und küstennahen Osten Regionen mit großen Städten, die in das arabisch-asiatische Handelsnetz eingebunden waren.

An einer Schnittstelle von Asien und Europa stand das Byzantinische Reich mit seiner Hauptstadt Konstantinopel auf dem Gipfel seiner Machtentfaltung. Die christlichen Konkurrenten dieses Reiches in Mittel- und Westeuropa schritten auf dem Weg zu nationenbildenden Monarchien voran. Dabei spielten die deutschen Könige und Kaiser mit ihrem Einfluß auf das Papsttum zunächst eine dominierende Rolle, mußten aber – zumal an den östlichen Grenzen – ihre Position in heftigen Kämpfen und Schlachten behaupten.

Die Welt um das Jahr 1000 bildete also fraglos keine Einheit. Es gab vielmehr verschiedene Zivilisationen und Kulturen, die in sehr unterschiedlichem Umfange voneinander wußten. Besonders eng waren die Kontakte zwischen dem Byzantinischen Reich und den islamischen Regionen sowie nach Indien und Ostasien. Europa lag demgegenüber außen vor, wobei nicht nur fehlende Handelsgüter, sondern allein schon mangelnde Sprachkenntnisse einen engeren Kontakt erschwerten. Zu Mittelamerika bestanden überhaupt keine Verbindungen, während die Wikinger zwar nach Nordamerika gelangten, ihre Fahrten aber nahezu folgenlos blieben. Die „Welt" Asiens, Europas und Afrikas auf der einen und die „Welt" beider Amerikas auf der anderen Seite des Globus wußten nichts voneinander. Es wäre deshalb unzutreffend, für das Jahr 1000 von der Einen Welt zu sprechen. Doch es ist zugleich an der Zeit, auch für diesen Zeitabschnitt eine umfassendere, eine globale Perspektive zu wählen. Dabei fallen nicht nur Unterschiede und Trennendes, sondern auch Gemeinsamkeiten auf wie hoch entwickelte städtische Zentren und die ersten Millionenstädte (Kai-feng und Hang-chou in China); ein erstaunlich dichtes Netz von Universitäten mit teilweise mehreren tausend Studenten (Nalanda in Nordindien) oder 400–600.000 Büchern (Cordoba); internationale Handelsbeziehungen und große Wirtschaftsräume, in denen sich hochdifferenzierte, arbeitsteilige Wirtschaftsstrukturen herausbildeten; beeindruckende Leistungen in Wissenschaft, Kultur und Technik; hoch entwickelte staatliche Strukturen und Verwaltungen; fortgeschrittene Agrartechniken mit neuen Getreidesorten, speziellen Ackergeräten oder ausgeklügelten Bewässerungssystemen, um nur einige Aspekte herauszugreifen.

Wie faszinierend die Welt im Jahre 1000 war, werden die hier versammelten Dokumente zeigen. Wir haben uns bemüht, Dokumente auszuwählen, die in einem engen Zeitraum um das Jahr 1000 entstanden. Hierin liegt der eigentliche Reiz der Zusammenstellung, daß sie nämlich einen Querschnitt der damaligen Welt gibt. Das ist weitgehend gelungen, bei allerdings wichtigen Ausnahmen. Vor allem für Mittelamerika und Afrika mußten Texte hinzugezogen werden, die teilweise erst deutlich später schriftlich verfaßt wurden, deren Wurzeln aber, soweit feststellbar, in der Zeit um das Jahr 1000 liegen. Für Indien wiederum haben relevante und aussagekräftige Quellen teilweise anonyme Verfasser und sind des öfteren nicht genau zu datieren. Auch sind vereinzelt Texte aufgenommen, die in größerem zeitlichen Abstand zum Jahr 1000 entstanden sind, in ihrer Aussage aber auch für den hier gewählten Zeitabschnitt zutreffen.

Zu erwähnen ist schließlich, daß Texte aus dieser Zeit thematisch und in der Auswahl der behandelten Personen und Gruppen nicht so breit streuen und reichhaltig sind, wie wir es heute wünschen. Alltägliche Situationen und das Leben „einfacher" Leute wurden selten oder gar nicht behandelt, während Eliten wie Herrscher, Gelehrte, hohe Beamte, geistliche Würdenträger, Kriegsführer oder prominente Mediziner deutlich im Vordergrund stehen. Auch ist zu beachten, daß die Texte nicht einfach als Beschreibungen der damaligen Welt verstanden werden dürfen. In ihnen fließen vielmehr Mythen, Rechtfertigungen, die Erfindung von Traditionen, literarische und religiöse Topoi, bloß Aufgeschnapptes oder auch Ausschmückungen der Phantasie zu einem Ganzen zusammen, dessen Elemente vielfach nur schwer auseinanderzuhalten sind. Wir haben nicht versucht, die Texte entsprechend zu zerlegen. Das hätte den Rahmen dieses Buches bei weitem gesprengt, vor allem aber den Dokumenten ihren eigentlichen Reiz genommen, nämlich Botschaften aus einer Welt zu sein, die uns teilweise vertraut, vielfach aber recht fremd ist. Zum besseren Verständnis sind die Dokumente allerdings jeweils mit einer knappen Einleitung und erläuternden Anmerkungen versehen.

Die Gliederung des vorliegenden Bandes folgt wichtigen Aktionsfeldern im Leben der Menschen um das Jahr 1000. Zunächst werden *Begegnungen* der Menschen verschiedener Kulturen vorgestellt. Diese erfolgten durch Händler, Gelehrte und nicht zuletzt Krieger, manchmal geplant, oft aber auch ganz zufällig, wenn etwa Schiffbrüchige in eine ihnen unbekannte Gegend getrieben wurden. Die Berichte enthalten Informationen kommerzieller, diplomatischer, militärischer oder religiöser Natur zu fernen, aber auch – für heutige Verhältnisse – nahen Regionen, denn Reisen war mühsam und gefährlich. Die Texte bezeugen die höchst unterschiedliche Intensität solcher Kontakte zwischen verschiedenen Gebieten, und sie waren geprägt durch eine eigentümliche, untrennbare Mischung aus realen Erfahrungen und wundersamen Überlieferungen.

Das folgende Kapitel behandelt *Herrschaft, Macht und Mythen.* Das Selbstverständnis der Herrschenden war weithin geprägt von der Auffassung, ihre Macht sei durch Gott oder den Himmel gegeben und sie seien Mittler zwischen der göttlichen und der irdischen Welt ihrer Untertanen. Die politische Macht haben sie weithin als erblichen Privatbesitz verstanden und gehandhabt, wobei Gewalt wesentliches Element im Umgang mit ihren Untertanen und den anderen Völkern und Herrschern war. So zeugen die Dokumente von – nur teilweise religiös verbrämten – Eroberungszügen, von Kriegen und Schlachten ebenso wie von ausgeklügelten Belohnungen für militärische Verdienste.

Prägend für weite Teile der damaligen Welt waren *Religion, Frömmigkeit und Askese.* Transzendente Vorstellungen von einer Vorbereitung auf das ewige Leben im Jenseits, von einem Kreislauf der Wiedergeburten oder von einem Streben nach Harmonie zwischen Universum und Gesellschaft durchdrangen das Dasein der Menschen. Religiosität umfaßte Phänomene wie offizielle Religion – oftmals verkörpert in der Kirche – und Volksglauben, Orthodoxie, traditionalistische Strömungen und Ketzerei. Ebenfalls allgemein verbreitet waren das Streben nach persönlicher Erlösung durch Askese und eine individuell-mystische Gottessuche.

Die Textauszüge zur *Arbeit* sind nicht zuletzt deshalb so aufschlußreich, weil zu dieser Zeit arbeitende Menschen gewöhnlich am Rande des Interesses standen. Gelehrte, Literaten und die Eliten ganz allgemein haben Handarbeit weithin verachtet und körperliche Arbeit gering bewertet. Es gab allerdings Ausnahmen, unter denen die klösterlichen Reformbewegungen in Europa mit ihrer bewußten Hochschätzung der Arbeit auf Dauer die vielleicht größten Folgewirkungen hervorbrachten. Und es gab – auch hier vor allem in China – beeindruckende Beispiele für einen hohen Stand von Handwerk und Technik.

Zu den *Freuden des Lebens* gehörten auch in dem behandelten Zeitraum Liebe und Sexualität, Wein und Genuß. Dabei fanden lustbetonte Maximen in den Aussagen der Zeitgenossen ebenso ihren Niederschlag wie religiöse und moralische Warnungen vor sündigem Tun.

Die Sorge um *Gesundheit, Krankheit und Medizin* wiederum hat ein besonders reichhaltiges Schrifttum hervorgebracht. Ärztliche Erkenntnisse verbanden sich oftmals mit magischen Vorstellungen und volksmedizinischen Praktiken, während vor allem in China und dem islamischen Raum sehr detaillierte medizinische Handbücher existierten, die auf lange Traditionen zurückgreifen konnten.

Die *Rechtsprechung* war oftmals mit hierarchisch abgestuften Privatinteressen verknüpft, die Suche nach Recht und damit nach einschlägigen Gesetzen sowie Verfahren gestaltete sich noch sehr mühsam. Entsprechend berichten die Dokumente von traditioneller ritueller Rache, kirchlichen Rechtsvorstellungen und richterlichen Entscheidungen, aber auch von Maßnahmen gegen korrupte Beamte.

Die Verbreitung von *Bildung und Wissenschaft* schließlich war in den verschiedenen Gesellschaften sehr unterschiedlich ausgeprägt. Die versammelten Texte befassen sich mit staatlichen Bildungszielen und –systemen, klösterlicher Gelehrsamkeit, dem Verhältnis von Schülern zu ihren Lehrern sowie sittlich-moralischen Normen für das Leben der Gebildeten.

So ergeben die ausgewählten Dokumente einen lebendigen Eindruck vom Leben der Menschen an der ersten Jahrtausendwende. Dieser Eindruck ist fraglos bruchstückhaft, und er fügt sich (noch) nicht zu einem Gesamtbild zusammen. Dieses kann derzeit aber noch nicht erstellt werden. Dazu sind die Bemühungen zu jung, die nationale historische Perspektive zu überwinden und nicht nur den ‚Kampf der Kulturen' darzustellen, sondern auch deren gegenseitige Beeinflussung, Abhängigkeiten und Gemeinsamkeiten zu untersuchen. Darauf wollen die Dokumente aufmerksam machen und zugleich das Interesse an derartigen Zusammenhängen sowie an anderen Kulturen wecken. Wenn sie am Ende Neugierde hervorgerufen und ein Interesse nach mehr Informationen geweckt haben, ist das gesteckte Ziel erreicht.

Kapitel 1
Begegnungen

Um das Jahr 1000 bestanden vor allem zwischen dem Mittelmeerraum, den Anrainern des Indischen Ozeans, Südostasien und China sowie im Einflußbereich der mittelamerikanischen Kulturen rege Kontakte, deren Intensität allerdings nicht überschätzt werden darf. Das Reisen und der Transport von Waren auf dem Landwege waren mühsam und zeitaufwendig, während auf hoher See allein schon die Abhängigkeit von Winden und Wetter für Gefahren sorgte. Kontakte und Begegnungen erfolgten deshalb oft zufällig (Dok. 1 und 2), und Kenntnisse über entfernt gelegene Gebiete beruhten vielfach auf Hörensagen (Dok. 3). Ohnehin konnten Fremde sich nicht unbedingt auf Recht und Gesetz verlassen. Gewalt, Überfälle und nicht zuletzt kriegerische Auseinandersetzungen waren häufig. Für viele Menschen stellte dies die geläufigste Form der Begegnung mit Fremden dar (Dok. 4 und 5), wobei von Eroberungen wichtige neue kulturelle Entwicklungen ausgehen konnten (Dok. 6). Daneben gab es einen bedeutenden Austausch an Wissen und Bildung, bei dem das abendländische Europa von Byzanz und von der islamischen Welt profitierte, die zugleich Vermittler zur Kultur der Antike waren (Dok. 7 und 8). Gleichwohl beinhalteten Kenntnisse über andere Kulturen phantasiereiche Elemente (Dok. 9 und 10), zumal allein die unzureichende Kenntnis anderer Sprachen eine wichtige Hürde bedeutete (Dok. 11).

1 Schiffbrüchige in Ostafrika

Ein legendärer persischer Kapitän namens Buzurg Ibn Schahrijar sammelte in der Mitte des 10. Jahrhunderts Mythen und Berichte verschiedener muslimischer Seefahrer in einem „Buch der Wunder Indiens" (Kitab ascha'ib al-Hind). Der folgende Auszug beschreibt den merkwürdigen Weg eines ostafrikanischen Königs und seiner Untertanen zum Islam. Zugleich zeigt er nachdrücklich, wie gefährlich das Befahren der Meere sein konnte.

Isma'ilawaih und einige Seeleute, die ihn begleitet hatten, erzählten mir, daß er ... Oman in seinem Schiff verließ, um nach Kanbalu[1] zu segeln. Ein Sturm trieb das Schiff aber nach Sofala an die (ostafrikanische) Zandsch-Küste. Als der Kapitän die Küste sah und sich darüber klar wurde, daß wir unter menschenfressenden Negern unser Ende finden würden, nahmen wir die rituellen Waschungen vor und wandten unser Herz zu Gott, indem wir füreinander Totengebete anstimmten. Die Kanus der Neger umrundeten uns und brachten uns in einen Hafen. Wir setzten Anker und gingen an Land. Sie führten uns zu ihrem König. Dieser war ein junger Neger, ebenso schön wie gutgebaut. Er fragte uns, wer wir seien und wohin wir gingen. Wir antworteten ihm, daß sein Land das Ziel unserer Reise sei.

„Ihr lügt", sagte er. „Ihr wolltet hier nicht an Land gehen. Die Winde haben euch gegen eure Absichten hierher geblasen."

Als wir zugegeben hatten, daß er recht hatte, sagte er: „Bringt eure Waren an Land. Verkauft und kauft, ihr habt nichts zu befürchten."

Wir brachten unsere gesamte Ladung an Land und begannen zu handeln. Der Handel war für uns ausgezeichnet, ohne irgendwelche Behinderungen oder Zollgebühren. Wir machten dem König eine Reihe von Geschenken, auf die er mit Gegengeschenken mit gleichem oder sogar noch höherem Wert antwortete. Als die Zeit unserer Abreise näherrückte, erbaten wir seine Erlaubnis, gehen zu dürfen, was er uns sofort bewilligte. Die eingetauschten Güter wurden verladen und die Geschäfte abgewickelt. Als alles geregelt war und der König unsere Absicht, die Segel zu setzen, erkannte, begleitete er uns mit einigen seiner Leute zum Strand. Er bestieg ein Boot und kam mit uns zu unserem Schiff. Er kam sogar mit sieben seiner Begleiter zu uns an Bord.

Als ich ihn aber so an Bord unserer Schiffes sah, dachte ich bei mir: „Auf dem Markt zu Oman würde dieser junge König sicherlich 30 Dinare einbringen und seine sieben Gefährten nochmals 60 weitere Dinare. Allein schon ihre Kleidung dürfte nicht weniger als 20 Dinare wert sein. Auf jeden Fall würde uns das einen Profit von mindestens 3.000 Dirhams bringen, und das dazu noch ohne irgendwelche Schwierigkeiten." Nachdem ich das bedacht hatte, gab ich der Mannschaft Anweisung. Die Segel wurden gesetzt und der Anker eingeholt.
...

Als (der König) die windgeblähten Segel und die Bewegungen des Schiffes bemerkte, veränderte sich jedoch sein Gesicht. „Ihr segelt heim", sagte er. „Gut, dann muß ich euch Lebewohl sagen." Und er wollte zurück in sein Kanu steigen, das seitlich an unserem Schiff angebunden war. Wir aber durchschnitten die Taue und sagten zu ihm: „Du wirst bei uns bleiben, denn wir werden dich in unser Land mitnehmen. Dort werden wir dich für all die Freundlichkeit, die du uns angedeihen hast lassen, belohnen." ...

Niemand kümmerte sich um seine (heftig protestierenden) Worte, niemand beachtete sie. Und als der Wind auffrischte, verschwand die Küste schnell aus unserem Blickfeld. Dann breitete die Nacht ihren Umhang über uns und wir erreichten das offene Meer.

Bei Tagesanbruch wurden der König und seine Gefährten zu den anderen ungefähr 200 Sklaven gebracht. In der Gefangenschaft wurde zwischen ihm und den anderen in der Behandlung kein Unterschied gemacht. Der König sagte nichts und öffnete nicht einmal seinen Mund. Er benahm sich, als ob er uns nicht kennen würde und als ob er für uns ein Unbekannter wäre. Als wir in Oman anlangten, wurden die Sklaven verkauft – und der König mit ihnen.

Einige Jahre später, als wir von Oman nach Kanbalu segelten, trieb uns der Wind erneut nach Sofala an der Zandsch-Küste. Tatsächlich landeten wir an haargenau derselben Stelle wie damals. ... Neger ergriffen uns, brachten uns zur Wohnstatt des Königs und ließen uns eintreten. Aber stellt euch jetzt unsere Überraschung vor: Es war derselbe König, den wir schon von damals kannten. Er saß geradeso auf seinem Thron, als ob wir ihn gerade eben erst verlassen hätten. Überwältigt warfen wir uns vor ihm nieder und hatten nicht mehr die Kraft, uns von selbst zu erheben.

„Ah!", sagte er, „hier sind also meine guten alten Freunde." Keiner von uns war zu einer Entgegnung fähig. Er fuhr fort: „Kommt, erhebt eure Köpfe! Ich gebe euch und euren Waren sicheres Geleit." ... Als wir uns schließlich seines sicheren Geleits erneut versichert hatten, kamen wir wieder zu uns, und er wandte sich zu uns: „Ah! Ihr Verräter! Wie habt ihr mich behandelt nach all dem, was ich für euch getan habe." Und jeder von uns schrie: „Gnade, oh König! Seid gnädig zu uns!"

„Ich werde gnädig zu euch sein", erwiderte er. „Macht eure Geschäfte, kauft und verkauft wie das letzte Mal. Ihr mögt in völliger Freiheit handeln." Wir trauten unseren Ohren nicht. Wir dachten, alles sei nur eine List, damit wir unsere Waren an das Ufer brächten. Trotzdem löschten wir die Ladung und überreichten dem König ein Geschenk von enormem Wert. Aber er wies es zurück und sagte: „Ihr seid es nicht wert, daß ich von euch ein Geschenk entgegennehme. Ich will meinen Besitz nicht mit etwas von euch besudeln."

Danach verrichteten wir unsere Geschäfte in Frieden. Als die Zeit unserer Abreise kam, erbaten wir die Erlaubnis, ablegen zu dürfen. Er gewährte sie uns. Zum Zeitpunkt unserer Abreise ging ich zu ihm, um ihm das mitzuteilen. „Geht", sagte er, „Gott möge euch beschützen!" „Oh König", erwiderte ich, „ihr habt uns mit Eurem Großmut übergossen, und wir sind Euch gegenüber undankbar und verräterisch gewesen. Aber wie seid Ihr entkommen und in Euer Land zurückgekehrt?"

Er erwiderte: „Nachdem ihr mich in Oman verkauft habt, nahm mich mein Käufer mit in eine Stadt namens Basra. ...

Dort lernte ich beten und fasten und bestimmte Teile des Korans. Mein Herr verkaufte mich an einen anderen Mann, der mich in das Land des Königs der Araber, genannt Bagdad, mitnahm. ... In diesem Land lernte ich korrekt (arabisch) zu sprechen. Ich vervollständigte meine Kenntnisse des Korans und betete mit den Männern in der Moschee. ... Mein Herr (den ich schließlich um eine gemeinsame Pilgerfahrt nach Mekka bat), wollte nicht mitreisen oder mich gehen lassen. Aber ich fand eine Gelegenheit, seiner Aufmerksamkeit zu entwischen und mich unter die Menge der Pilger zu mischen. Auf dem Weg wurde ich ihr Diener ..., und schließlich lehrten sie mich auch, alle Zeremonien der Pilgerreise durchzuführen.

Aus Angst, daß mich mein früherer Herr töten könnte ..., schloß (ich nach der Pilgerfahrt) mich einer anderen Karawane an, die nach Kairo unterwegs war. ... Als ich nach Kairo kam, sah ich den großen Fluß, der Nil genannt wird. Ich fragte: „Wo kommt denn dieser Fluß her?" Ich bekam zur Antwort: „Seine Quelle entspringt im Land der Zandsch". ...

Mit dieser Information folgte ich den Ufern des Nils, kam von einer Stadt in die nächste, erbettelte Almosen, die mir nicht verweigert wurden. ... Nach einer Reihe (böser und gefährlicher) Erlebnisse fand ich mich in jenem Gebiet wieder, das an das Land der Zandsch angrenzt. ... Gepeinigt von Todesangst versteckte ich mich tagsüber und setzte meinen Weg nur in der Dunkelheit der Nacht fort. Als ich an das Meer kam, bestieg ich ein Schiff, das ich nach einigen Stationen eines Nachts an der Küste meines Landes wieder verließ. Ich fragte eine alte Frau: „Ist der König dieses Landes ein gerechter König?" Sie erwiderte: „Mein Sohn, wir haben keinen anderen König als Gott." Und die gute Frau erzählte mir, wie der König entführt worden war. ... „Die Menschen im Reich", sagte sie, „kamen darin überein, daß sie keinen anderen König haben würden, bis sie zuverlässige Nachricht über den früheren erhalten hätten. Denn die Wahrsager haben ihnen erzählt, daß er sich lebendig, gesund und sicher im Land der Araber aufhalten würde."

Als es Tag wurde, ging ich in die Stadt und schritt zu meinem Palast. Ich fand meine Familie genauso vor, wie ich sie verlassen hatte, aber versunken in tiefer Trauer. Meine Leute, die sich überrascht meine Geschichte anhörten, freuten sich sehr. Wie ich selbst nahmen sie die Religion des Islam an. So erlangte ich meine Herrschaft zurück, gerade einen Monat, bevor ihr kamt. Und hier bin ich, glücklich und zufrieden mit der Gnade, die Gott mir und den meinen geschenkt hat. Daß ich die Vorschriften des Islam kenne, den wahren Glauben, seine Gebete, das Fasten und die Pilgerfahrt, und was erlaubt und was verboten ist: denn niemand im Land der Zandsch hat eine ähnliche Gunst wie ich erfahren. Und ich habe euch vergeben, weil ihr die Ursache der Reinheit meiner Religion seid. Aber mir ist noch eine einzige Sünde bewußt. … Falls ich einen rechtschaffenen Menschen treffen würde, würde ich ihn bitten, meinem Herrn (in Bagdad) meinen Kaufpreis zu erstatten. … Aber ihr seid nichts anderes als Betrüger und Gauner."

Wir sagten ihm Lebewohl. „Geht", meinte er, „und wenn ihr zurückkehrt, werde ich euch nicht anders behandeln, als ich es bisher getan habe. Ihr werdet den besten Empfang erfahren. Und die Muslime mögen wissen, daß sie zu uns wie Brüder kommen können."

Übers.: Stefan Eisenhofer, aus: Greville S. P. Freeman-Grenville: The East African Coast. Oxford 1962, 9–13.

2 Über das Meer gekommene Gäste

Der chinesische Beamtengelehrte Shen Gua (1031–1095) gab in seinem Werk nicht nur einen beeindruckenden Überblick über das enzyklopädische Wissen im China seiner Zeit, sondern registrierte auch erstaunliche Begegnungen mit „Fremden".

In den Jahren der Regierungsära *jiayou* (1056–1063) trieb ein Schiff mit gebrochenem Mast bei einem Sturm an die Küste des Kreises Kunshan des Bezirks Suzhou.[2] Auf dem Schiff waren mehr als 30 Menschen, die nach Kleidung und Kopfbedeckung wie Leute aus der Tang-Zeit aussahen. Um die

Hüften hatten sie rote Ledergürtel geschlungen, und im übrigen trugen sie kurze, schwarze Leinenhemden. Im Angesicht ihrer Retter weinten sie bitterlich, doch niemand verstand ihre Sprache. Als man sie probeweise aufforderte, etwas zu schreiben, stellte sich heraus, daß sie auch keine Schriftzeichen lesen konnten. Sie gingen immer wie Gänse hintereinander. Nach längerer Zeit zeigten sie ihren Rettern eine Schrift, die sie mitgebracht hatten. Es handelte sich um einen Erlaß aus der Regierungsära *tianyou* (904–906) der Tang-Zeit über die Verleihung des Titels eines stellvertretenden Intendanten des Grenzheeres an den Häuptling der Insel Tuoluo. Außerdem wiesen sie eine Schrift vor, die eine Urkunde des Königs von Gaoli[3] darstellte und auch die Tuoluo-Insel erwähnte. Beide Dokumente waren mit chinesischen Schriftzeichen geschrieben. Vielleicht handelte es sich um eine östliche, dem Reich Gaoli untertane Völkerschaft. Im Schiff hatten sie Seidenkrepp geladen. Außerdem führten sie Hanfsamen mit, der so groß wie Lotossamen war. Als die Leute von Suzhou ihn aussäten, waren die Pflanzen auch so üppig wie Lotos, aber im darauffolgenden Jahr wurden sie allmählich kleiner, und nach mehreren Jahren waren die Pflanzen nicht größer als chinesischer Hanf. Damals pries man die Hilfe des Würdenträgers Han Zhengyan[4] für die Schiffbrüchigen im Kreis Kunshan. Er lud sie ein und bewirtete sie mit Wein und Speisen. Zum Abschluß des Essens hielten sie einer nach dem anderen lachend mit beiden Händen seinen Kopf, womit sie ihrer Freude Ausdruck verleihen wollten. Han Zhengyan teilte ihnen Leute zu, um den Mast zu reparieren. Der alte Mast war unbeweglich im Schiffskörper befestigt. Die Arbeiter fertigten für sie einen umlegbaren Mast an und unterwiesen sie darin, wie man ihn aufzurichten und umzulegen hätte. In ihrer Freude hielten die Seeleute den Arbeitern wieder mit beiden Händen lachend den Kopf.

Nach: Shen Kuo: Pinselunterhaltungen am Traumbach: das gesamte Wissen des alten China. Aus dem Altchinesischen übertragen und hg. von Konrad Herrmann, München 1997, 164.

3 Ostafrikanische Rinderhirten

Duan Chengshi (gest. 863), ein chinesischer Gelehrter und Literat, nahm in sein Werk „Vermischte Aufzeichnungen aus der Youyang-Berghöhle" (Youyang zazu) all das auf, was er aus älteren Schriften, vom Hörensagen und aus Gesprächen mit Händlern über Ostafrika erfahren hatte. Dazu gehörten auch die folgenden Informationen zum Leben ostafrikanischer Rinderhirten, die bis heute das populäre Bild von Afrika prägen.

Das Land Po-pa-li[5] liegt im südwestlichen Ozean. Die Leute dort essen überhaupt kein Getreide, sondern Fleisch: Noch häufiger stechen sie jedoch eine Ader ihrer Ochsen an, vermischen das Blut mit Milch und essen dies ungekocht. Sie tragen keine Kleidung, sondern schlingen um ihre Hüften eine Schafshaut, die herabhängt und sie bedeckt. Ihre Frauen sind sauber und von gutem Benehmen. Die Leute dieses Landes selbst entführen diese und verkaufen sie an Fremde zu vielfach höheren Preisen, als sie daheim bringen würden. Die Produkte des Landes sind Elfenbein und Ambra.[6] ...

Seit langer Zeit ist dieses Land keiner fremden Macht unterworfen gewesen. Im Kampf verwenden sie Elefantenstoßzähne, Rippen und die Hörner wilder Rinder als Speere, und sie haben Brustschilde, Bogen und Pfeile. Sie verfügen über 20 Myriaden[7] von Fußsoldaten. Die Araber führen andauernd Raubzüge bei ihnen durch.

Übers.: Stefan Eisenhofer, aus: Greville S. P. Freeman-Grenville: The East African Coast. Oxford 1962, 8.

4 Wikinger in Niedersachsen

Der aus hofnaher sächsischer Adelsfamilie gebürtige Bernward genoß an der Hildesheimer Domschule eine für damalige Verhältnisse glänzende Ausbildung. Nicht zuletzt seine Bildung begründete den Einfluß, den Bernward vermutlich auf den noch im Kindesalter stehenden hochbegabten Kaisersohn Otto, den späteren Otto III., ausgeübt hat.

Seit 987 Hofkaplan, wurde Bernward 993 zum Bischof von Hildesheim geweiht. Außer in seinen geistlichen Pflichten war seine Tatkraft auch zum Schutze der ihm anvertrauten Bevölkerung gefragt, als dänische Wikinger oder Slawen raubend und mordend in den Kirchsprengel einfielen – in der Regel die einzige Form der Begegnung zwischen norddeutschen Bauern und Fremden im 9./10. Jahrhundert. Nach Bernwards Tod schrieb sein einstiger Lehrer an der Hildesheimer Domschule, Thangmar, eine Biographie, die uns allerdings nur in späterer Überformung erhalten ist. Daraus stammt der folgende Auszug.

Damals wurden weite Teile Sachsens von wilden Seeräubern und Barbaren verheert und standen ihren unaufhörlichen Raubzügen offen. Diese Landplage zu vertreiben, war Bernward unter schwerer Gefahr für sich und die Seinen ohne Unterlaß bemüht. Indem er bald gemeinsam mit andern, bald allein mit seinen Leuten über sie herfiel, setzte er ihnen hart zu. Weil aber die Barbaren beide Elbufer und sämtliche Schiffe in ihrer Hand hatten und sich auf dem Wasserweg mit Leichtigkeit über ganz Sachsen ergießen konnten, scheiterten alle Versuche, der Eindringlinge Herr zu werden. Daher sann der wachsame Priester Gottes, erfüllt von der Sorge für das ihm anvertraute Volk, unermüdlich darüber nach, wie er das Volk Gottes vor der Wut der Barbaren retten könne. Denn ihre wilden Vorstöße richteten sich schon fast auf Hildesheim, und sie versprachen sich diese heilige Stätte schon zur Beute. Daher erbaute Bernward durch göttliche Eingebung fast am äußersten Rand seines Bistums, dort wo Aller und Oker zusammenfließen, eine kleine, aber bestens befestigte Burg, legte eine Besatzung hinein und schlug so den Angriff der Barbaren ab. So befreite er das Gottesvolk aus der Gewalt der Feinde. Durch Gottes Gnade schenkte er dieser Gegend ein Höchstmaß an Sicherheit und Frieden, so daß man hier in Zukunft keinerlei Schaden und Bedrängnis seitens der Barbaren mehr erlitt. Nachdem durch die Tatkraft des Priesters Christi dem Treiben der Barbaren in dieser Gegend ein Ende gemacht war, hausten sie um so schlimmer in den benachbarten Orten. Daher warf sich der wachsame Hirte der göttlichen Herde nach dem Vorbild Christi, seines Herrn, den Feinden der Kirche entgegen, frohlockend wie ein Held, der seine Bahn betritt. In der Gemarkung namens Wirinholt, wo die Feinde ihren sichersten Stützpunkt hatten, von dem aus sie ungehindert nach allen Himmelsrichtungen ihre tückischen Raubzüge antraten, baute er eine starke Burg. Er schützte sie aufs vortrefflichste durch Gräben und Wasserrinnen, die von einem Bach gespeist wurden, und legte eine starke, mit Lebensmitteln, Waffen und allem Nötigen wohlversehene Mannschaft hinein. Und so machte er durch Gottes Gnade diesen Ort höchster Bedrohung für das Volk Gottes zu einem Ort des Friedens und der Sicherheit, ja, er beseitigte allen Unflat teuflischen und barbarischen Trugs und machte diesen Höllenschlund feindlicher Überfälle zu einer Stätte des Gebets, indem er dort ein Bethaus zu Ehren des heiligen Bischofs und Märtyrers Lambert einweihte. Seit diesem Tag genoß die Kirche Christi wieder Frieden, und das Volk Gottes hatte durch die Tatkraft seines eifrigen Lenkers vollkommene Ruhe vor jedem feindlichen Angriff. Durch diese und andere gute Taten, die er aus frommem Antrieb dem Staat und dem gläubigen Volk erwies, zog er sich bei vielen Leuten, am meisten aber bei den Fürsten, Neid und Mißgunst zu.

Nach: Lebensbeschreibungen einiger Bischöfe des 10. – 12. Jahrhunderts. Hg. u. übers. v. Hatto Kallfelz (FSGA 22), Darmstadt ²1986, 282–285.
Quelle: Ebenda.

5 Kämpfe mit den Khitan des Liao-Reiches im Norden Chinas

Die Khitan waren ein turko-mongolischer Stammesverband. 907 hatte sich Apaoki, einer ihrer Fürsten, zum Kaiser erklärt und eine eigene Dynastie begründet, die 937 den chinesischen Namen Liao annahm. Ihr Reich im Norden Chinas gehörte zu den bedrohlichen „Fremden", mit denen sich die Chinesen auseinanderzusetzen hatten. Nach langen kriegerischen Auseinandersetzungen und Verhandlungen haben die Song um die Jahreswende 1004/5 schließlich mit den Khitan den Vertrag von Shanyüan geschlossen (vgl. Dok. 20).

... Im Jahre 991 schickten die Feinde einen Vertreter nach Xiongzhou und suchten um gute Beziehungen nach. Der Kaiser, durch den Kommandanten Liu Fu davon in Kenntnis gesetzt, schickte den mittleren Gesandten Mo Shou'en mit folgender Botschaft zu den Khitan: „Unsere Gedanken sind (stets) auf die Befriedigung des Volkes und die Beendigung des Kampfes gerichtet, und Wir versichern, daß Wir nie aufhören werden, Uns in den Dienst (dieser Aufgabe) zu stellen. Wenn demnächst ein Gesandter (von Euch) käme, dann soll er eine großzügige Behandlung erfahren und seinen Wünschen nichts in den Weg gelegt werden." Es ist jedoch schließlich kein Gesandter mehr gekommen. ...

Am 24. Tag des 9. Monats (1004) berichteten die Audienzbeamten (dem Kaiser), daß der Khitan(-Herrscher) zusammen mit seiner Mutter und den gesamten Landstreitkräften räuberisch eingebrochen sei. Der Truppenkommandeur Talan, Fürst von Shunguo, überfiel mit seinen Truppen die Militärpräfekturen Weilu und Shun'an sowie Baozhou. Die Kommandanten der „Drei Bezirke" stellten sich ihm mit ihren Truppen entgegen, sie vernichteten seine Vorhut, machten den Oberst nieder und erbeuteten die Siegel zusammen mit den Fahnen und Trommeln sowie den Troß. Als sich (die Khitan) am folgenden Tage auf Beiping richteten, wurden sie vom Kommandanten Tian Min geschlagen und vertrieben. Dann richteten sie ihre Angriffe wieder nach Osten auf Baozhou. Der Major Sun Mi von Zhenwu, der mit zehn Mann losgezogen war, um die Lage der Feinde zu erkunden, stieß auf halbem Wege auf deren Vorhut. (Sun) Mi und seine Leute waren durch einen Wald gedeckt und empfingen sie mit Pfeilgeschossen. Die Barbarenmänner sprangen von ihren Pferden herunter und stürzten sich mit Nahkampfwaffen in das Gefecht. (Sun) Mi schoß zehn Leute nieder, tötete zudem gerade den Oberstleutnant (der Leibwache) und erbeutete die Ordonanzabzeichen der kaiserlichen Leibwache, die jener an seiner rechten Seite trug. Als auch die weiteren Angriffe der Feinde auf Stadt und Land vergeblich verliefen, rückten sie nach Norden ab. Jetzt griffen die Streitkräfte des Herrschers der Feinde mit seiner Mutter, zusammen mit denen des Truppenkommandeurs mit vereinten Kräften Dingzhou an. Die Truppen des Wang machten sich am Tanghe kampfbereit, versorgten sich mit Lebensmitteln und erwarteten sie. Als die leichte Reiterei (der Khitan) von (den Truppen) unseres Oberst geschlagen wurde, führten sie ihr Heer weiter nach Osten und machten bei Yangchengdian halt.

Am 28. Tag wurde von der Militärpräfektur Kelan gemeldet, daß feindliche Reiter in großer Zahl räuberisch eingedrungen seien; (unsere) Truppen haben sie vernichtend geschlagen und den größten Teil gefangengenommen. Als sie am nächsten Tage abermals kamen, hat man sie wieder in die Flucht geschlagen.

Am 4. Tag des 10. Monats meldete Zhe Weichang aus Fuzhou, daß er den kaiserlichen Befehl ausgeführt und die ihm unterstellten Truppenteile von der Militärpräfektur Huoshan in das Grenzgebiet der Khitan nach Shuozhou geführt habe. Vorausabteilungen haben bei der Wasserfestung Talang den größten Teil (der Besatzung) getötet, über 400 Mann gefangengenommen und eine große Anzahl von Pferden, Rindern, Schafen und Rüstungen erbeutet.

Am 6. Tag wurde dem Kaiser berichtet, daß der Barbarenherrscher und seine Mutter mit dem Heer am Tanghe angelangt seien. Der Hauptkommandant der „Drei Bezirke", Wang Chao, hielt seine Truppen zurück und wartete ab; schließlich, als keinerlei Kampfberührung eintrat, sind die Barbarenfeinde am Flusse entlang weiter nach Osten gezogen, schwenkten dann nach Süden ein und richteten einen heftigen Angriff auf Yingzhou. An die Militärpräfekturen Weilu, Kelan, sowie an Baozhou, Mozhou und die Festung Beiping erging der kaiserliche Befehl, mit ihren Truppen tief in das nördliche Grenzgebiet (der Khitan) einzudringen, um sie an der Front wie im Rücken durch Zersplitterung ihrer Kräfte aufzureiben und zu schlagen.

Am 25. Tag meldeten Weilujun, Kelanjun, Baozhou, Mozhou und die Festung Beiping gemeinsam dem Kaiser, daß die Khitan geschlagen und vernichtet worden seien. Dem Hof wurden Glückwünsche dargebracht.

Nach: Schwarz-Schilling, Christian: Der Friede von Shan-Yüan (1005
n.Chr.). Ein Beitrag zur Geschichte der chinesischen Diplomatie.
Wiesbaden 1959, 108f.
Quellen: Song huiyao jigao, Fanyi 1/27b–28b; 28b–29b. Tuo Tuo,
Song shi, j. 279, 9471–72. Zhonghua shuju-Ausgabe.

6   Ein freigelassener „Slawe" erobert Ägypten

Dschauhar (gest. 992), der ehemalige Sklave eines Eunuchen, diente
dem Kalifen al-Mu'izz von der neuen, schiitischen Fatimidendynastie
in Nordafrika als herausragender Militärführer, eroberte für ihn
Ägypten, gründete Kairo und die Azhar-Moschee. Ob er slawisch-dal-
matischer, byzantinischer oder süditalienischer Herkunft war, blieb
schon in arabischen mittelalterlichen Quellen umstritten. Jedenfalls
wurde Dschauhar schließlich – vielleicht wegen seiner Popularität –
von seinen Ämtern entpflichtet und zog sich ins Privatleben zurück.
Der folgende Auszug stammt aus der umfangreichen Sammlung von
Biographien berühmter Männer „Die Großen, die dahingegangen",
welche der ägyptisch-syrische Kadi und Historiker Ibn Khallikan (gest.
1282) verfaßt hat.

(Der Militärführer Abu'l-Hasan Dschauhar Ibn Abdallah, bekannt als der griechische Sekretär) war ein Klient[8] des Herrschers über Nordafrika, (des Fatimidenkalifen) al-Mu'izz Ibn
al-Mansur Ibn al-Qa'im Ibn al-Mahdi. Dieser entsandte ihn
nach Ägypten mit dem Auftrag, es nach dem Tod des Ichschi-
diden-Herrschers Kafur[9] zu erobern. Also brach er am Samstag, dem 14. Rabi I des Jahres 358 (5. Februar 969), an der
Spitze eines Heeres von Nordafrika auf, und am Dienstag, dem
16. Scha'ban (8. Juli) desselben Jahres, hatte er Ägypten in
seine Gewalt gebracht. Am Freitag, dem 19. Scha'ban (11. Juli),
bestieg er die Kanzel, sprach die Chutba (Freitagspredigt) und
schloß seinen Herrn al-Mu'izz ins Gebet ein. In der alten
Moschee ließ er im Namen von al-Mu'izz die ismailitische
Lehre verkünden; danach begab er sich in die Ibn-Tulun-
Moschee und befahl, in den Gebetsruf die Formel „Auf zur
besten Tat"[10] einzufügen; er war es, der das einführte. Später

folgte man dieser Anordnung auch in der alten Moschee und leitete außerdem das Gebet mit der Formel „Im Namen Gottes, des Barmherzigen, des Erbarmers" ein. Nachdem Dschauhar sich fest in Ägypten eingerichtet hatte, begann er mit dem Bau von Kairo; außerdem entsandte er ein Expeditionsheer nach Damaskus, um dieses in Besitz zu nehmen. Die Nachricht von Dschauhars Eroberung und seine Aufforderung, ihm nachzukommen, erreichten den in Nordafrika weilenden Herrscher al-Mu'izz Mitte des Monats Ramadan desselben Jahres; der freute sich sehr darüber. ... Dschauhar blieb in Ägypten und behielt bis zum Eintreffen seines Herrn al-Mu'izz die Zügel der Herrschaft in der Hand. Auch danach bewahrte er, als Inhaber von Amtsgeschäften, seine besondere Stellung und seinen hohen Rang bei al-Mu'izz – bis zum Freitag, dem 17. Muharram des Jahres 364 (7. Oktober 974). An jenem Tage entließ al-Mu'izz ihn aus den ägyptischen Regierungsämtern, der Steuereintreibung und den Aufsichtsfunktionen.

Dschauhar war wohltätig zu den Menschen bis zu seinem Tod am Donnerstag, dem 20. Dhu'l-Qa'da des Jahres 381 (28. Januar 992). Gott der Allmächtige erbarme sich seiner. Er starb in Kairo, und es gab dort keinen Dichter, der nicht seinen Tod in Trauergedichten beklagt hätte. ...

(Im Jahre 968 war es in Ägypten) wegen Verringerung des Soldes und Wegfallens von Sondervergünstigungen zu Unruhen im Heer (gekommen), worauf sich einige Notabeln schriftlich an al-Mu'izz in Nordafrika wandten und ihn aufforderten, Truppen zu entsenden und Ägypten zu erobern. Dieser befahl daraufhin dem Oberst Dschauhar, sich zum Marsch gegen Ägypten bereitzuhalten. Dschauhar indes erkrankte so schwer, daß man die Hoffnung auf seine Genesung schon aufgegeben hatte. Doch sein Herr al-Mu'izz, der ihn besuchte, sagte: „Er wird nicht sterben. Er wird vielmehr Ägypten erobern." Danach genas Dschauhar von seiner Krankheit. Währenddessen wurde schon alles für das Unternehmen Nötige, Geld, Waffen und Männer, bereitgestellt. Dann bezog er mit über 100 000 Mann ein Lager an einem Ort namens ar-Raqqada[11]; auch hatte er über 1200 Truhen mit Geld bei sich.

Al-Mu'izz besuchte ihn jeden Tag und gab ihm, unter vier Augen, Verhaltensmaßregeln für seinen Feldzug mit. Schließlich befahl er ihm, aufzubrechen und verabschiedete sich von ihm. Dabei stand Dschauhar vor al-Mu'izz, der sich gegen ein Pferd lehnte und eine Zeitlang unter vier Augen mit ihm sprach. Dann ließ al-Mu'izz seine Söhne absitzen und Dschauhar Lebwohl sagen, worauf auch die Großen des Reiches vom Pferd stiegen, um sich zu verabschieden. Schließlich küßte Dschauhar al-Mu'izz die Hand und seinem Pferd den Huf, bestieg auf al-Mu'izz Befehl hin sein Pferd und brach mit seinem Heer auf. Nachdem al-Mu'izz in seinen Palast zurückgekehrt war, sandte er Dschauhar alles, was er getragen hatte, außer seinem Siegelring und seinen Hosen, als Geschenk. Außerdem schrieb er an seinen Sklaven Aflah, dem Herrn von Barqa (Cyrenaika), er möge Oberst Dschauhar entgegengehen und ihm die Hand küssen. Aflah bot 100 000 Dinar, wenn ihm das erspart werde; doch al-Mu'izz blieb hart. Also tat er, als er Dschauhar begegnete, wie ihm befohlen war. ...

(Während eine Delegation ägyptischer Notabeln von Dschauhar ein Sicherheitsversprechen erhielt, blieben Teile des ägyptischen Militärs bei Giza kampfentschlossen.) Oberst Dschauhar kam ebenfalls nach Giza, und am 10. Scha'ban (358, 29. Juni 969) begann der Kampf. Männer wurden gefangengenommen, Pferde gefaßt, und danach zog Dschauhar nach Munjat as-Saijadin und bemächtigte sich der Furt bei Munjat Schalqan. Ein Teil des ägyptischen Heeres suchte in Booten Sicherheit bei Dschauhar, worauf die Bewohner (Alt-) Kairos Personen zur Sicherung der Furt aufstellten. Als Dschauhar das sah, sagte er zu Dscha'far Ibn Falah: „Dies ist der Tag, an welchem al-Mu'izz dich wirklich braucht." Dann überquerte er, nackt bis auf seine Hosen, in einem Boot den Fluß, während seine Männer auf die andere Seite wateten. Dort begann der Kampf, in welchem viele Anhänger und Gefolgsleute der Ichschididen fielen. Die übrigen flohen in die Nacht hinaus, liefen in die Stadt, rafften von ihrem Besitz, soviel sie konnten, zusammen und machten sich davon. Ihre Frauen aber begaben sich zu Fuß zum Scherifen Abu Dscha'far und flehten ihn an, Oberst Dschauhar nochmals in einem Schreiben um Sicherheitsversprechen zu ersuchen. Er schrieb ihm, gratulierte ihm zu seinem militärischen Erfolg und bat ihn um die Erneuerung der Sicherheitsversprechen. Die Leute blieben beim Scherifen sitzen und warteten auf die Antwort mit der Erneuerung der Sicherheitsversprechen. Ein Bote erschien von Dschauhar mit einer weißen Flagge, lief von einem zum andern, versprach allen Sicherheit und untersagte jegliche Plünderung. So kehrte wieder Ruhe in der Stadt ein, die Märkte wurden geöffnet, die Leute beruhigten sich; es war, als hätte es nie einen Aufruhr gegeben.

Gegen Ende des Tages kam Dschauhars Bote zu Abu Dscha'far mit der Aufforderung, er, einige Scherifen, Gelehrte und Notabeln der Stadt sollten sich bereit halten, am Dienstag, dem 17. Scha'ban (6. Juli) mit Dschauhar zusammenzutreffen. ... Nach Beendigung der Begrüßungszeremonie begann, es war am späten Nachmittag, der Einzug der vollständig bewaffneten und ausgerüsteten Truppen in die Stadt (al-Fustat/Alt-Kairo). Dschauhar selbst zog, gekleidet in ein schweres Seidengewand und auf einem Falben sitzend, hinter seinen Trommlern und Fahnenträgern nach dem Nachmittagsgebet ein. Er durchquerte die Stadt und ritt bis zu einem Gelände, wo er den Grundriß von Kairo festlegte. Dort steht heute Kairo.

Als die Bewohner am nächsten Morgen herbeikamen, ihm zu gratulieren, stellten sie fest, daß man während der Nacht schon den Grund für die Festung ausgehoben hatte. Gewisse Dinge waren etwas ungleichmäßig geraten und gefielen Dschauhar nicht, doch er meinte: „Da diese Arbeit in der Stunde des Glücks vollbracht wurde, will ich nichts daran ändern." Beginnend mit dem Dienstag, zog Dschauhars Heer sieben Tage lang in die Stadt ein. Dschauhar selbst schrieb sofort an seinen Herrn al-Mu'izz, um ihm die freudige Nachricht von der Eroberung mitzuteilen. Er sandte ihm auch die Häupter der in der Schlacht Gefallenen. ... Dann begann er mit dem Bau der Moschee von Kairo, die am 7. Ramadan des Jahres 361 (22. Juni 972) fertiggestellt war und von da an als Freitagsmoschee diente. Ich vermute, es handelt sich dabei um die

„al-Azhar" genannte Moschee, die zwischen dem Barqija-Tor und dem Nasr-Tor liegt, und zwar näher bei dem ersteren.

Nach: Ibn Challikân: Die Söhne der Zeit. Auszüge aus dem biographischen Lexikon „Die Großen, die dahingegangen". Aus dem Arabischen übertragen und bearbeitet von H. Fähndrich, Stuttgart 1984, 45 ff.
Quelle: Ibn Ḥallikān, Kitāb wafayāt al-aᶜyān. Bd. I, Būlāq 1299, 147 ff.

7 Ein künftiger Papst und der Geist der Griechen

In Gerbert von Aurillac, geboren um die Mitte des 10. Jahrhunderts, tritt uns eine der vielseitigsten Persönlichkeiten der abendländischen Welt um 1000 entgegen. Geboren und aufgewachsen im Südwesten Frankreichs, trugen ihn sein Geschick, seine stupende Bildung und die Gunst der politisch Mächtigen auf die erzbischöflichen Stühle von Reims und Ravenna, schließlich sogar auf den Thron Petri: Von 998 bis zu seinem Tod im Jahre 1003 amtierte er als Papst Silvester II. Ihn verband ein enges Verhältnis mit Kaiser Otto III., eine Allianz, die sinnfällig die wechselseitige Unterstützung von höchster geistlicher und weltlicher Macht auf Erden zum Ausdruck zu bringen schien. Doch war die persönliche Bindung von Beginn an auch als Lehrer-Schüler-Verhältnis gekennzeichnet. Im folgenden Brief, den Otto wohl zu Anfang 997 an Gerbert geschrieben hat, kommt diese besondere Beziehung genauso zum Ausdruck wie die geistige Offenheit und Neugier eines Menschen, der durch seine Mutter mit der als überlegen eingestuften griechischen Kultur vertraut war.

Gerbert, dem erfahrensten der Menschen und dem in den drei Disziplinen der Philosophie ruhmgekrönten Denker, wünscht Otto so viel Gutes wie sich selbst. Es ist unser Wille, daß die von allen hochgeschätzte Vortrefflichkeit eurer liebenswürdigen Fürsorge uns verbunden werde, und wir wünschen, daß uns eines so großen Lehrmeisters immerwährende Geisteskraft zur Seite sei, weil die disziplinierte Größe eurer Lehre für unsere simple Geistesbeschaffenheit ein immer verstehender Halt wäre. Um aber nun ohne alle Umschweife in der ungeschminkten Sprache der Wahrheit zu euch zu reden: Wir sind der Meinung, daß dieser Brief, der unseren Willen offenbart, euch das anzeige, was in dieser Beziehung unser höchster Wunsch und einziges Streben ist, daß nämlich für uns ungelehrte und ungebildete Menschen eure tätige Weisheit in Schrift und Wort mehr als den gewöhnlichen Eifer im Fortschritt zeige und außerdem in den Geschäften des Staates einen Rat von höchster Zuverlässigkeit bedeute. Wir schmeicheln euch unwiderstehlich, nicht daß ihr unsere sächsische Roheit austreibt, sondern daß ihr um so mehr unsere griechische Feinheit zu diesem Studium antreibt, da ja sicherlich bei uns ein Funke griechischen Geistes glühen wird, wenn nur jemand ihn anfacht. Wenn nun diesem unserem Fünkchen der gewaltige Brand eures Geistes zu Hilfe kommt, dann erflehen wir ganz bescheiden, daß ihr mit Gottes Hilfe den lebendigen Geist der Griechen erregt und uns das Buch der Arithmetik[12] lehrt, auf daß wir, von ihr erfüllt, doch einiges von der Weisheit der Alten kennenlernen. Was aber in dieser Hinsicht euch beliebt und was nicht, das möge eure Väterlichkeit uns brieflich zu melden nicht aufschieben.

Nach: Geschichte in Quellen. Bd. 2: Mittelalter. Bearb. v. Wolfgang Lautemann, München o. J. [1970], 205.
Quelle: Die Briefsammlung Gerberts von Reims. Bearb. v. Fritz Weigle (MGH. Die Briefe der deutschen Kaiserzeit 2), Berlin – Zürich – Dublin 1966/Ndr. 1988, Nr. 186, 220–223 (zitiert bis 222).

8   Ein Lombarde in Konstantinopel

Ein herausragender Geschichtsschreiber (Reichs-) Italiens in der zweiten Hälfte des 10. Jahrhunderts war der aus langobardischer Familie stammende, vermutlich 972 gestorbene Liutprand. Schon sein Vater und Stiefvater hatten sich als Gesandte in Konstantinopel aufgehalten. Liutprand selbst reiste erstmals 949 in die damals größte Stadt der Christenheit. 961 wurde er zum Bischof von Cremona ernannt und diente Kaiser Otto I. in mehreren Missionen, darunter auch mit einer Brautwerbung für dessen Sohn und Thronfolger, den späteren Kaiser Otto II., in Konstantinopel. Über diese Reise, die ohne Erfolg blieb, verfaßte Liutprand eine eigene Schrift, die man durchaus der Memoirenliteratur zurechnen könnte. Bei aller Bildung und Weltläufigkeit läßt der Autor darin immer wieder Hochmut und Abneigung gegenüber dem Griechenkaiser und besonders dessen Hofschranzen erkennen – Reflexe auch mancher Zurücksetzung, die der selbstbewußte Lombarde in Konstantinopel erfahren hatte. Dennoch besaß er als einer der ganz wenigen Zeitgenossen in der lateinischen Welt gute Kenntnisse der griechischen Sprache und Kultur.

Als ich nun fortgehen wollte, befahl er dem Dolmetscher, mich zur Tafel zu laden, wozu er auch den Bruder dieser Fürsten und den Bysantius aus Bari holen ließ und wies sie an, gegen Euch und gegen die Lateiner und die Deutschen Schmähworte auszustoßen. Als ich aber von der schmutzigen Mahlzeit wegging, ließen sie mir insgeheim durch Boten sagen und eidlich versichern, sie hätten nicht aus freien Stücken solch böse Reden geführt, sondern gezwungen durch den Befehl und die Drohungen des Kaisers. Unter anderem fragte mich aber Nikephoros[13] auch bei dieser Mahlzeit, ob Ihr Tiergärten hättet und in Euren Tiergärten Wildesel und andere Tiere. Und da ich ihm antwortete, daß Ihr allerdings Tiergärten und in den Tiergärten Tiere, freilich keine Wildesel hättet, sagte er: „Ich werde dich in unseren Tiergarten führen, und du wirst erstaunt sein, seine Ausdehnung und die Wildesel zu sehen." Man führte mich also in einen ziemlich großen, doch keineswegs anmutigen Tiergarten mit vielen Hügeln und Gebüschen. Ich war beritten, mit einem Hut auf dem Kopf; als mich der Hofmarschall von weitem sah, schickte er mir eiligst seinen Sohn entgegen und ließ mir sagen, es sei nicht erlaubt, daß jemand an dem Ort, wo sich der Kaiser aufhalte, einen Hut trage, sondern man müsse ein Kopftuch nehmen. Ich aber antwortete: „Bei uns tragen die Weiber wenn sie reiten Hauben und Kopftücher, die Männer aber einen Hut. Es ist auch nicht recht, daß ihr mich zwingen wollt, die Sitte meines Landes abzulegen, da wir doch euren Landsleuten, die zu uns kommen, gestatten, die Gebräuche ihres Landes beizubehalten.

Sie tragen lange Ärmel und Wickelbinden, Spangen, langes Haar und Schleppkleider, ob sie nun reiten oder gehen oder zu Tisch sitzen, und was uns allen höchst unanständig vorkommt, sie allein pflegen mit bedecktem Haupte unsere Kaiser zu küssen. Möge Gott (setze ich im stillen hinzu) solches nicht länger gestatten!" Er aber sprach: „Dann also kehrt!"

Als ich das tun wollte, kamen mir unter einer Herde Rehe ihre sogenannten Wildesel entgegen. Aber bitte, was für Wildesel? Wie die zahmen Esel zu Cremona! Dieselbe Farbe, dieselbe Gestalt, dieselben langen Ohren, derselbe Klang, wenn sie ihr Gebrüll erheben. Ihre Größe ist nicht verschieden, die Schnelle die gleiche, und den Wölfen schmecken die einen wie die anderen gleich. Als ich sie sah, sprach ich zu dem mit mir reitenden Griechen: „Solche Tiere habe ich niemals in Sachsen gesehen." – „Wenn sich dein Herr", antwortete er, „unserem heiligen Kaiser fügt, so wird er ihm viele dieser Tiere geben, und es wird für deinen Herrn kein geringer Ruhm sein, etwas zu besitzen, was keiner seiner Herren Vorgänger gesehen hat." Aber glaubt mir, meine Herren und Kaiser, mein Mitbruder und Mitbischof Herr Antonius kann Euch Tiere geben, die nicht schlechter sind, wie die Märkte zu Cremona bezeugen, wo diese Tiere nicht wild, sondern zahm, nicht untätig, sondern beladen auftreten. Nikephoros aber, dem meine obige Äußerung von meinem Begleiter hinterbracht wurde, schickte mir zwei Rehe nebst der Erlaubnis abzureisen. Am folgenden Tage brach er selbst nach Syrien auf.

Nach: Quellen zur Geschichte der sächsischen Kaiserzeit. Unter Benutzung der Übersetzungen v. Paul Hirsch, Max Büdinger u. Wilhelm Wattenbach neu bearb. v. Albert Bauer u. Reinhold Rau (FSGA 8), Darmstadt ⁴1992, 557–559.
Quelle: Die Werke Liudprands von Cremona. Hg. v. Joseph Becker (MGH SS rer. Germ. in us. schol. 41), Hannover 1915/Ndr. 1977, 194 f. (37–38).

9 Menschen im hohen Norden und tiefen Süden

Al-Biruni (gest. 1048; vgl. Dok. 12) war ein muslimischer Gelehrter mit breiten naturwissenschaftlichen, astronomischen und geographischen Interessen, die auch in seinem Werk „Bestimmung des Endes der Örtlichkeiten für die Berichtigung der Entfernung der Wohnsitze" ihren Niederschlag fanden. Der folgende Auszug verdeutlicht die Übernahme und Weiterführung antik-griechischen Wissens. Dazu gehörten auch Vorstellungen von der Klimaabhängigkeit der Erdbewohner und eine Geringschätzung derjenigen Menschen, die außerhalb der als zivilisationsträchtig angesehenen Gebiete mittlerer Klimate lebten.

(Die Griechen) teilten die bewohnte Erde in sieben Klimazonen nach dem auffälligsten Unterschied, nämlich dem zwischen Tag und Nacht, und zwar durch parallele Linien, die vom fernsten Osten der bewohnten Welt bis zum äußersten Westen verlaufen. Sie machten den Anfang mit der Mitte der ersten Klimazone und setzten sie dort an, wo der längste Tag des Sommers dreizehn Stunden dauert. Die Mitte der zweiten war dort, wo der längste Tag dreizehn und eine halbe Stunde beträgt. Auf diese Weise bestimmten sie jeweils die Mitte der Klimazonen, indem sie eine halbe Stunde nach der anderen hinzufügten, bis zu der Mitte der siebenten, wo der längste Tag sechzehn Stunden dauert.

Was es nämlich jenseits dieses Ortes (dieser Zonen) an Bewohnern gibt, ist wenig und gleichsam von tierischer Natur. Denn das äußerste Gebiet, wo sich solche Leute versammelt finden, ist das Land Jura[14]. Man reist dorthin von den Isu[15] in zwölf Tagen, und zu den Isu von den Wolgabulgaren in zwanzig Tagen, und zwar auf hölzernen Schlitten, mit denen sie ihren Proviant über die schneebedeckten Ebenen transportieren. Gezogen werden sie entweder von ihnen selbst oder von ihren Hunden. Auf anderen Gerätschaften aus Knochen, die sie sich an die Füße binden, durchmessen sie große Entfernungen in kurzer Zeit. Handel betreiben die Leute von Jura, indem sie ihre Waren an einer Stelle niederlegen und sich dann entfernen, dies wegen ihrer Wildheit und Menschenscheu, ähn-

41

lich wie beim Gewürznelkenhandel mit den Bewohnern des Landes Ceylon im Meere.

So wurde auf die erwähnte Weise die Mitte der ersten Klimazone festgelegt, denn sie ist der Wohnort von Wesen, die bereits zur menschlichen Art gezählt werden können. Der Äquator beginnt nämlich im Westen in dem Meer jenseits des Landes der westlichen Schwarzen (der Berber), verläuft dann über deren Steppen und Sandwüsten nahe den Nilquellen, dann über das ostafrikanische Sofala (in Mozambik) jenseits von Nubien, danach über die Inseln der Malediven, der Waqwaq[16] und der Inseln von Zabadsch (Vorderer Malaiischer Archipel) in östlicher Richtung. Aber alle, die hinter dem Äquator sind, haben insofern den Charakter von wilden Tieren, als sie Menschenfresser sind. Diese Sitten nehmen bei denen, die vom Äquator aus mehr nach Norden zu wohnen, nach und nach ab, bis man in die erste Klimazone kommt. Dort sind die Leute zivilisiert und von menschlicher Gesittung und führen einen lobenswerten Lebenswandel. ...

Die Besiedlung hört nicht nach dem Ende der siebenten Klimazone auf und auch nicht vor dem Beginn der ersten. Vielmehr ist sie hier spärlicher und beschränkt sich auf bestimmte Gegenden. Denn südlich der ersten Klimazone wirkt die Hitze verbrennend, wenn dem nicht die Lage des Ortes (Gebietes) zu den Meeren und zu den Gebirgen entgegenwirkt. Die Wüsten der Neger sind hier nämlich verbrannt und ohne Pflanzenwuchs, der die Lebewesen gedeihen läßt, und ohne die gemäßigte Temperatur der Luft, die sie zu ihrer Erhaltung einatmen müssen. Dann aber gibt es auf den Inseln, die auf ihrer Breite liegen, eine Besiedlung, jedoch ist es möglich, daß die Bewohner nicht unter die Menschen zu rechnen sind. Ebenso verderblich ist die Kälte nördlich der siebenten Klimazone. Sie ist so heftig und beißend und dauert so lange, und der Schnee, der nie oder nur für kurze Zeit verschwindet, ist derart angehäuft, daß der Pflanzenwuchs, der die Lebewesen existieren läßt, verhindert wird, es sei denn, daß auch hier die Lage des Ortes (Gebietes) einige Erleichterungen bietet. So können wir annehmen, daß die nördlichen Gegenden wegen der Kälte und des Schnees unbewohnt sind. Nun finden wir aber Anwohner an dem Meer, das von dem Ozean aus zu den nördlichen Gebieten der Slawen hin eine Bucht bildet und als das „Meer der Waräger"[17] bekannt ist, denn dieses Volk lebt an seiner Küste in einem Gebiet, das parallel zu den von Schnee und Frost heimgesuchten Landstrichen liegt, und die Kälte ist dort nicht in dem Maße heftig. Es gibt sogar unter diesen Leuten einige, die sich in den Tagen des Sommers zum Fischfang oder zu Raubzügen auf dieses Meer hinauswagen und dabei ihre Fahrt in Richtung auf den Himmelsnordpol bis zu einer Stelle fortsetzen, wo die Sonne bei ihrer sommerlichen Wende über dem Horizont kreist. Sie beobachten das und brüsten sich damit bei ihren Leuten, daß sie den Ort erreicht haben, an dem es keine Nacht gibt.

Nach: Al-Bīrūnī: In den Gärten der Wissenschaft. Ausgewählte Texte aus den Werken des muslimischen Universalgelehrten übersetzt und erläutert von Gotthard Strohmaier. Leipzig 1988, 66 ff.
Quelle: al-Bīrūnī: Kitāb taḥdīd nihāyat al-amākin li-taṣḥīḥ masāfāt al-masākin. Ed. P. G. Bulgakov, in: Revue de l'Institut des Manuscripts Arabes 8 (1962), 135 ff., 142.

10 Über die Bräuche der Deutschen

In einer Gesandtschaft des Kalifen von Cordoba, die im Jahre 970 zu einem Besuch von Kaiser Otto I. durch das westliche und mittlere Europa zog, befand sich ein Jude oder Muslim jüdischer Herkunft namens Ibrahim Ibn Ya'qub aus dem katalanischen Tortosa. Teile seines Berichtes blieben beim spanisch-arabischen Geographen al-Udhri (11. Jh.) erhalten und wurden im 13. Jh. von dem persischen Geographen al-Qazwini übernommen. Dazu gehören die folgenden, für das 10. Jh. aus der Sicht eines Fremden seltenen Informationen über die *Trschlija*, als welche wegen der geschilderten Bräuche wohl die Deutschen anzunehmen sind.

Dort gibt es einen Stamm, von dem sich viele zum Christentum bekennen. Sie sind Söhne einer Mutter und zwischen ihnen

besteht innige Liebe; man nennt sie Deutsche (?, *Trschlija*).
Al-Udhri sagt, daß sich wunderbare Bräuche bei ihnen finden.
Z. B., wenn einer den anderen der Lüge zeiht, prüfen sie sich
mit Schwertern; und das geschieht in der Weise, daß die zwei
Männer, der Zeugende und der, über den er Zeugnis ablegt,
hinausgehen mit ihren beiderseitigen Brüdern und Verwandten. Dann gibt man jedem zwei Schwerter, von denen er das
eine an der Hüfte befestigt, während er das andere in die Hand
nimmt. Und es beschwört derjenige, welcher der Lüge bezichtigt wird, daß er rein sei von dem, was man ihm vorwirft, mit
Eiden, die bei ihnen für gewichtig gelten, und es schwört der
andere, daß das, was er aussagt, Wahrheit sei. Dann betet jeder
einzelne in einiger Entfernung von seinem Genossen gegen
Osten. Darauf tritt jeder seinem Gegner entgegen, und sie
kämpfen beide, bis einer von ihnen getötet oder abgeführt (weggetragen) wird.

Zu diesen Bräuchen gehört auch die Feuerprobe. Wenn
nämlich jemand (unrechtmäßigen) Besitzes oder des Mordes
beschuldigt wird, nimmt man ein Stück Eisen, macht es im
Feuer glühend und liest darüber etwas aus der Thora und
etwas aus dem Evangelium. In der Erde werden zwei aufrecht-
stehende Hölzer befestigt, und man nimmt das Eisen mit einer
Zange vom Feuer und legt es auf die Ende der beiden Hölzer.
Dann kommt der Beschuldigte, wäscht seine Hände, nimmt
das Eisen und geht mit ihm drei Schritte; dann läßt er es fallen, und man bindet seine Hand mit einer Binde, versiegelt sie
und bestellt ihm einen Aufseher einen Tag und eine Nacht.
Und wenn am dritten Tage noch eine Blase gefunden wird, aus
der Wasser kommt, so ist er schuldig, wenn nicht, so ist er unschuldig.

Zu ihnen gehört ferner die Wasserprobe, und sie besteht
darin, daß die Hände und Füße des Beschuldigten gefesselt
und an einen Strick befestigt werden, und der Priester geht mit
ihm dorthin, wo viel Wasser ist, und wirft ihn hinein, indem er
den Strick festhält, und wenn er aufschwimmt, so ist er schuldig, sinkt er aber unter, so ist er unschuldig, denn sie meinen,
daß das Wasser ihn annimmt.

Die Wasser- und Feuerprobe kommt nur bei Sklaven (Unfreien) in Anwendung. Was die Freien betrifft, so treten bei Bezichtigung unrechtmäßigen Besitzes unter fünf Goldstükken die zwei Männer hervor mit Stock und Schild und schlagen einander, bis einer von ihnen abgeführt (weggetragen) wird. Wenn aber der Partner ein Weib ist oder ein Krüppel oder ein Jude, so stellt er einen Stellvertreter für fünf Goldstücke. Fällt nun der Beschuldiger, so muß er unbedingt gekreuzigt werden, und sein ganzer Besitz wird eingezogen, und dem Paukanten werden von seinem Vermögen zehn Goldstücke gegeben.

Nach: Jacob, Georg: Ein arabischer Berichterstatter aus dem 10. oder 11. Jahrhundert über Fulda, Schleswig, Soest, Paderborn und andere deutsche Städte. Berlin 1890, 14 ff.

Quelle: al-Qazwīnī, Zakarija b. Muḥammad: Kitāb aṯār al-bilād (Kosmographie II). Ed. Ferdinand Wüstenfeld, Göttingen 1848, 410.

11 Ein ‚deutscher‘ Sprachführer von der Hand eines ‚Franzosen‘

Ein Codex des 10. Jahrhunderts, vielleicht aus der französischen Diözese Sens, enthält einen merkwürdigen Sprachführer. Er dokumentiert den Versuch eines Schreibers offenbar romanischer Zunge, ihm schwer verständliche germanisch-fränkische Wörter und Sätze der Umgangssprache in der ihm geläufigen westfränkisch-vulgärlateinischen Schreibweise festzuhalten. In dieser zweisprachigen Kladde scheint er notiert zu haben, was er zwecks notdürftiger Kommunikation für unverzichtbar hielt.

Hilf!	Elpe! *adiuua!*
Mein Herr.	fro min. *domnus.*
Wo hast du heute nacht Unterkunft gefunden, Kamerad (oder) Genosse?	Guare uenge hinaz selida, gueselle *uel* guenoz? *ubi abuisti mansionem ac nocte, conpagn!*

45

In des Grafen (Haus?) Wohnung.	Ze garaben .us. selida. *ad mansionem comitis.*
Woher kommt ihr, Bruder?	Guane cumet gar, brothro? *unde uenis, frater?*
Ich komme vom Haus meines Taufpaten	E *cum* mino dodon u*s. de domo domni mei.*
(oder): Ich komme vom Haus meines Herrn	E *cum* mer min erre us. *de domo senioris mei.*
Aus welchem Land kommt ihr?	Gueliche lande cumen ger? *de qua patria?*
Ich war in jenem Francien.	E guas mer in gene Francia. *in Francia fui.*
Was habt ihr dort getan?	Guæz ge dar daden? *quid fecisti ibi?*
Ich habe dort gegessen.	Enbez mer dar. *disnaui me ibi.*
Wart ihr heute nacht in der Matutin (= Mitternachts-/Frühmesse)?	*fuisti - - -?* Guarin ger inaz ze metina?
Wahrlich ja!	Terue geu! *(lat. fehlt)*
Ich habe dich dort nicht gesehen.	E ne quesa ti dar. *uos non uidi ibi.*
(oder:) Ich habe euch dort nicht gesehen.	E ne quesau thar. *uos non uidi ibi.*
Hast du meinen Herrn in der Matutin gesehen?	Quesasti min erre ze metina? *uidisti seniorem meum ad matutinas?*
Wahrlich nein!	Terue nain i! *non!*
Was willst du?	Guaz guildo? *quid uis tu?*
Wo ist dein Herr?	Guer is tin erro? *ubi est senior tuus?*
Weiß nicht.	ne guez. *nescio.*
Er ist bei seinem Herrn.	er is ti sine erro. *ad seniorem suum.*

Guter Vasall.	Esconœ chanet. *bellus uasallus.*
Tapferer Vasall.	Isnel canet. *uelox uasallus.*
Schlechter Vasall, in der Tat!	ubele canet, mine teruæ! *malus uasallus!*
Wo ist (er)?	Cuer est? *ubi est?*
Schlag ihm an seinen Hals!	Sclah en sin als! *da illi in collo!*
Nimm deinen in acht!	habeo dinen! *(lat. fehlt)*
Geh hinaus!	Ghanc hutz! *i fors!*
Sehr schnell.	sairu tost. *(lat. fehlt)*
(Der) Arsch eines Hundes (sei) in deiner Nase!	Undes ars in tine naso! *canis culum in tuo naso!*
Mein Herr will dich sprechen.	Min erro guillo tin esprachen. *senior meus uult loqui tecum.*
Herr, das will ich (auch).	Ero, su guillo. *et ego sic uolo.*
Sattle mein Pferd!	Gusettilæ min ros! *mitte sellam!*
Ich will dann hinausreiten.	E guille thar uthz riten. *fors uolo ire.*
In der Tat, ich kümmere mich nicht darum!	E minen terua, neroche be taz. *in fide, non curo quod dicis.*
So mir Gott helfe, ich habe überhaupt nichts.	se mi got elfe, ne haben ne trophen. *si me deus adiuuet, non abeo nihil.*
Herr, geh schlafen!	Erro, ian sclaphen! *dormire!*
Es ist Zeit.	cit est. *tempus.*

Aus: Althochdeutsche Literatur. Eine Textauswahl mit Übertragungen. Hg. v. Horst Dieter Schlosser, Berlin 1998, Nr. 31, 137.
Quelle: Ebenda, 136.

Kapitel 2
Herrschaft, Macht und Mythen

Politische Herrschaft basierte weitgehend auf Gewalt (Dok. 12) und bediente sich zahlreicher anderer Formen (Dok. 13), zu denen auch das Streben nach treuen Dienern gehörte (Dok. 14). Ein wesentliches Merkmal der damaligen Gesellschaften waren große soziale Unterschiede, die im christlichen Europa in der Lehre von den drei Ständen einen Niederschlag fanden (Dok. 15; vgl. Kapitel 4). Zu betonen ist ferner, daß zwischen den einzelnen Herrschaftsgebieten keine klaren Grenzen bestanden. Auch aus diesem Grund kam es immer wieder zu Überfällen und Invasionen, die für die Menschen fortwährende Unruhe und große Gefahren mit sich brachten. Dabei fanden gerade in Europa zu dieser Zeit Kämpfe statt, die für dessen weitere Entwicklung von großer Bedeutung waren: die Auseinandersetzungen an den östlichen Grenzen (Dok. 16 und 17), darunter vor allem die Schlacht gegen die Ungarn auf dem Lechfeld (Dok. 18), oder die Bemühungen der Ottonen, ihre Herrschaft in Italien zu sichern (Dok. 19). In China wurde etwa zur selben Zeit ein wichtiger Friedensvertrag geschlossen (Dok. 20). Politische Herrschaft war allerdings nicht nur durch äußere Bedrohungen gefährdet (Dok. 21 und 22). Volksversammlungen als Form der Teilhabe an der Macht bedeuteten offensichtlich eine Ausnahme und sind am ehesten als Relikte zu sehen (Dok. 23). Legenden und Berichte über Kämpfe und Kriege waren wichtige Elemente der Mythenbildung und dienten dazu, Herrschaft zu legitimieren (Dok. 24–28). Daneben gab es vor allem in Byzanz, der islamischen Welt und ganz besonders in China entwickelte Bürokratien, über deren Situation und Reformbedarf im Reich der Mitte intensive und grundsätzliche Debatten geführt wurden (Dok. 29–32).

12 Schwert und Peitsche als Garanten indischer wie christlicher Moral

Der überaus vielseitige muslimische Gelehrte al-Biruni, der im Jahre 973 im mittelasiatischen Choresmien geboren wurde und 1048 im afghanischen Ghazna starb, schrieb in arabischer Sprache. Einzigartig unter seinen etwa 145 Schriften ist sein großes Indienbuch „Über die Feststellung, was die Inder betrifft", das bis heute eine wertvolle Quelle für die indologische Forschung darstellt. Zwischen 998 und 1030 begleitete er den mächtigen Emir Mahmud von Ghazna auf einigen von dessen 17 räuberischen Indienfeldzügen. Bei diesem Anlaß verband al-Biruni die Befragung indischer Gefangener und eigene, unvoreingenommene Feldforschung mit dem Studium alter Sanskrit-Literatur.

Bei den Indern herrschen ähnliche Verhältnisse wie im Christentum, denn es gründet sich auf das Tun des Guten und die Unterlassung des Bösen, indem man überhaupt nicht töten soll, und dem, der einem das Schultertuch raubt, auch noch das Hemd nachwirft, und dem, der einem auf eine Backe schlägt, auch noch die andere hinhält, und indem man dem Feinde Gutes wünscht und für ihn betet. Das wäre führwahr ein vortrefflicher Lebenswandel. Jedoch sind die Bewohner dieser Welt nicht alle Philosophen, sondern in ihrer Mehrheit so unwissend und verblendet, daß sie nur durch das Schwert und die Peitsche zurechtgewiesen werden können. Seitdem sich Konstantin der Siegreiche zum Christentum bekehrte, sind sie beide (d.h. Schwert und Peitsche) auch nicht zur Ruhe gekommen, denn ohne sie gibt es keine vollkommene Regierung.

Ähnlich steht es mit den Indern. Sie erzählen, daß in der Vergangenheit die Angelegenheiten der Regierung und der Kriegführung den Brahmanen zugeteilt waren, und das führte zum Ruin der Welt, weil sie nämlich ihre Verwaltung nach den Geboten der religiösen Bücher auf einen vernunftgemäßen Lebenswandel hin einrichteten. Doch damit konnten sie sich bei den Übeltätern und Bösewichten nicht durchsetzen. Die Sache drohte, sie von der Erfüllung ihrer religiösen Pflichten abzuhalten, und so flehten sie deswegen zu Brahma, ihrem

Herrn, bis er sie auf ihre eigentlichen Aufgaben allein festlegte und die Politik und die Kriegsführung den *kshatriyas*[18] anvertraute. Deshalb beziehen die Brahmanen ihren Lebensunterhalt aus dem Betteln und dem Empfang von Almosen, und die Strafen für die Vergehen unter den Menschen werden von den Königen und nicht von den Schriftgelehrten verfügt.

Was den Tatbestand des Mordes betrifft, so obliegt dem Täter, wenn er ein Brahmane und der Ermordete aus einer anderen Kaste ist, nur eine Sühneleistung, die aus Fasten, Beten und Almosengeben besteht. Wenn der Ermordete ebenfalls ein Brahmane war, wird die Angelegenheit ins Jenseits vertagt, und es gibt dafür keine Sühne, denn diese tilgt die Verfehlungen, aber es gibt nichts, was von einem Brahmanen die schweren Freveltaten tilgen könnte, deren schlimmste die Tötung eines Brahmanen ist. Sie wird *vajra bramahatya* genannt. Danach folgt die Tötung einer Kuh, danach das Weintrinken, dann die Unzucht, besonders mit einer Frau, die dem Vater oder dem Lehrer gehört. Indessen bestrafen die Herrscher einen Brahmanen oder *kshatriya* gar nicht entsprechend, sondern sie beschlagnahmen nur seine ganze Habe und verbannen ihn aus ihrem Reich. Was die übrigen außer den Brahmanen und den *kshatriyas* anlangt, so wird ihnen, wenn sie einander umbringen, eine Sühne auferlegt, die Herrscher pflegen jedoch hier zum Zwecke der Warnung Gleiches mit Gleichem zu vergelten.

Was den Diebstahl anlangt, so ist die Bestrafung des Täters dem Ausmaß des Schadens entsprechend, denn manchmal erfordert er eine exemplarische Bestrafung durch eine übermäßige oder auch eine ausgewogene Strenge, und manchmal erfordert er nur Erziehungsmaßnahmen und eine Geldstrafe, und manchmal erfordert er bloß eine öffentliche Anprangerung. Wenn es ein Diebstahl von großem Ausmaß war, lassen die Herrscher einen Brahmanen blenden oder ihm Hand und Fuß abhacken. Den *kschatriya* lassen sie nur verstümmeln, aber nicht blenden. Alle anderen lassen sie hinrichten. Die Strafe für Unzucht besteht darin, daß die Frau aus dem Haus des Ehemannes gejagt und vertrieben wird.

Wiederholt habe ich gehört, daß über indische Söldner, die wieder in ihr Land flohen und zu ihrer Religion zurückkehren wollten, als Sühne ein Fasten verhängt wurde. Sie wurden einige Tage lang in eine Lauge aus Mist, Urin und Milch von Kühen gesetzt, bis sie zu gären anfing. Dann nahm man sie aus diesem Schmutz heraus und gab ihnen etwas zu essen, was dem ähnlich war, worin sie gesessen hatten, und dergleichen. Ich fragte Brahmanen danach, aber sie stritten das ab und behaupteten, daß es keine Sühne dafür gäbe und keine Erlaubnis, zu ihrem früheren Leben zurückzukehren, und wie sollte das auch geschehen? Wenn ein Brahmane einige Tage im Haus eines *shudra*[19] ißt, fällt er aus seiner Klasse heraus und kann nicht in sie zurückkehren.

Nach: Al-Bīrūnī: In den Gärten der Wissenschaft. Ausgewählte Texte aus den Werken des muslimischen Universalgelehrten übersetzt und erläutert von Gotthard Strohmaier. Leipzig 1988, 163 ff. Quelle: al-Bīrūnī: Fī taḥqīq mā li-l-Hind. Ed. E. Sachau, London 1887, 280 f.

13 Regeln für die Spionage

Gemäß den Gedanken des antiken Staatslehrbuches Arthaschastra (Vom weltlichen Gewinn) beschrieb ein anonymer Tamil-Autor notwendige Maßnahmen zur Aufrechterhaltung der inneren und äußeren Sicherheit. Der Autor, einer der größten Dichter der südindischen Tamil-Sprache, hinterließ in dem „Heiligen Kurral von Tiruvalluvar Nayanar" zwischen 800 und 1000 n. Chr. poetische Betrachtungen zu nahezu allen Aspekten menschlichen Lebens. Nach der Legende als Weber einer besonders tiefstehenden sozialen Gruppe entstammend, vermittelte er bemerkenswerte geistige Einsichten. Zur Spionage hielt er folgendes fest.

Spionage und ein geachtetes Gesetzbuch – diese beiden soll ein König als seine Augen betrachten.

Alles, was sich ereignet, bei jedem und allezeit – Pflicht des Königs ist, zu spionieren und Bescheid zu wissen.

Auch dem König, der nichts auf den Gewinn des Erfahrens durch Spione hält, bleibt kein anderer Weg zum Erfolg.
Der Spion ist einer, der alles ausspäht: Angestellte, Angehörige und Feinde.
Ein guter Spion muß dies können: sich verdachtlos verkleiden, sich nicht fürchten und niemals seinen Zweck offenbaren.
Ein guter Spion verkleidet sich als Asket, kundschaftet seltene Orte aus und hält jedem Druck stand.
Der Spion lernt geheime Dinge und hat keinen Zweifel an dem, was er weiß.
Hat der Spion etwas ausgespäht – laß es dir von einem andern Spion bestätigen!
Beschäftige sie so, daß kein Spion den anderen kennt – stimmen die Aussagen dreier überein, erkenne sie als wahr an.
Ehre keinen Spion öffentlich – tut dies jemand, gibt er seine Geheimnisse preis.

Aus: Tirukkural von Tiruvalluvar, aus dem Tamil übersetzt von Albrecht Frenz und K. Lalithambal, Madurai 1977, 104.

14 Der treue Rajput

Der folgende Text ist Teil einer Sammlung aus Indien „Die fünfundzwanzig Erzählungen eines Dämons", die um das Jahr 1000 verbreitet war, aber nicht genau datiert werden kann. Es handelt sich um ein Märchen, in dem ein Leichendämon den König von der Vollendung einer magischen Handlung abbringen will, zu der dieser einen Leichnam benötigt. In diese Rahmenhandlung sind moralische und erbauliche Geschichten eingebaut, in denen Verse den Erzählfluß auflockern.

Es gibt eine Stadt namens Vardhamana, dort herrschte der König Sudrakadeva. Im Audienzsaal sitzend pflegte er zu rufen: „He Türhüter! Ist die Tür bewacht oder nicht bewacht?" Der Türhüter sagte:

„Mit Schweiß und Schmutz bedeckt, ohne Halt und ohne Schutz stehen, o Fürst, Diener am Tor, als wären sie Tölpel."

Eines Tages kam aus dem Lande Dakshina (Dekhan) ein Rajput[20] namens Viravara, um Dienst zu tun, und erhielt Audienz beim König. Der König fragte ihn: „Sage, Rajput, was bekommst Du täglich?" Viravara sagte: „Herr, ich bekomme täglich eintausend Goldstücke." Darauf der König: „Wieviel Elefanten, Reiter und Fußgänger hast du?" Viravara erwiderte: „Herr, meine Frau, mein Sohn, meine Tochter und ich, das sind vier; einen fünften gibt es nicht." Als sie das hörten, brachen die Rajputen, Kriegsleute und Minister alle in ein Gelächter aus. Der König aber überlegte: „Warum mag dieser so viel Geld verlangen? Freilich, eine große Ausgabe kann einmal nutzbringend sein." Daher rief der König den Schatzmeister und gab ihm den Befehl: „Diesem Viravara zahle täglich tausend Goldstücke." Viravara nun gibt täglich, wenn er seinen Sold erhält, an die Götter, die Brahmanen und Gelehrten, die herumziehenden Sänger, Schauspieler, Erzähler, die Armen, Blinden, Aussätzigen, Buckligen, Lahmen und alle Bettler eine Gabe, dann besorgt er seinen Unterhalt. In der Nacht nimmt er sein Schwert und hält an der Tür des Königs die Wache. Wenn daher zur Nachtzeit der König ruft:

„Wer steht an der Tür?", gibt immer Viravara Antwort. Es heißt auch:

„Komm her! geh fort! falle nieder! steh auf! sprich! schweig!" So spielen Reiche mit Armen, die durch das Ungeheuer Hoffnung sich verschlingen lassen.

Einem Diener ist es nicht vergönnt, in Ruhe zu essen, erst dann aufzustehen, wenn er ausgeschlafen hat, und irgend etwas nach eigenem Gutdünken zu sagen; lebt er denn wirklich?"

...

Eines Tages hörte der König in der Nacht von einem Begräbnisplatz her jämmerliche Klagetöne einer weinenden Frau. Als er die hörte, sprach der König: „Wer steht an der Tür?" Viravara sprach: „Herr, ich bin's Viravara." Da sprach der König: „He, Viravara, hörst du die Töne, daß eine Frau weint?" Er antwortete: „Ja, ich höre sie." Der König sprach: „Geh zu ihr hin, erkundige dich nach dem Grunde ihres Weinens und komm schnell zurück." Es heißt auch:

Diener lerne man bei Aufträgen kennen, Angehörige beim Eintritt eines Ungemachs, einen Freund zur Unglückszeit, eine Gattin beim Verlust des Vermögens.

Darauf ging Viravara dem Tone nach und kam zu dem Begräbnisplatze.

Ungesehen, im Finstern den Weg findend, ging auch der König Sudraka hinter ihm her.

Dann erblickte er eine mit herrlichen Juwelen geschmückte Frau, in Tränen, mit aufgelöstem Haar.

Bald tanzt und springt sie, bald läuft und rennt sie; sie weint ohne Tränen, jammernd und sehr betrübt.

„Ich Unglückliche, ich Elende!" Wieder und wieder wird ihr ganzer Körper geschüttelt, ihre Glieder zittern, aufgesprungen, fällt sie wieder zu Boden.

Als Viravara diese erblickte, redete er sie an: „Wer bist du, die du hier wehklagst?" Sie sprach: „Ich bin der Schutzgeist des Königs." Viravara erwiderte: „Wenn du der Schutzgeist des Königs bist, warum hast du da angefangen zu weinen?" Sie antwortete: „Wegen einer Beleidigung der Devi[21] muß der König in drei Tagen sterben und ich werde herrenlos sein. Wegen dieses Kummers weine ich." Darauf sagte Viravara: „Gibt es denn nicht irgendein Mittel, wodurch der König hundert Jahr alt werden kann?" Sie sprach: „Wenn du vor der Hohen Herrin des Königs deinem Sohne mit eigener Hand den Kopf abschlägst und ihn als Opfer darbringst, so wird der König hundert Jahr alt werden." Als Viravara das hörte, ging er sofort nach Hause, weckte die schlafende Gattin und erzählte ihr die ganze Sache. Es heißt auch:

„Söhne sind die, die dem Vater in Liebe zugetan sind; ein Vater ist der, der die Kinder ernährt, ein Freund ist der, dem wir unser Vertrauen schenken können; eine Frau ist die, durch die wir glücklich sind."

…

Als der Sohn das hörte, sprach er: „Wenn durch meinen Tod der König hundert Jahre alt werden kann, was sucht man da noch weiter?" Es heißt auch:

Auch wenn die Mutter einem Kinde Gift geben wollte, der Vater den Sohn verkauft, der Fürst das ganze Vermögen einzieht, was gibt es da zu jammern?

Die Tochter sprach:

„Ich schätze mich glücklich, Vater, in allen drei Welten. Was liegt an meinem Leben? Er, der König, soll leben."

So gingen alle vier, nachdem sie es überlegt, zum Tempel der Devi. Dort sprach der versteckte König:

„Wie es das Schicksal will, der Art gestaltet sich der Vorsatz, der Art ist die Einsicht, der Art die Vorstellung und der Art sind auch die Gefährten."

Viravara trat nun vor die Hohe Herrin hin und bezeigte seine Verehrung, dann ergriff er das Schwert und sprach: „Erhabene Göttin, durch den Tod meines Sohnes möge der König hundert Jahre alt werden!" Nach diesem Ausruf schlug er ihm den Kopf ab, daß er zu Boden fiel. Als die Schwester den Bruder tot sah, schlitzte sie sich mit dem Schwerte den Leib auf. Auch die Mutter tötete sich selbst. Da dachte Viravara: „Da sind nun alle drei tot; weswegen soll ich da noch beim König Dienst tun und dafür tausend Goldstück bekommen?" So nahm er sein Schwert und schlug sich den Kopf ab, daß er zur Erde fiel. Wie nun der König den Untergang aller dieser Menschen gesehen hatte, dachte er bei sich: „Um meinetwillen hat diese Familie den Untergang gefunden; was habe ich daher noch für einen Genuß von meinem Königtum?"

Auch beim Königtum liegt ein recht großer Kummer in der Sorge um Krieg und Frieden. Wo sogar vom Sohne Gefahr droht, was für eine Freude gibt es denn da?

Somit ergriff er sein Schwert, aber wie er sich den Kopf abschlagen wollte, da sprach die Göttin: „Mein Sohn Sudrakadeva, ich bin befriedigt von deiner Entschlossenheit; sprich jetzt einen Wunsch aus!" Der König erwiderte: „Erhabene Göttin, wenn du zufrieden bist, so mögen diese vier mit unverletztem Leibe wieder leben." „So geschehe es!" sprach die Göttin, holte aus der Unterwelt Amrita[22] herbei und machte alle vier wieder lebendig. Der König kehrte unbemerkt nach Hause zurück und auch die vier, Viravara und die anderen gingen heim.

Am Morgen darauf saß der König im Audienzsaal, und wieder erschien Viravara. Diesen fragte der König: „Viravara, was hast du in der Nacht als Grund des Weinens der Frau erfahren?" Viravara antwortete:

„Einen nachsichtigen, freigebigen und Vorzüge schätzenden Herrn erlangt man durch gute Werke. Auch ein ergebener, ehrlicher und rühriger Diener ist, Herr, schwer zu finden."

Darauf schenkte der König dem Viravara die Hälfte seines Reiches. Es heißt auch:

„Einmal sprechen Fürsten, einmal versprechen gute Menschen, einmal werden Töchter zur Ehe gegeben: in diesen drei Fällen heißt es stets einmal."

Nach: Vetalapantschavinsati: Die fünfundzwanzig Erzählungen eines Dämons. Deutsch von Heinrich Uhle, München 1924, 37–44.

15 Die Lehre von den drei Ständen

Die Lehre von den drei Ständen bildete das Grundmuster, das die christliche Interpretation irdischer Ordnung seit den Kirchenvätern des frühen Mittelalters beherrschte. Beide Texte sind im Abstand von kaum mehr als einem Jahrzehnt entstanden und gehen auf Bischöfe zurück: der erste Absatz auf den besonders als Kirchenrechtslehrer einflußreichen Burchard von Worms (Bischof von 1000–1025); der 1024 niedergeschriebene Text des zweiten Absatzes auf seinen Amtsbruder Gerhard (1012–1051), der dem Doppelbistum Cambrai-Arras vorstand.

Wegen der Sünde des ersten Menschen ist dem Menschengeschlecht durch göttliche Fügung die Strafe der Knechtschaft auferlegt worden, so daß (Gott) denen, für die, wie er sieht, die Freiheit nicht paßt, in großer Barmherzigkeit die Knechtschaft auferlegt. Und obgleich die Erbsünde durch die Gnade in der Taufe allen Gläubigen genommen ist, hat der gerechte Gott das Leben der Menschen so unterschieden, indem er die einen zu Knechten, die anderen zu Herren einsetzte, damit die Möglichkeit zu freveln für die Knechte durch die Macht der Herren eingeschränkt würde.

Er zeigte, daß das Menschengeschlecht von Anfang an dreifach geteilt ist: in Beter, Bauern und Kämpfer. Er stellte eine
klare Lehre darüber auf, daß diese sich jeweils gegenseitig zur
Rechten und zur Linken unterstützten.

Nach: Quellen zur Geschichte des deutschen Bauernstandes im Mittelalter. Ges. u. hg. v. Günther Franz (FSGA 31), Darmstadt ²1974, Nr.
48 f. 122–125.
Quellen: Decr. Burch. lib. V, cap. 43 = Migne PL 140, Sp. 908. / Gesta
pontificum Cameracensium. Hg. v. Ludwig Bethmann, in: MGH SS 7,
hg. v. Georg Heinrich Pertz, Hannover 1846, 393–525, hier 485.

16 Missionierung und Reichsbildung in Osteuropa

Die Zeit um 1000 markiert in erstaunlicher Verdichtung eine forcierte
Phase politischer Einheitsbildung in Europa. Der (Re-) Christianisie-
rungsprozeß spielte dabei vielfach eine herausragende Rolle, Gewalt
beherrschte allenthalben die Szene. Aus Ostmitteleuropa liegen kaum,
aus Osteuropa gar keine zeitgleichen Schriftquellen vor. Der nachste-
hende Text, der die Kämpfe zwischen Polen und Rußland 1018 zum
Gegenstand hat, entstammt denn auch der noch im gleichen Jahr ab-
geschlossenen Chronik des sächsischen Bischofs Thietmar von Merseburg (zum Autor vgl. Dok. 19).

Nicht schweigen dürfen wir von den betrüblichen, verlustrei-
chen Ereignissen in Rußland. Hier hat nämlich Boleslaw mit
starker Heeresmacht angegriffen und auf unseren Rat schweren Schaden angerichtet. Am 22. Juli erreichte der Herzog
einen Fluß, an dem er sein Heer lagern und die erforderlichen
Brücken vorbereiten ließ. In gespannter Erwartung, wie der gegenseitig angesagte Kampf ausgehen werde, lag der Russen-
könig mit den Seinen ganz in der Nähe. Da ließ sich der Feind
in seiner Stellung durch polnische Herausforderung zum
Kampfe verleiten und mit überraschendem Erfolg vom Fußufer
vertreiben, das er sichern sollte. Ermutigt durch dieses Getüm-
mel, ließ Boleslaw seine Leute schleunigst alarmieren, und so

kam er, wenn auch nicht ohne Mühe, rasch über den Fluß. Nun aber waren alle Anstrengungen des ihm in Schlachtordnung zum Schutze des Landes entgegentretenden feindlichen Heeres umsonst. Schon beim ersten Zusammenprall wich es zurück, und später hat es keinen entschlossenen Widerstand mehr geleistet. Damals freilich wurde eine große Schar der Fliehenden, doch nur wenige von den Siegern erschlagen. Von den Unsrigen fiel der wackere Ritter Erich, den unser Kaiser lange in Haft gehalten hatte. Mit dem erhofften Erfolge trieb Boleslaw seit diesem Tage die zersprengten Gegner vor sich her, während ihn die gesamte Bevölkerung aufnahm und mit vielen Geschenken ehrte.

Inzwischen konnte Jaroslaw eine Stadt erobern, die damals seinem Bruder untertan war; ihre Einwohner ließ er wegführen. Dagegen wurde auf Boleslaws Anstiften die sehr starke Stadt Kiew durch häufige Angriffe feindlicher Petschenegen beunruhigt und durch große Brände geschwächt. Ihre Einwohner verteidigten sich wohl, öffneten aber den fremden Truppen sehr bald. Als nämlich ihr König flüchtete und sie preisgab, nahm die Stadt am 14. August Boleslaw und ihren lange entbehrten Herrn Swentepolk auf; sein Ansehen und die Furcht vor den Unsrigen brachten das ganze Land zum Anschluß. Bei ihrem Nahen empfing sie der Erzbischof der Stadt mit den Heiligenreliquien und allerlei anderem Prunk im Kloster der heiligen Sophia, das durch irgendeinen Zufall im Jahre zuvor kläglich niedergebrannt war. Hier weilten auch Stiefmutter, Gemahlin und neun Schwestern des Königs, um deren eine der alte, geile Boleslaw früher geworben hatte; jetzt führte er sie, ohne an seine Gemahlin zu denken, wider alles Recht heim. Auch wies man ihm dort einen sagenhaften Schatz, den er großenteils an seine Freunde und Anhänger verschenkte; einiges sandte er jedoch in sein Land. Zuzug geleistet hatten dem Herzog von unserer Seite dreihundert, von den Ungarn fünfhundert, von den Petschenegen aber tausend Männer. Sie alle wurden nun nach Hause entlassen, da der Landesherr mit Freude sah, wie ihm die Bevölkerung zufiel und sich ihm als treu erwies.

In dieser großen Stadt, der Hauptstadt des Reiches, gibt es mehr als 40 Kirchen und 8 Märkte; die Zahl der Einwohner ist unbekannt. Wie im ganzen Lande setzen sie sich zusammen aus starken, flüchtigen Knechten, die sich von überallher zusammenfinden, besonders aber aus kampftüchtigen Dänen, die sich bisher gegen die häufigen Belästigungen der Petschenegen behauptet und auch andere Feinde besiegt haben.

Voller Stolz über diese Erfolge sandte Boleslaw den Erzbischof der Stadt an Jaroslaw mit der Bitte um Auslieferung seiner Tochter; er selbst sichere ihm die Entlassung seiner Gemahlin, Stiefmutter und Schwestern zu. Dann schickte er seinen lieben Abt Tuni mit großen Geschenken zu unserem Kaiser, um sich mit der Erklärung, er werde ganz nach seinen Wünschen handeln, weiterhin seiner Huld und Unterstützung zu versichern. Auch in das nahe Griechenland schickte er Gesandte, die dem Kaiser dort günstige Zusagen machen sollten, wenn er sich als treuer Freund betrachten wolle. Andernfalls, sollten sie erklären, sei er sein hartnäckiger, unüberwindlicher Gegner. Bei alledem möge uns der allmächtige Gott fest beistehen und in seiner Barmherzigkeit zeigen, was ihm gefällt und uns frommt.

Nach: Thietmar von Merseburg. Chronik. Hg. u. übers. v. Werner Trillmich (FSGA 9), Darmstadt ⁷1992, 473–477.
Quelle: Die Chronik des Bischofs Thietmar von Merseburg und ihre Korveier Überarbeitung. Hg. v. Robert Holtzmann (MGH SS rer. Germ. N. S. 9), Berlin 1935/Ndr. 1980, 528–532 (VIII, 31–33).

17 Christi Hand in der Feuersbrunst

983 erhoben sich die Liutizen, wie die gleichfalls im Text genannten Obodriten ein entlang der deutschen Ostgrenze lebender slawischer Volksstamm. Dem Aufstand war zeitweilig Erfolg beschieden, erreicht wurde eine unabhängige Stellung gegenüber ostfränkisch-deutschem wie polnischem Reich. Zu Beginn des 11. Jahrhunderts unterwarfen sich die Stämme der Liutizen und Redarier jedoch dem ostfränkisch-

deutschen Herrscher, um sich gegenüber dem sie bedrohenden Herzog von Polen und Böhmen zu behaupten. König Heinrich II. schloß auf diese Weise ein Bündnis mit heidnischen Stämmen gegen einen christlichen Fürsten.

Völker, die nach Annahme des Christentums unseren Kaisern und Königen zu Tribut und Diensten verpflichtet waren, griffen, bedrückt durch die Überheblichkeit Herzog Dietrichs, in einmütigem Entschluß zu den Waffen. Schon vorher wurde es meinem Vater, Graf Siegfried, offenbart: Er sah nämlich im Traume den Himmel dicht mit Wolken bezogen und hörte auf seine staunende Frage, was das zu bedeuten habe, eine Stimme sagen: „Jetzt soll sich die Weissagung erfüllen: Gott läßt regnen über Gerechte und Ungerechte."

Die Schandtaten begannen am 29. Juni mit der Ermordung der Besatzung von Havelberg und der Zerstörung des dortigen Bischofssitzes. Drei Tage später überfiel beim Läuten der Prim[23] ein Haufen slawischer Empörer das 30 Jahre vor Magdeburg errichtete Bistum Brandenburg; sein dritter Bischof Folkmar hatte zuvor fliehen können, während an diesem Tage sein Schirmherr Dietrich mit seinen Kriegern nur mit Mühe entkam. Die dortigen Priester wurden gefangen, Dodilo, der zweite Bischof des Ortes, der von den Seinen erdrosselt nun schon drei Jahre im Grab lag, aus seiner Gruft gerissen; seine Leiche und sein Bischofsornat waren noch unversehrt; die habgierigen Hunde plünderten sie aus und warfen sie dann achtlos zurück. Alle Kostbarkeiten der Kirche wurden geraubt und das Blut vieler elendiglich vergossen. An Stelle Christi und seines Fischers, des hochwürdigen Petrus, wurden fortan verschiedene Kulte teuflischen Aberglaubens gefeiert; und nicht nur Heiden, sondern auch Christen lobten diese traurige Wendung!

In dieser Zeit wurde die Kirche zu Zeitz durch ein von Dedi geführtes böhmisches Heer genommen und ausgeraubt; ihr erster Bischof Hugo mußte fliehen. Dann verwüsteten (Slawen) das Kloster des heiligen Märtyrers Laurentius in der Burg Calbe und setzten den Unsrigen wie flüchtigen Hirschen nach, denn auf Grund unserer Missetaten hatten wir Angst, sie aber guten Mut. Der Obodritenherzog Mistui verbrannte den ehemaligen Bischofssitz Hamburg und legte ihn wüst. Doch was Christus vom Himmel herab dort Wunderbares wirkte, das sollte voller Andacht die gesamte Christenheit beachten. Eine goldene Hand griff aus höheren Regionen herab, faßte mit ausgestreckten Fingern mitten in die Brände und zog sich, allen sichtbar, gefüllt wieder zurück. Staunend sahen es die Krieger, erschreckt und entsetzt Mistui. Sein damaliger Kaplan Avico, der später mein geistlicher Mitbruder wurde, hat es mir erzählt. Wir beide aber sind zu dem Ergebnis gekommen, Gott hat auf diese Weise die Reliquien der Heiligen ergriffen, in den Himmel aufgenommen, die Feinde aber voller Schrecken in die Flucht getrieben. Später wurde Mistui wahnsinnig und mußte in Ketten gelegt werden; als man ihn mit Weihwasser besprengte, schrie er: „Der heilige Laurentius verbrennt mich!" und starb jämmerlich, ohne die Freiheit wiederzuerlangen.

Als sie alle Burgen und Dörfer bis zur Tanger mit Raub und Brand verwüstet hatten, waren mehr als 30 slawische Heerhaufen zu Fuß und zu Roß beisammen, die nun ohne irgendwelche Verluste mit Hilfe ihrer Götter von Posaunenbläsern geführt unbenklich die Reste verheerten. Das konnte bei uns nicht unbekannt bleiben. So vereinigten sich die Bischöfe Giseler und Hildeward mit Markgraf Dietrich und den anderen Grafen Rikdag, Hodo, Binizo, Friedrich, Dudo, mit meinem Vater Siegfried und vielen anderen. Sie alle hörten am Samstagmorgen die Messe, stärkten Leib und Seele durch das himmlische Sakrament, brachen im Vertrauen auf Gott in die entgegenkommenden Feinde ein und streckten sie nieder; nur wenige konnten auf einen Hügel entkommen. Die Sieger lobten Gott, der so wunderbar ist in allen seinen Werken, und wieder bewährte sich das wahrhaftige Wort unseres Lehrers Paulus: „Es gibt weder Klugheit noch Tapferkeit noch Rat wider den Herrn." Verlassen waren nun, die sich zuvor angemaßt hatten, Gott zu verachten, und die in ihrer Torheit von Händen gemachte, ganz nichtige Bilder ihrem Schöpfer vorgezogen hatten. Als die Nacht kam und die Unsrigen weiter weg ein Lager aufschlugen, entwischten die erwähnten Slawen leider heimlich. Die Unsrigen aber kehrten am nächsten Tage vollzählig bis auf drei frohgemut heim, und alle, denen sie unterwegs oder daheim begegneten, jubelten ihnen zu.

Nach: Thietmar von Merseburg. Chronik. Hg. u. übers. v. Werner Trillmich (FSGA 9), Darmstadt ⁷1992, 105–107.
Quelle: Die Chronik des Bischofs Thietmar von Merseburg und ihre Korveier Überarbeitung. Hg. v. Robert Holtzmann (MGH SS rer. Germ. N. S. 9), Berlin 1935/Ndr. 1980, 118–122 (III, 17–19).

18 Dramaturgie einer Jahrhundertschlacht

Als bedeutendster Geschichtsschreiber des 10. Jahrhunderts auf dem Boden des heutigen Deutschland gilt der wohl aus sächsischem Hochadel stammende Mönch Widukind. Von ihm selbst, der den Namen des berühmten Führers des Sachsenstammes aus der Zeit Karls des Großen, des Herzogs Widukind, trug, wissen wir im wesentlichen nur durch seine in drei Bücher gegliederte ‚Sachsengeschichte'. Verfaßt hat er sie in einem der herausragenden Zentren religiös-geistigen Lebens im norddeutschen Raum, im Kloster Corvey an der Weser, in das er noch vor 942 eingetreten sein muß. Den epochalen Sieg König Ottos I. in der Schlacht gegen die Ungarn auf dem Lechfeld bei Augsburg am 10. August 955 schildert der gelehrte Mönch mit heftiger Anteilnahme.

Aber die Sache kam anders, als man glaubte. Denn die Ungarn durchquerten ohne Zögern den Lech, umgingen das Heer, begannen, die letzte Legion mit Pfeilschüssen herauszufordern; darauf unternahmen sie mit ungeheuerem Geschrei einen Angriff, bemächtigten sich, nachdem sie die einen getötet oder gefangengenommen hatten, des ganzen Gepäcks und trieben die übrigen Bewaffneten dieser Legion in die Flucht. Ähnlich wurde die siebte und sechste angegriffen; nachdem eine Menge von ihnen getötet war, rannten die anderen auf und davon. Als der König aber bemerkte, daß der Kampf unglücklich verlief und in seinem Rücken die hintersten Heeresteile in Gefahr geraten waren, schickte er den Herzog (Konrad) mit der vierten Legion los, der die Gefangenen befreite, die Beute wieder zurückholte und die plündernden Haufen der Feinde verjagte. Nachdem die ringsumher plündernden feindlichen Scharen vernichtet waren, kehrte Herzog Konrad mit siegreichen Fahnen zum König zurück. Und erstaunlicherweise, während alte, an den Ruhm des Sieges gewohnte Kämpen zögerten, schaffte er mit jungen, im Kampf fast unerfahrenen Kriegern den triumphalen Erfolg. ...

Mittlerweile packte wegen dieses Unglücks eine riesige Furcht ganz Sachsen, das sich um den König und sein Heer ängstigte. Es erschreckten uns außerdem ungewöhnliche Zeichen. Vielerorts wurden die Kirchen durch ein gewaltiges Unwetter erschüttert, und alle, die es sahen und hörten, brachen in größtes Entsetzen aus; Priester und Nonnen kamen vom Blitz getroffen um, und vieles andere ereignete sich zu jener Zeit, was schrecklich zu sagen ist und von uns deswegen übergangen werden soll.

Als der König erkannte, daß nun der Kampf in seiner ganzen Wucht unter ungünstigen Umständen bevorstehe, ... ergriff er den Schild und die heilige Lanze und richtete selbst als erster sein Pferd gegen die Feinde, wobei er seine Pflicht als tapferster Krieger und als bester Feldherr erfüllte. Die Mutigeren unter den Feinden leisteten anfangs Widerstand, dann aber, als sie ihre Gefährten fliehen sahen, erschraken sie, gerieten zwischen unsere Leute und wurden niedergemacht. Von den übrigen indes zogen die, deren Pferde erschöpft waren, in die nächsten Dörfer ab, wurden dort von Bewaffneten umringt und samt den Gebäuden verbrannt; die anderen schwammen durch den nahen Fluß, aber da das jenseitige Ufer beim Hochklettern keinen Halt bot, wurden sie vom Strom verschlungen und kamen um. An diesem Tag nahm man das Lager, und alle Gefangenen wurden befreit; am zweiten und dritten Tag wurde von den benachbarten Burgen aus der Masse der übrigen so sehr der Garaus gemacht, daß keiner oder doch nur sehr wenige entkamen. Aber nicht gerade unblutig war der Sieg über einen so wilden Stamm.

Herzog Konrad nämlich, der tapfer kämpfte, wurde im Eifer des Gefechts und durch die Sonnenglut, die an diesem Tag enorm war, gewaltig heiß, und als er die Bänder des Panzers löste und Luft schnappte, fiel er, von einem Pfeil durch die Kehle getroffen. Sein Körper wurde auf königlichen Befehl hin ehrenvoll hergerichtet und nach Worms überführt; und dort wurde dieser Mann, groß und berühmt wegen all seiner geistigen und körperlichen Vorzüge, unter den Tränen und Klagen aller Franken beigesetzt.

Drei Anführer des Ungarnstammes wurden gefangengenommen, Herzog Heinrich vorgeführt und zu einem schändlichen Tod verurteilt, wie sie ihn verdienten; sie krepierten nämlich durch den Strick.

Durch den herrlichen Sieg mit Ruhm beladen, wurde der König von seinem Heer als Vater des Vaterlandes und Kaiser begrüßt; darauf ordnete er für die höchste Gottheit Ehrungen und würdige Lobgesänge in allen Kirchen an, trug dasselbe durch Boten seiner ehrwürdigen Mutter auf und kehrte von Jubelstürmen und höchster Freude begleitet als Sieger nach Sachsen heim, wo er von seinem Volk herzlichst empfangen wurde. Denn eines solchen Sieges hatte sich kein König vor ihm in zweihundert Jahren erfreut. Seine Leute selbst waren nämlich im Ungarnkrieg nicht mit dabei, sie wurden für den Kampf gegen die Slawen zurückgehalten.

Nach: Widukind von Corvey. Res gestae Saxonicae. Die Sachsengeschichte. Lateinisch / Deutsch. Übers. u. hg. v. Ekkehart Rotter u. Bernd Schneidmüller, Stuttgart ²1992/Ndr. 1997, 197–203. Quelle: Die Sachsengeschichte des Widukind von Korvei. In Verb. mit Hans E. Lohmann neu hg. v. Paul Hirsch (MGH SS rer. Germ. in us. schol. 60), Hannover ⁵1935/Ndr. 1977, 125–129 (III, 44, 46–49).

19 Muslime, Griechen und Deutsche ringen um Süditalien

Von Thietmar, dank guter Beziehungen zum Königshof 1009 Bischof von Merseburg geworden, kennen wir als einem der ganz wenigen Menschen des 10. Jahrhunderts sogar seinen Geburtstag: Geboren am

25. Juli 975, entstammte er über seine Eltern zwei sächsischen Adels-
geschlechtern mit weitgespanntem Beziehungshorizont. Seine Erziehung genoß er bei einer Tante am vornehmen Damenstift Quedlin-
burg und konnte sie am Magdeburger Domstift, in dessen Domkapi-
tel er später eintreten sollte, weiter vervollkommnen. Seine Chronik
verfaßte er jedoch erst als Bischof von Merseburg in den Jahren
1012–1018. In dieser befaßte er sich auch ausgiebig mit der ottonischen Reichsgeschichte. Der folgende Abschnitt behandelt die drama-
tische Flucht von Kaiser Otto II. nach der verlorenen Schlacht bei
Cotrone (am süditalienischen Kap Colonne) am 13. oder 15. Juli 982
gegen ein arabisches Heer des Emirs Abu-l-Qasim von Sizilien. Dieser
ließ in der Schlacht sein Leben.

Währenddessen waltete der Caesar des römischen Kaisertums
so, daß er allen ehemaligen Besitz seines Vaters behauptete; dem
Angriff der Sarazenen auf sein Gebiet trat er mannhaft entgegen
und drängte sie weit von seinem Lande zurück. Auf die Nachricht,
Kalabrien leide schwer unter häufigen griechischen Einfällen und
sarazenischen Plünderungen, bot er Bayern und kampfgewohnte
Schwaben zur Verstärkung seines Heeres auf. Er selbst aber zog mit
dem Herzog Otto, dem Sohne seines Bruders Liudolf, schnellstens
nach der Stadt Tarent, die in den Besitz der Griechen geraten und
durch eine Besatzung gesichert worden war; durch mannhaften
Zugriff konnte er sie in kurzer Zeit niederkämpfen. Um nun auch
mit den Sarazenen fertigzuwerden, die mit zahlreichen Truppen
sein eigenes Gebiet verwüstet hatten, sandte er gewandte Späher
zur Erkundung der Feinde aus. Zunächst schloß er sie in einer Burg
ein und zwang sie völlig geschlagen zur Flucht; als sie sich dann
im offenen Felde zum Kampfe stellten, tötete er in mutigem
Angriff eine gewaltige Zahl und rechnete nun mit ihrer völligen
Niederlage. Doch ganz unvermutet sammelten sie sich wieder,
drangen geschlossen auf die Unsrigen ein – welch Unglück! – und machten am 13. Juli die kaum Widerstand Lei-
stenden nieder: Richer, den Lanzenträger, und Herzog Udo,
meiner Mutter Oheim; die Grafen Thietmar, Bezelin, Gebhard,
Gunther, Ezelin und seinen Bruder Gezelin, ferner Burkhard,
Dedi, Konrad und viele andere, die ich nicht nennen kann;
Gott weiß ihre Namen.

Der Kaiser aber rettete sich mit (Herzog) Otto und den anderen ans Meer; da sah er in der Ferne ein Schiff, eine *Salandria*[24]; auf dem Pferde des Juden Calonimus suchte er sie zu erreichen. Sie aber verweigerte ihm die Aufnahme und fuhr vorüber. Bei seiner Rückkehr auf den festen Strand sah er den Juden noch da stehen, da er besorgt das Schicksal seines geliebten Herrn abwarten wollte. Und als der Kaiser das Nahen der Feinde bemerkte, fragte er ihn bekümmert, was nun aus ihm werden solle; dann aber sah er eine zweite *Salandria* folgen und bemerkte unter den Schiffsleuten einen Freund, auf dessen Hilfe er rechnen konnte, stürzte sich nochmals zu Pferde ins Meer, erreichte das Schiff und wurde aufgenommen; nur sein Ritter Heinrich (mit slawischem Namen Zolunta) wußte, wer er war; man legte ihn auf das Bett des Schiffskommandanten, der ihn schließlich auch erkannte und fragte, ob er der Kaiser sei. Nach langem vergeblichen Leugnen mußte er es schließlich zugeben. „Ich bin es", sagte er, „meine Sünden haben mich mit Recht in dieses Unglück gebracht. Aber hört wohl zu, was wir jetzt gemeinsam tun sollten! Soeben habe ich Unseliger die Besten meines Reiches verloren; von diesem Schmerze getrieben, kann und will ich niemals wieder diese Länder betreten noch ihre Freunde wiedersehen. Laßt uns nur Rossano anlaufen, wo meine Gemahlin auf meine Rückkehr wartet; wir wollen sie und alles Geld – ich habe sehr viel – aufnehmen und euren Kaiser, meinen Bruder, aufsuchen; gewiß wird er mir, so hoffe ich, ein Freund in der Not sein." Der Kommandant des Schiffes willigte, erfreut über solch angenehmes Gespräch, ein und beeilte sich tagsüber und nachts, diesen Platz zu erreichen. Als sie nahe waren, wurde auf Befehl des Kaisers jener Ritter mit dem Doppelnamen vorausgesandt, um die Kaiserin, den bei ihr weilenden Bischof Dietrich und die vielen geldbeladenen Saumtiere zu holen.

Als die Griechen die Kaiserin mit so reichen Gaben die Stadt verlassen sahen, warfen sie Anker und ließen Bischof Dietrich[25] mit wenigen Begleitern an Bord. Der Kaiser legte auf Anraten des Bischofs die schlechte Kleidung ab und zog bessere an; dann aber – er hatte auf dem Vorschiff gestanden – sprang er im Vertrauen auf seine Kraft und Geschicklichkeit im Schwimmen plötzlich ins Meer. Einer der herumstehenden Griechen wollte ihn am Gewand packen und festhalten; vom Schwerte des wackeren Ritters Liuppo durchbohrt, stürzte er rücklings nieder. Da flohen sie auf die andere Seite des Schiffes, die Unsrigen aber fuhren in den Booten, mit denen sie gekommen waren, unangefochten hinter dem Caesar her, der sie am sicheren Strande erwartete und bereit war, den Griechen mit reichen Geschenken den versprochenen Lohn zu gewähren. Doch die fuhren in ihrem großen Schrecken voller Mißtrauen gegen seine Versprechungen davon, ihrer Heimat zu. Die alle Völker immer durch List so weit überrunden, merkten da, daß sie selbst nun durch ähnliche Mittel betrogen (waren). Doch mit welcher Freude der Kaiser von den Anwesenden und später Hinzukommenden begrüßt wurde, vermag ich nicht zu schildern.

Nach: Thietmar von Merseburg. Chronik. Hg. u. übers. v. Werner Trillmich (FSGA 9), Darmstadt ⁷1992, 107–110.
Quelle: Die Chronik des Bischofs Thietmar von Merseburg und ihre Korveier Überarbeitung. Hg. v. Robert Holtzmann (MGH SS rer. Germ. N. S. 9), Berlin 1935/Ndr. 1980, 122–126 (III, 20–22).

20 Ein Friedensabkommen zwischen den chinesischen Song und den Khitan

Nach langen kriegerischen Auseinandersetzungen mit dem Liao-Reich der nördlichen Khitan (vgl. Dok. 5) schloß der damalige Song-Kaiser um die Jahreswende 1004/5 den Vertrag von Shanyüan ab, der mehr als 100 Jahre hielt. Darin verpflichtete er sich, als Friedenspreis jährlich eine bestimmte Summe an Seide und Silber an die Khitan zu liefern. Wegen dieser Lieferung wurde der Vertrag oft als Schwäche gedeutet. Tatsächlich hatten diese sogenannten „Tributzahlungen" in einem der berühmtesten Verträge der chinesischen Diplomatie für die Finanzen der Song nur eine geringe Bedeutung.

Der Schwurbrief des Song-Kaisers Zhenzong
Es ist der Tag *bingxu* des Mondes *gengchen* des ersten Jahres der *jingde*-Devise, das ist der 7. Tag des 12. Monates des Jahres 1004 (19. Januar 1005 n.Chr.).

Seine Majestät, der Kaiser der Großen Song, übersendet (hiermit) hochachtungsvoll den Schwurbrief an Seine Majestät, den Kaiser der (Großen) Khitan, um in Ehrfurcht und Ergebenheit Zeugnis dafür abzulegen, daß (Wir) den beglückenden Vertrag aufrichtig erfüllen (wollen).

Entsprechend den Erfordernissen des Landes werden als Beitrag für die Armeekosten jährlich 200000 Rollen Seide und 100000 Unzen Silber geliefert. Zu diesem Zweck begibt sich jedoch keine besondere Gesandtschaft an den Nördlichen Hof, sondern (die Lieferungen) sollen durch Beamte der Finanzkommission nach Xiongzhou transportiert und (dort) übergeben werden. Die Kreis- und Militärpräfekturen an der Grenze haben die Demarkationslinie streng zu bewachen, um illegale Überschreitungen von seiten der Bevölkerung beider Länder zu verhindern. Etwaigen kriminellen Verbrechern, die sich auf der Flucht befinden, darf kein Aufenthalt oder Unterschlupf auf der jeweils anderen Seite gewährt werden. Was die Arbeit der Bauern auf dem Felde betrifft, so sind von Süd und Nord Belästigungen oder Störungen zu unterlassen. Wo immer in beiden Reichen sich Mauern und Gräben befinden, ist deren Instandhaltung wie bisher gestattet; das Reinigen der Gräben, Reparaturen und alle sonstigen Arbeiten dieser Art dürfen wie üblich ausgeführt werden. Nicht erlaubt dagegen ist es, mit dem Neubau von Mauern und Gräben zu beginnen oder neue Flußläufe auszuheben. Beide Vertragspartner erheben keinerlei Forderungen, die in den Schwurbriefen nicht enthalten sind. Wir verpflichten Uns, künftig eine innige Gemeinschaft zu pflegen, fortan den Frieden für die Völker zu wahren und die Landesgrenzen genauestens zu beachten.

Wir verpfänden Uns gegenüber den Göttern des Himmels und der Erde und melden es den Göttern des Erdbodens und der Feldfrucht im Kaiserlichen Ahnentempel, daß Unsere Nachkommen dies ehrfürchtig befolgen und alle Zeiten fortführen werden. Wer diesen Vertrag bricht, ist nicht fähig, für das Wohl des Landes zu sorgen und soll nach den Präzedenzurteilen des leuchtend-erhabenen Himmels mit dem gerechten Tod bestraft werden.

Dies machen wir allgemein bekannt und warten dabei insbesondere auf Euere Antwort.

(Diese Antwort des Khitan-Kaisers lautete:)

Es ist der Tag *xinmao* des Mondes *gengchen* des 22. Jahres der *weitong*-Devise, das ist der 12. Tag des 12. Monats des Jahres 1004 (24. Januar 1005 n. Chr.).

Seine Majestät, der Kaiser der Großen Khitan, übersenden hochachtungsvoll den (Schwur-)Brief an seine Majestät, den Kaiser der Großen Song. Auf gemeinsamen Beschluß haben Wir die Feindseligkeiten beendet und sind wieder in freundliche Beziehungen zueinander getreten. Nachdem Wir Euere edelmütige Gesinnung vernommen haben, verwenden Wir Uns für den Schwurbrief, der hier eigens verkündet werden soll.

Wir verpfänden uns gegenüber den Göttern des Himmels und der Erde und melden es den Göttern des Erdbodens und der Feldfrucht im Kaiserlichen Ahnentempel, daß Unsere Nachkommen dies ehrfürchtig befolgen und für alle Zeiten fortführen werden. Wer diesen Vertrag bricht, ist nicht fähig, für das Wohl des Landes zu sorgen und soll nach den Präzedenzurteilen des leuchtend-erhabenen Himmels mit dem gerechten Tod bestraft werden. Wenn ich auch nicht würdig bin, so wage ich doch, diesen Vertrag zu befolgen und möchte vor Himmel und Erde feierlich geloben und für meine Nachkommen beschwören: Wer diesen Vertrag bricht, den sollen die Götter dafür mit dem gerechten Tode bestrafen.

Diese besondere Erklärung geben wir vor aller Öffentlichkeit ab.

Nach: Schwarz-Schilling, Christian: Der Friede von Shan-Yüan (1005 n. Chr.). Ein Beitrag zur Geschichte der chinesischen Diplomatie. Wiesbaden 1959, 138–141.
Quelle: Qidan guozhi, j. 20, 2 a,b, 3 a.

21 Der König stirbt, doch das Reich bleibt bestehen

Der Dichter und Geschichtsschreiber Wipo, der aus dem Gebiet der heutigen Schweiz stammte, lebte als Geistlicher am Hof der ersten Salierherrscher, Konrads II. und dessen Sohn Heinrich III. In seinen ‚Taten Konrads' schildert Wipo unter anderem, wie dieser Herrscher auf einem Hoftag zu Konstanz 1025 eine Delegation der königlichen Stadt Pavia zurechtgewiesen haben soll. Offenbar, um die königliche Stadtherrschaft abzuschütteln, hatten die Pavesen nämlich nach dem Tod Kaiser Heinrichs II. 1024 die Pfalz, permanenter Verwaltungssitz und Residenz des Königs bei dessen Aufenthalten in der Stadt, zerstört (vgl. Dok. 61 und Dok. 79). Der zweifellos von Wipo stark stilisierte Dialog zwischen König Konrad II. und den Pavesen belegt, daß in Europa im frühen 11. Jahrhundert durchaus Vorstellungen von einem ‚Reich' (wohl noch nicht als ‚Staat') kursierten, dessen Substanz nicht an die Herrscherpersönlichkeit gebunden war. Der folgende Text nimmt einen wichtigen Platz in der politischen Ideen- und Verfassungsgeschichte des Mittelalters ein.

In der Stadt Pavia hatte die einst von König Theoderich herrlich erbaute Pfalz gestanden, die später Kaiser Otto III. prächtig ausschmückte. Als nun der Tod von König Konrads Vorgänger Kaiser Heinrich bekannt wurde, stürzten die Pavesen sogleich unbedacht zu der friedlichen Hofburg, pflegen doch die Menschen bei einer neuen Wendung immer überstürzt zu handeln, rissen mit frechem Beginnen die Mauern der Königspfalz nieder und zerstörten den Palast vollständig bis auf die letzten Grundmauern, damit in Zukunft kein König mehr auf den Gedanken kommen könne, in ihrer Stadt eine Pfalz zu errichten. Dieser Übergriff verursachte einen langen, schweren Streit zwischen dem König und Pavia. Die Pavesen erklärten: „Wen haben wir denn gekränkt? Unserem Kaiser haben wir treu und ergeben bis an sein Lebensende gedient. Wir haben das Haus unseres Königs zerstört, als wir nach seinem Tode keinen König hatten; deshalb kann man uns rechtlich nicht belangen." Der König dagegen erwiderte: „Ich weiß, daß ihr nicht eures Königs Haus zerstört habt, denn damals hattet ihr ja keinen. Aber ihr könnt nicht leugnen, daß ihr einen Königspalast zerstört habt. Ist der König tot, so bleibt doch das Reich bestehen, ebenso wie ein Schiff bleibt, dessen Steuermann gefallen ist. Es handelte sich um staatliche, nicht um private Baulichkeiten. Sie unterstanden fremder Hoheit, nicht der euren. Wer sich aber an fremdem Eigen vergreift, ist dem König straffällig. Da ihr euch nun an fremdem Eigen vergriffen habt, seid ihr dem Könige straffällig." Auf diesen Standpunkt entgegneten die Gesandten lange und eindringlich, mußten jedoch ihren vergeblichen Sühneversuch aufgeben und heimkehren. Die anderen Italiener aber zeichnete der König durch reiche Gaben aus und entließ sie in Frieden. Nachdem dann der König seine Herrschaft in Schwaben gesichert hatte, zog er weiter nach der Burg Zürich, wo er die Huldigung einiger Italiener entgegennahm, die nicht nach Konstanz gekommen waren. Von hier reiste er wenige Tage später nach der Stadt Basel.

Nach: Quellen des 9. und 11. Jahrhunderts zur Geschichte der hamburgischen Kirche und des Reiches. Hg. u. übers. v. Werner Trillmich u. Rudolf Buchner (FSGA 11), Darmstadt ⁶1990, 559–561.
Quelle: Die Werke Wipos. Hg. v. Harry Bresslau (MGH SS rer. Germ. in us. schol. 61), Hannover – Leipzig 1915/Ndr. 1992, 29f. (7).

22   Ein falscher chinesischer Thronprätendent sollte unverzüglich hingerichtet werden!

Der Beamte und Richter Bao Zheng (999–1062) gilt als das historische Vorbild eines aufrechten und gerechten Richters, der durch scharfsinnige Ermittlungen und korrekte Entscheidungen dem Recht und der Gerechtigkeit zur Durchsetzung verhalf. Als Richtschnur seines Handelns diente ihm der „Leitfaden der Strafen" (Xingtong) des Dou Yi (914–966). Es handelt sich hierbei um eine Bearbeitung des tangzeitlichen Gesetzbuches Tanglü shuyi, das im Jahre 963 zum offiziellen Kodex der Song wurde. Im folgenden Text schildert Bao Zheng den Fall von Leng Qing, Sohn eines Arztes, der sich als Sohn des Kaisers ausgab.

Leng Qing, der Sohn eines Arztes, hatte sich selbst als Kind des Kaisers bezeichnet und behauptet, seine Mutter habe einst die Gunst des Kaisers empfangen. Als sie schwanger wurde, habe sie den Palast verlassen und Qing geboren. Auf dem Marktplatz der Hauptstadt scharte sich die Menge, um Leng Qing anzusehen.

Ich (Bao Zheng) habe den Auftrag erhalten, gemeinsam mit Zhao Kai den Fall Leng Qing zu untersuchen und mich daraufhin in das Polizeikommissariat begeben und die Gerichtsakten im einzelnen durchgesehen. Im Fall Leng Qing liegen Aussagen und Geständnis vor, wonach dieser, nicht auf ein einziges Mal beschränkt, tolldreiste Reden geführt hat. Angesichts des Tatbestandes und der Tatumstände läßt das Gesetz keine Strafmilderung zu. Es steht außerhalb jeden Zweifels, daß ihm die gesetzliche Höchststrafe zuzuerkennen ist.

Ferner habe ich den Fall des vom Dienst entbundenen Truppenknechts Gao Ji'an genau geprüft: Dieser war zuvor wegen einer Straftat zur Zwangsarbeit nach Dingzhou gebracht worden, hatte aber bald darauf wieder Zugang in die Hauptstadt gefunden. Unter der Vorgabe von Krankheit hatte er sich vom Dienst entbinden lassen. Mit Hilfe trügerischer Reden und magischer Künste knüpfte er Beziehungen zu den Reichen und Mächtigen an. An den Orten, wo er erschien, wurde er vielfach durch Beten und Opfern berühmt und versetzte ganze Kreise und Präfekturen in Unruhe. Seitdem er im vergangenen Jahr in Tanzhou (Changsha in Hunan) Leng Qing zu sich genommen hatte, der ihm durch mehrere Provinzen folgte, hatte dieser wiederholt wahnhafte Reden geführt. Davon in Kenntnis, ließ Gao ihn absichtlich gewähren und zeigte ihn nicht bei den Behörden an.

Als Leng Qing aufgedeckt wurde, instruierte er ihn, Nervenkrankheit vorzutäuschen, und erreichte damit, daß Leng tatsächlich seiner Bestrafung entging. Bald darauf veranlaßte er ihn dazu, erneut tolldreiste und aufrührerische Äußerungen zu machen, die zu hören nicht zu ertragen sind. Wie kann man es in den Mauern der Hauptstadt noch länger dulden, daß solche Elemente das Staatsgesetz mißachten und die große Volksmenge in Verwirrung und Unruhe versetzen? ...

Zudem ist plötzlich ein heftiger Sandsturm losgebrochen, durch den das Licht der Sonne seinen Glanz verloren hat. Das ist ein Zeichen dafür, daß sich Oben und Unten (Himmel und Erde) bedecken und verbergen. Darum zeigt der Himmel eine solche Veränderung. Derart dringend ist es, den Herrscher der Menschen zu warnen und zu erleuchten!

Ich bitte untertänigst darum, daß Majestät das Auftreten dieser ungewöhnlichen Naturerscheinung bedenken und die Würde der Ahnentempel berücksichtigen, eine kaiserliche Sonderentscheidung fällen und eine unverzügliche Hinrichtung anordnen, um zu verhindern, daß zusehends schwerwiegenderes Unheil entsteht, wenn ruchlose und verräterische Elemente bei anderer Gelegenheit Anstoß zur Zwistigkeit erregen.

Nach: Schmoller, Bernd: Bao Zheng (999–1062) als Beamter und Staatsmann. Bochum 1982, 179–81.
Quelle: Bao Zheng, Eingaben, j. 5, 6 a, b, f.

23 Volk und König im europäischen Norden

Der Isländer Snorri Sturluson (1179–1241) verfaßte um 1230 die auf alten Sagen basierende Chronik *Heimskringla* (Weltkreis), in der er die Geschichte der norwegischen Könige bis 1177 erzählt. Vorgängen der Zeit um 1000 gilt sein besonderes Interesse, da sie in die Regierungszeit Olafs des Dicken, des späteren Heiligen (gest. 1030), „Norwegens ewigem König", fallen. Der zitierte Text schildert den Verlauf eines schwedischen ‚Allthings' – einer Versammlung der freien Bauern – vom Februar 1019. Zu verhandeln war ein Friedensangebot des norwegischen Königs. Nachdem die Bauern von Vestergötland durch ihren Sprecher, den Jarl Rögnvald, ihren Willen zur Annahme bekundet hatten, reagierte der schwedische König Olaf Schoßkönig.

Er antwortete ungnädig, was den Frieden betraf, und erhob gegen den Jarl große und schwere Vorwürfe, wie es habe wagen können, ein festes Bündnis mit dem dicken Mann zu schließen und sein Freund zu werden. Er beschuldigte den Jarl offenbaren Landesverrates gegen sich und sagte, es sei in der

Ordnung, wenn Rögnvald aus dem Reich gejagt würde. Dies alles sei durch die Aufreizung seiner Frau Ingibjörg veranlaßt. Den törichtesten aller Pläne habe er gefaßt auf die Bitte dieser Frau hin. Er sprach lange und barsch und wandte die Spitze seiner Rede gegen Olaf den Dicken. Als er sich niederließ, war es zunächst eine Weile still. Dann stand Thorgnyr auf (der Gesetzesmann der schwedischen Zentrallandschaft um Uppsala). Als sich dieser erhob, sprangen alle Bauern auf, die vorher gesessen hatten, und alle drängten vorwärts, die vorher auf anderen Plätzen gestanden hatten, denn sie wollten hören, was Thorgnyr zu sagen hatte. Zuerst entstand großer Lärm in dem Menschengewühl und Geklirr der Waffen. Als wieder Ruhe eingetreten war, sprach Thorgnyr:

„Auf anderes ist jetzt das Sinnen des Schwedenkönigs gerichtet, als es früher zu sein pflegte. Mein Großvater Thorgnyr erinnerte sich noch an Erich, den Uppsalakönig, Eymunds Sohn, und erzählte von ihm, daß, als er im besten Alter stand, er jeden Sommer ein Kriegsheer sammelte und in die verschiedensten Länder zog. Er unterwarf sich Finnland und Karelien, Estland und Kurland und weithin andere Länder im Osten. Jetzt noch kann man die Erdfestungen dort sehen und andere große Schanzwerke, die er aufführen ließ. Doch er war nicht so hochmütig, daß er nicht auf Männer gehört hätte, die ihm wichtige Dinge vorzutragen hatten. Mein Vater Thorgnyr war lange Zeit mit König Björn zusammen; er kannte dessen Art wohl. Während Björn lebte, stand sein Reich in großer Macht da, und an nichts fehlte es ihm. Er aber war gütig zu seinen Freunden. Ich selbst kann mich gut auf König Erich den Siegreichen besinnen und war bei ihm auf manchem Kriegszug. Auch er vergrößerte das Schwedenreich und wußte es kräftig zu schirmen. Und es war leicht für uns, ihm unsere Wünsche vorzutragen.

Dieser König aber, der jetzt herrscht, läßt niemanden freimütig zu sich reden; nur das darf man sagen, was ihm zu erlauben gefällt. Danach strebt er mit aller Macht; aber seine Schutzländer läßt er aus seinen Händen aus Mangel an Tüchtigkeit und Tatkraft. Er strebt danach, das Norwegerreich in seiner Gewalt zu haben. Aber kein Schwedenkönig hat danach früher Verlangen getragen, und das bringt nun vielen Leuten Unbehagen. Wir Bauern wünschen nun, daß du Frieden schließt mit Olaf dem Dicken, dem Norwegerkönig, und ihm deine Tochter Ingigerd zur Frau gibst. Wenn du dir aber die Reiche im Osten wiedergewinnen willst, die deine Verwandten und Vorväter dort besessen haben, dann wollen wir dir dazu gern alle Gefolgschaft leisten. Willst du das aber nicht tun, was wir dir vorgeschlagen haben, dann werden wir einen Aufstand machen und dich erschlagen und keinen Unfrieden und keine Gesetzwidrigkeit weiter von dir dulden. Dasselbe taten auch unsere Vorväter in alter Zeit; sie versenkten auf dem Mula-Thing in einem Graben fünf Könige, die vorher voll Hochmuts gegen sie gewesen waren, wie du jetzt gegen uns. Sag nun schleunig, was für eine Wahl du treffen willst."

Da erhob die Menge des Volkes gewaltiges Waffengeklirr und brausenden Beifall. Der König stand nun zur Erwiderung auf. Er sagte, er wolle alles nach dem Willen der Bauern geschehen lassen. Er sagte, ebenso hätten in der Vorzeit alle Schwedenkönige gehandelt, daß sie die Bauern hätten gewähren lassen in allen Dingen, die sie sich vorgenommen hätten. Da kam das Murren der Bauern zur Ruhe. Nun besprachen sich die Häupter des Volkes, der König, der Jarl und Thorgnyr, untereinander und schlossen einen Friedensvertrag für den Schwedenkönig ab.

Nach: Borst, Arno, Lebensformen im Mittelalter. Frankfurt/Main u. a. [14]1995, 280–282.
Quelle: Snorri Sturluson. Heimskringla. Hg. v. Bergljót S. Kristjánsdottir, Bragi Halldórsson, Jón Torfason u. Örnólfur Thorsson. Bd. 1, Reykjavík 1991, 330–332 (Ólafs saga helga 80; Zitat 331f.).

24 Kampfeslust und Heldenlied

Zur Zeit König Aethelreds II. lieferten sich am 10. oder 11. August 991 die Angelsachsen eine Schlacht mit norwegischen Wikingern, die mit 93 Schiffen und etwa 3–5.000 Mann Besatzung in England eingefallen waren. Ein berühmtes altenglisches Epos besingt den Kampf, in dessen Verlauf auch der Earl Byrhtnoth von Essex den Tod fand.

Nun kam ein kriegsharter Mann heran, hob Waffe und Schutzschild und ging auf den Kämpfer (Byrhtnoth) los. Ebenso entschlossen ging der Earl auf den Kerl zu; jeder sann auf Böses für den anderen. Da warf der Seekrieger den Speer aus dem Süden, so daß der Herr der Krieger verwundet wurde. Doch stieß er mit dem Schild dagegen, daß der Schaft brach und die Speerspitze herausfiel. Der Haudegen wurde wütend; mit dem Speer stach er nach dem stolzen Wiking, der ihm die Wunde beigebracht hatte. Der Kämpe war erfahren; er ließ seinen Speer durch des jungen Mannes Hals dringen und führte die Hand so, daß er dem Räuber das Leben nahm. Dann schoß er schnell auf einen anderen, dem das Panzerhemd zerbrach; an der Brust, durch die Kettenringe hindurch, war er verwundet; beim Herzen stand ihm die tödliche Spitze. Immer vergnügter wurde der Earl: der tapfere Mann lachte und sagte Gott Dank für dieses Tagewerk, das ihm der Herrgott gab.

Nun sandte einer der Wikingkrieger den Wurfspieß aus der Hand, ließ ihn aus der Faust fliegen, daß er den Weg durch die edlen Mannen Aethelreds nahm. Neben ihm (Byrhtnoth) stand ein halbwüchsiger Junge, unerfahren im Kampf, der ganz kühn nach dem blutigen Speer des Kämpfers griff: Wulfstans Sohn, der junge Wulfmaer. Er ließ den sehr harten Speer wieder zurückfliegen. Die Spitze drang ein, so daß am Boden der Mann lag, der seinen Herrn schlimm getroffen hatte. Nun ging ein gewappneter Mann auf den Earl zu; er wollte den Schatz des Kämpfers nehmen, Ringe und Schmuckschwert erbeuten. Da zog Byrhtnoth das Schwert aus der Scheide, das breite, mit schimmernder Klinge, und hieb auf das Panzerhemd. Zu schnell hinderte ihn einer der Wikinger, er lähmte den Arm des Earls. Da fiel das Schwert mit dem Goldgriff zu Boden, er konnte das harte Schwert nicht mehr halten, die Waffe nicht führen. Doch nun nahm er das Wort, der eisgraue Kämpe, spornte die Jungen an und befahl, tapfer zusammen voranzuschreiten. Dann konnte er nicht länger fest auf den Füßen stehen; er blickte zum Himmel: „Ich danke dir, Herrscher der Völker, für alle die Freuden, die ich auf der Welt erfuhr. Jetzt, gütiger Herr, ist es für mich am nötigsten, daß du meinem Geist Glück verleihst, daß meine Seele zu dir wandern und unter deinen Schutz, Fürst der Engel, in Frieden gehen kann. Ich bitte dich, daß ihr die Höllenfeinde nicht schaden dürfen."

Dann erschlugen ihn die heidnischen Krieger, und auch die beiden Kämpfer, die bei ihm standen; Aelfnoth und Wulfmaer fielen beide, nahe bei ihrem Herrn gaben sie das Leben hin. Nun zogen sich diejenigen aus dem Kampf zurück, die da nicht bleiben wollten. Zuerst ergriffen die Söhne Oddas die Flucht: Godric ließ vom Kampf und verließ den wackeren Mann, der ihm oft viele Rösser geschenkt hatte. Er sprang auf das Pferd, das seinem Herrn gehörte, auf die Satteldecke, auf die er kein Anrecht hatte, und seine beiden Brüder galoppierten mit ihm: Godwin und Godwig kümmerten sich nicht um den Kampf, gingen von der Schlacht weg, suchten den Wald, flohen in seinen Schutz und bargen ihr Leben. Es waren mehr Männer, als es irgendwie recht war, wenn sie aller Gunsterweise gedachten, die er ihnen zuliebe getan hatte. Daß es so käme, hatte ihm Offa schon eines Tages vorher gesagt, als er beim Treffpunkt Rat hielt: daß viele da tapfere Reden führten, die nachher in der Not nicht durchhalten würden.

Der Führer des Volkes war gefallen, der Earl Aethelreds. Alle seine Herdgenossen sahen, daß ihr Herr tot lag. Da gingen stolze Mannen nach vorn, furchtlose Männer eilten eifrig herbei. Sie alle wollten eines von zweien: entweder das Leben lassen oder den lieben Herrn rächen. So trieb Aelfrics Sohn sie nach vorn; der Krieger, jung an Wintern, meldete sich zu Wort; Aelfwin sprach und sagte tapfer: „Denkt an die

Reden, die wir oft beim Met hielten, als wir auf der Bank
saßen, Helden zuhause, und mit Schwüren von hartem Streit
um uns warfen. Jetzt kann sich erweisen, wer kühn ist. Ich
will meine adlige Abkunft allen kundtun: Ich kam aus großem Geschlecht in Mercia. Mein Großvater wurde Ealdhelm
geheißen, ein kluger *Ealdorman*, in der Welt erfolgreich. Die
Mannen unter diesem Volk sollen mir nicht vorwerfen, ich
wollte aus diesem Aufgebot weggehen und die Heimat aufsuchen, jetzt, wo mein Führer daliegt, erschlagen im Kampf.
Das grämt mich am meisten, denn er war mir beides, mein Ver-
wandter und mein Herr." Dann ging er nach vorn, auf Kampf
erpicht.

Nach: Borst, Arno: Lebensformen im Mittelalter. Frankfurt/Main u. a.
[14]1995, 423–425.
Quelle: The Battle of Maldon. Hg. v. Eric V. Gordon, Suppl. v. Donald
G. Scragg, Manchester – New York 1976, 51–56 (V. 130–225).

25 Eroberungen eines toltekischen Priester-Königs

Der Ursprung der Quelle ist unklar. Es wird angenommen, daß der
spanische Pater Sahagún im 16. Jahrhundert an der Niederschrift dieses wohl wertvollsten Dokumentes zur Geschichte der Tolteken beteiligt war. Die folgende Episode bezieht sich auf den Priester-König
Mixcohuatl, der bei seinen Eroberungen auf die tapfere Chimalman
traf. Diese leistete erst Widerstand, lieferte sich Mixcohuatl dann aber
im Interesse ihrer Schwestern aus und wurde zur Mutter des legendären Quetzalcoatl.

Darauf sprießen verschiedene (Feuersteinmesser)[26] auf:
Zuerst sproßte der blaugrüne Feuerstein.
An zweiter Stelle sproßte das weiße Feuersteinmesser.
Und da ergriffen sie das weiße; dann wickeln sie ihn in Decken.
An dritter Stelle sproßte das gelbe Feuersteinmesser.
Nicht auch ergriffen sie es, sondern schauten es bloß an.
Und an vierter Stelle sproßte das rote Feuersteinmesser.

Nicht auch ergriffen sie es.

An fünfter Stelle sproßte das schwärzliche Feuersteinmesser.

Nicht auch ergriffen sie es.

Aber das weiße Feuersteinmesser nahm sich dann als Gott der Mixcohuatl (oder: verehrten sie als Mixcohuatl).

Darauf umhüllten sie es (mit Decken), trugen es (als Wanderbündel) auf dem Rücken.

Darauf geht er (der weiße Mixcohuatl) Eroberungen zu machen nach dem Orte namens Comallan.

Er geht und trägt auf dem Rücken das Steinmesser, seinen Gott, (das Abbild der) Itzpapalotl.[27]

Und als das die Leute von Comallan erfuhren, kamen sie dem Mixcohuatl zum Empfang entgegen.

Dann legten sie Speise für ihn hin, nur damit besänftigten sie ihn. –

Und darauf geht er nach Tecanman.

Ebenfalls besänftigten ihn (die Bewohner), sie sagen:

„Was beliebt dem Herrn zu tun?

Möge er mit seinem Gefolge sich hierher begeben!

Und bringt ihm seine Stachelpflanze (Für den Rauschtrank)!

Möge nicht hier ich sie ihm beschmutzen!"

Und darauf geht er nach Colhuacan.

Erst dort machte er Eroberungen.

Und nachdem er Colhuacan erobert (besiegt) hat, da geht er nach Huehuetocan.

Und nachdem er Huehuetocan besiegt hat, da geht er nach Pochtlan (und) machte auch (dort) Eroberungen.

Und darauf geht Mixcohuatl, Eroberungen zu machen in Hiutznahuac.

Er traf (dort im Süden) die Chimalman, eine Frau.

Da legte sie sogleich ihren Schild hin, da stellte sie sogleich ihren Wurfspeer hin nebst ihrem Wurfbrett.

Ganz nackt stand sie da, ohne Rock, ohne Hemd.

Und als Mixcohuatl sie gesehen hatte, da wirft er mehrmals mit Speeren nach ihr:

das erstemal, (als) er nach ihr warf, ging er (der Speer) bloß über sie hinweg; denn sie hatte sich geduckt.

Das zweitemal (als) er nach ihr warf, flog er an ihrer Seite vorbei; denn sie bog (den Körper) zur Seite.

Und das drittemal, (als) er nach ihr warf, fing sie ihn mit der Hand auf.

Und das viertemal, (als) er nach ihr warf, zog sie ihn zwischen ihren Schenkeln heraus.

Und nachdem das so geschehen, nachdem er viermal (hintereinander) auf sie geschossen hat, da kehrt Mixcohuatl sich um; da geht er hin.

Aber das Weib floh nunmehr.

Es barg sich in einer Höhle, ging in eine Schlucht.

Und wiederum rüstete sich Mixcohuatl, er versah sich mit Speeren.

Und darauf wiederum ging er; er ging sie suchen.

Er sieht niemanden mehr.

Darauf schießt er Speere auf die südlichen Weiber (auf die Weiber von Huitznahuac).

Und da sagten die südlichen Weiber (die Weiber von Huitznahuac):

„Laßt uns hinabsteigen, sie (die Chimalman) zu holen!"

Sie sprachen zu ihr:

„Dich sucht der Mixcohuatl.

Deinetwegen mißhandelt er deine jüngeren Schwestern".

Da holten sie sie (die Chimalman); sie kam nach Huitznahuac.

Und wiederum ging Mixcohuatl;

Wiederum trifft er sie (die Chimalman).

Ebenso (wie das vorige Mal) hat sie ihre Scham unbedeckt, ebenso legt sie ihren Schild nieder (und) ihren Speer.

Und wiederum schießt er mehrmals auf sie.

Und ebenso ging der (eine) Speer über sie hinweg und einer an ihrer Seite vorbei und einen fing sie mit der Hand auf, und einer ging zwischen ihren Schenkeln hindurch.

Und als das soweit war, darauf ergreift er sie, legt er sich nieder an der Seite der Huitznahuac-Frau:

Das ist Chimalman.

Und darauf nun wird sie schwanger.

Nach: Die Geschichte der Königreiche von Colhuacan und Mexico. Text mit Übersetzung von Walter Lehmann, hg. von Gerdt Kutscher, in: Quellenwerke zur alten Geschichte Amerikas aufgezeichnet in den Sprachen der Eingeborenen, hg. von der Ibero-Amerikanischen Bibliothek, Berlin. Stuttgart u. a. ²1974, Bd. I, 361–365.

26 Flucht und Tod des toltekischen Priester-Königs Quetzalcoatl

Die Azteken, die zur Zeit der spanischen Kolonialeroberung im Hochland von Mexiko lebten, verstanden sich als Nachfahren der Tolteken, deren Blütezeit im 10./11. Jahrhundert gelegen hatte. Der Ursprung der Tolteken ist bis heute unklar. Von ihrer Metropole Tollan aus nahmen sie Einfluß auf die Küstenbewohner des Golfes. Mit der Wiederbelebung der Maya-Stadt Chichen Itza und dem Vordringen in das Hochland von Guatemala legten sie den Grundstein dafür, daß die zweite Blüte der Maya eigentlich toltekisch war. Die beiden folgenden Gesänge stammen aus einem 41 Lieder umfassenden Buch, das zwischen 1536 und 1564 in aztekischer Sprache niedergeschrieben wurde. Begriffe wie Maria, Gott und Bischof verweisen auf Zugeständnisse an die koloniale Obrigkeit, doch die wesentlichen Inhalte der Gesänge sind eindeutig vorspanisch. Die Lieder erzählen von Quetzalcoatl, „der gefiederten Schlange", legendärer Priester-König der Tolteken, der um das Jahr 1000 seine Heimat verlassen mußte. In Begleitung seiner Getreuen zog er nach Osten bis zum Ort Xicalanco im heutigen Tabasco, wo er den Tod fand. Sänger und Tänzer trugen ihre Werke im „Haus der Wolkenschlangen" vor, das Bestandteil der Bauten um den Königspalast der Hauptstadt Tenochtitlan – heute Mexiko-Stadt – war.

Der Gesang beginnt mit der Klangbüchsen-Begleitung: Tico tico, toco toto, und endet: Tiquiti titi to titi.

1.

In Tollan[28] hat das Haus aus Balken gestanden, nur noch die Schlangensäulen liegen hingestreckt da. Fortgegangen ist Nacxitl[29], unser Fürst, eilig ist er von dannen gezogen. Sie wandern und wandern aus, unsere Edelleute, die tränenwerten. Er geht fort, geht seiner Vernichtung entgegen, dorthin in das Land der Morgenröte.

2.

Dorthin nach Cholula, von da ins Gebiet der Schneeberge
brichst Du auf. Ihn setzen sie über das Wasser nach Acallan.
Und sie wandern und wandern ab, die tränenwerten.

3.

Nach Nonohualco[30] komme ich Ihuiquecholi, und ich Mamaliteuctla.[31] Ich fühle es schmerzlich, daß mein Gebieter Ihuitimalli[32] davongegangen ist und mich, Matlacxochitl[33], verwaist
zurückgelassen hat.

4.

Wie Felsen brechen, so (herzbrechend) schluchze ich: wie
Wassersand beharrlich-behend den Stein schneidet, so schneidet es mir ins Herz, daß mein Gebieter fortgegangen ist.

5.

Im Land der Morgenröte wirst Du erwartet, wo Du hingeschickt
wirst, dort zu schlafen.

6.

Ach, so hast Du denn, mein Gebieter, den Weg angetreten zu
Ihuitimalli, und wurdest nach Xicalanco geschickt.

7.

Oh nicht doch! nicht doch! Was soll nun aus Deinem Hause
werden, dem schön-geschmückten? Oh was soll aus Deinen
Tempeln werden, die Du verwaist zurückgelassen hast hier in
Tollan und Nonohualco?

8.

Immerzu weint nun der Gebieter Timalli[34]: Was soll nun aus
Deinem Hause werden?

9.

Züchtigung mit Stein und Knüppel ist vielfach und plötzlich
dort über Tollan verhängt worden, wo Du Nacxitl, unser Fürst,
zu herrschen gekommen warst. Nie wird Dein Name vergehen.
Siehe, weinen wird nun Dein Untertan.

10.

Gerade hier hast Du doch das Haus der Türkise und die Schlangenhäuser errichtet, hier in Tollan, wohin Du zu herrschen gekommen warst. Nacxitl, unser Fürst.

Nachgesang: die Klangbüchsen-Begleitung Tico toco toco tiquitiquiti quiti quito, wird oft wiederholt.

1.

Maiskolben vieler Farben sind entstanden, Sommerblumen aller Art breiten sich aus, sprießen und wachsen vor den Augen der Göttin, unserer Mutter der Heiligen Maria.

2.

Wasser plätschert, prächtiges Wasserkraut knospt und wächst. Auch ich bin eine Schöpfung des alleinigen Gottes; des Gottes Wohltat ist (über uns) gekommen.

3.

Hier nun in den Bilderschriften lebt Deine Seele, auf der Matte der Bücher singst Du, läßt die Herrscher tanzen. Der Bischof, ja der ist unser ehrwürdiger Vater; dort am Rande des Wassers singen wir.

4.

Er, Gott hat Dich geschaffen, Blumen haben Dich umhegt, Lieder schreiben Dich (ins Gedächtnis der Menschen). Die heilige Maria, der Bischof usw.

5.

Die Tolteken schreiben es auf, daß das Buch (ihrer Geschichte) und Deine Seele am Ende sind. Alles Toltekische ist zum Schluß gelangt, nie werde ich hier leben bleiben.

6.

Wer wird mich nehmen? Wer wird mit mir gehen? Ich werde aufrecht stehend ergriffen werden. Des Sängers Duftkräuter, meine Blumen, meinen Gesang zerschlagen sie vor aller Augen.

7.

Groß ist der Stein, dick das Holz, das ich zu spalten habe (schweres Schicksal lastet auf mir). Ich schreibe ein Lied darüber; dort, wo ich hingehen werde, werde ich es singen zu seiner Zeit. Mein Lied wird bekannt sein, wenn ich auch von der Erde scheide; meine Seele wird leben, gewiß hat sich dann mein Andenken hier erhalten, wahrlich mein Ruhm wird weiterleben.

8.

Ich weine, ich sage es heraus, mein Herz ruft es herbei, daß ich doch die Wurzel des Gesanges sähe, daß ich sie eingrübe, daß es um dessentwillen auf Erden geschähe, daß meine Seele fortlebe.

9.

Ja wahrlich, der Hauch, der über den duftenden Blumen der Edlen schwebt, vereinigt sich mit unseren Blumen. Sie hören, wie mein Gesang anschwillt, aufsprießt und mit meinen Worten sich deckt; und so stehen denn im Wasser aufrecht unsere Blumen.

10.

Die lieblichen Kakaoblumen öffnen sich, die lieblichen Poyoma-Blüten strömen ihren Duft aus, regnen herab, wo ich Sänger umherwandle, und hören, wie mein Gesang aufschwillt.

Nach: Alt-aztekische Gesänge. Nach einer in der Biblioteca Nacional von Mexiko aufbewahrten Handschrift – übersetzt und erläutert von Dr. Leonhard Schultze; nach seinem Tode hg. von Gerdt Kutscher, in: Quellenwerke zur alten Geschichte Amerikas aufgezeichnet in den Sprachen der Eingeborenen, hg. von der Ibero-Amerikanischen Bibliothek, Berlin. Stuttgart u. a. 1957, Bd. VI, 138–145.

27 Das Leben des mixtekischen Herrschers „8 Wind, Adler"

Der Codex Nuttall ist ein frühes Kulturzeugnis der Mixteken, die um das Jahr 1000 die führende Kraft im zentralen mexikanischen Hochland von Oaxaca geworden waren und deren Kontakte mit den Tolteken Ende des 11. Jahrhunderts in eine Allianz mündeten. In dieser vorspanischen Bilderhandschrift tradiert sich ein originärer „Schreibstil", der Ereignisse aus dem 11. Jahrhundert wiedergibt: die legendäre Lebensgeschichte eines Herrschers, seine Geburt, seine Beziehung zu den Göttern, seine Hochzeiten und eine Auflistung seiner zahlreichen Kinder sind durch eindrucksvolle Bilder beschrieben. Gelesen werden sie von rechts nach links, den Nummern 1–35 folgend. Die zu den Ereignissen gehörenden kalendarischen Daten tragen die Beschriftung A1-A8.

(A1) Das Jahr 1 Rohr, der Tag 1 Eidechse war das heilige Datum des Anfangs. (1) Aus dem Tempel des „sitzenden Mannes" ging heraus (2) der Fürst „[8 Wind], Adler" und wurde (3) vom Fürsten „6 Tod, Vogel-Jaguar" zum Herrscher ausgerufen, der ihm eine Wachtel und Tabakpulver anbot. (4) Der Fürst „6 Wasser, Feuersteinmesser" blies die Muschel. (5) Der Fürst „7 Affe, Affe" überreichte ihm das Feuer, (6) und der Fürst " 2 Hund, absteigender Rauch" empfahl sich ihm mit Palmblättern.

(A2) Das Jahr 5 Feuerstein, der Tag 7 Blume war das heilige Datum, als aus (7) dem Bethaus am Fuß des Berges heraustrat (8) aus dem Angesicht des Regengottes (9) der Fürst „8 Wind, Adler". (10) In der Ebene empfing er als Opfer eine Wachtel, und zwei Priester brachten ihm ihren Gruß dar. (11) „Der nach vorn und hinten sieht" bot ihm Feuer mit einer Fackel an. (12) „Der Pfeile mit der Speerschleuder wirft" trat mit einem Beutel voll Copal[35] an ihn heran. (13) Mit seinen Blitzen und einem Henkelkrug voll Wasser kam der Regengott vom Himmel herab (14) und badete den Fürsten „8 Wind, Adler", um dessen Kraft zu festigen und ihn zu reinigen.

(A3) Das Jahr 9 Feuerstein, der Tag 6 Blume, war das heilige Datum (15) des Blumenaltars [Suchixtlan] und des Affenberges.[36]

86

(A4) Im Jahre 9 Haus[37], am Tage 1 Adler (16) heiratete Fürst „8 Wind, Adler" (17) die Dame „10 Hirsch, Gewand aus Jaguarfell". Gemeinsam tranken sie aus einer Schale Pulque.

(A5) Im Jahre 1 Kaninchen[38], am Tage 3 Adler feierte der Fürst „8 Wind" seinen zweite Hochzeit mit (18) der Dame „7 Kraut, Gewebe aus Quetzalfedern".

(A6) Im Jahre 12 Rohr[39], am Tage 9 Hirsch vollzog der Fürst „8 Wind" seinen dritte Ehe mit (19) der Dame „10 Adler, Quetzal".

(A7) Im Jahre 2 Kaninchen[40], am Tage 13 Feuerstein kam (20) der Fürst „13 Feuerstein" zur Welt, der sich als Herrscher zum (21) Ort namens „Blutpfeil" begab, dessen heiliges Datum (A8) das Jahr 2 Rohr, der Tag 2 Rohr war.

Weitere Kinder waren:

(22) der Fürst „3 Eidechse, Schönbart",

(23) der Fürst „3 Eidechse, Schönhaut",

(24) die Dame „6 Rohr, Sonne mit Quetzalfedern",

(25) die Dame „2 Schlange, Schlange mit Quetzalfedern",

(26) die Dame „9 Adler, Adler, Sonnengewand",

(27) die Dame „12 Hund, Jade, schöne Prinzessin",

(28) der Fürst „6 Bewegung, Beine von schönen Knochen, Adlerschwanz",

(29) der Fürst „5 Haus, Feuersteinmesser, Kojote",

(30) der Fürst „5 Hirsch, Hirsch, Kriegspfeile",

(31) der Fürst „12 Eidechse, zwanzig Adler, Ornament"

(32) die Dame „9 Affe, Jadeschädel, Kolibri-Spindel",

(33) der Fürst „4 Schlange, verwundene Schlangen, Mund mit Quetzalfedern",

(34) der Fürst „7 Blume, himmelstragende Schlange",

(35) der Fürst „9 Bewegung, Kolibri-Adler".[41]

Übers.: Andreas Brockmann, aus: Anders, F., M. Jansen und L. R. García (Hg. und Erläuterungen): Crónica Mixteca. El rey 8 Venado, Garra de Jaguar, y la dinastía de Teozacualco-Zaachila. Libro explicativo del llamado códice Zouche-Nuttall, Ms. 39671 British Museum, London. Madrid-Graz-México, D. F. 1992, Blatt Nr. 5 und Nr. 6.

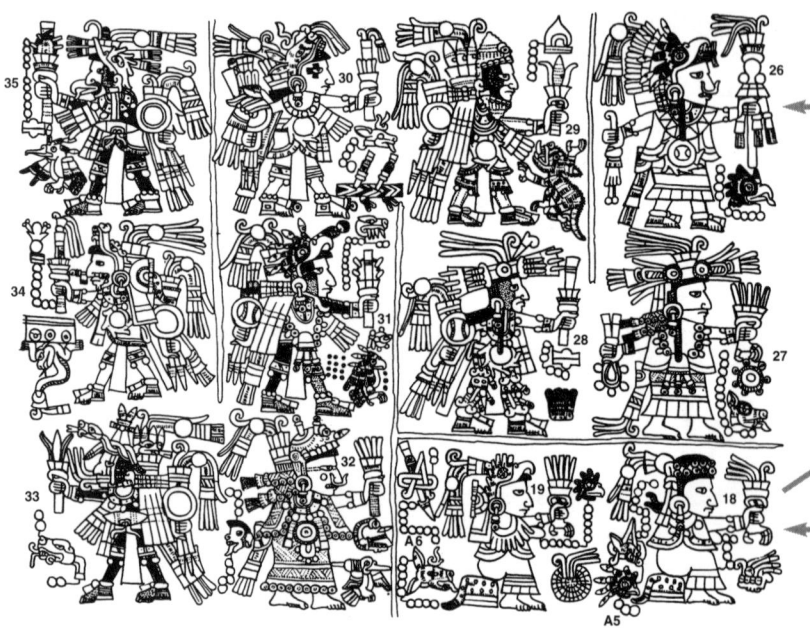

Codex Nuttall 6

88

Codex Nuttall 5

89

28 Klage auf den Tod Ottos III.

Am 24. (23. ?) Januar 1002 verstarb nach kurzer, schwerer Malaria-
erkrankung Kaiser Otto III. im 22. Lebensjahr. Trotz seines jugend-
lichen Alters und der nur kurzen Zeit eigenständiger Regentschaft
hatte der hochgebildete, ambitionierte Herrscher in weit ausgreifen-
den Plänen eine politische Erneuerung des Römerreiches angestrebt.
Die Aura der jungen, faszinierenden Herrscherpersönlichkeit und die
in Ottos Umfeld kultivierte Idee von der Weltgeltung des in Rom zen-
trierten Kaisertums spiegelt sich in der Totenklage, die einer seiner
engsten Berater dichtete: Leo, seit 998 Bischof von Vercelli (gest. 1026).
Der Eingangsvers zitiert die den Zeitgenossen wohlvertraute biblische
Klage des Propheten Jeremia (8,23).

Wer leihet Wasser meinem Haupt,
Da des Schirmherrn ich beraubt?
Wer leiht den Augen strömend Naß,
Tränen uns ohne Unterlaß?
Ach, nimmermehr der Tränen Flut
Allem Weh Genüge tut.

König Otto erwuchs zum Mann;
Des die Kirche Sieg gewann.
Das Kaisertum ward ihm zuteil;
Und die Welt erschaut ihr Heil:
So lang als Ottos Reich gewährt,
War ihr Glück und Heil beschert.

Doch da die Bosheit dieser Welt
Schrie empor zum Sternenzelt,
Entschwang er sich zum ewigen Licht,
Trat vor Gottes Angesicht;
Des Lebens Krone unverwandt
Trägt er jetzt im Himmelsland.

Das Reich der Reiche mit verdarb,
Da Otto des Todes starb;
Bei unsers Otto jähem Fall
Ward ein Sterben überall,

Es hat die Sonne verkehrt ihr'n Schein,
Das Gericht mag nahe sein.

Der Westen wein' um seinen Tod,
Klage heb' der Osten rot,
In Asche traure Nordens Reich
Und der Mittag, all' zugleich:
Verstummt ist uns'rer Leier Klang;
Rings ertöne Wehgesang.

Welt bewein' ihn, Rom bewein' ihn,
Kirche Christi trage Leid;
Kein festlich Lied ertön' in Rom,
Wehe rufe Pfalz und Dom:
Des Kaisers Reich hat aufgehört,
Dessen ward die Welt verstört.

Nun droht dem bangen Erdenball
Neuer Sündflut Wasserschwall;
Der Wolf fällt in die Hürden ein,
Und das Ende bricht herein:
Bald schaun wir Christi Angesicht,
Wie er naht zum Weltgericht.

Nach: Paul von Winterfeld, Deutsche Dichter des lateinischen Mittelalters in deutschen Versen. Hg. u. eingel. v. Hermann Reich, 3. u. 4. Aufl. München 1922, 205 f.
Quelle: MGH Poet. Lat. V/2, Berlin 1939/Ndr. 1978, Nr. 19, 480 ff.

29 Der Kaiser benötigt fähige Beamte

Dieser Text des Reformbeamten Wang Anshi (1021–1086) wird häufig auch als „Zehntausend-Worte-Eingabe" an Kaiser Renzong (1023–1064) bezeichnet und sollte eine Reformierung der damaligen Gesellschaft erreichen. Für Wang Anshi war dazu eine verbesserte Auswahl und Ausbildung der Regierungsbeamten von zentraler Bedeutung. Wesentlich stärker als in anderen damaligen Kulturen, beruhte die politische Herrschaft in China auf einer hoch organisierten Bürokratie. Zusätzlich zu einer verbesserten Ausbildung legte Wang Anshi in diesem Traktat besonderen Wert auf ein Gleichgewicht zwischen der Bedeutung staatlicher Gesetze und der konfuzianischen Sichtweise, daß eine gute Regierung letztlich von der Fähigkeit und dem tugendhaften Charakter der Beamten abhänge – legalistische und konfuzianische Praktiken und Tendenzen sollten ausgeglichen sein.

… Ich beobachte, daß Eure Majestät die Tugenden der Hochachtung und der Wirtschaftlichkeit, der Weisheit und Klugheit besitzt. Früh am Morgen aufstehend und spät am Abend sich zur Ruhe setzend, ruht sich Eure Majestät nicht einen einzigen Tag aus. Weder Musik, schöne Frauen, Hunde, Pferde, der Besuch von Sehenswürdigkeiten noch andere vergnügliche Dinge haben Eure Intelligenz in irgendeiner Hinsicht abgelenkt oder umschleiert. Eure Menschlichkeit gegenüber den Menschen und Eure Liebe zu allen Lebewesen haben sich über das ganze Reich ausgebreitet. Darüber hinaus wählt (Eure Majestät) diejenigen aus, die sich die Leute als assistierende und unterstützende (Kräfte) wünschen, betraut sie mit den Angelegenheiten des Staates und verhält sich nicht wankelmütig angesichts verleumderischer, böser, verräterischer und gerissener Beamten. Sogar die aufmerksame Gewissenhaftigkeit der (alten) zwei Kaiser und drei Könige übertraf das nicht. Daher sollten wir doch meinen, daß den Bedürfnissen der Familien und Menschen Genüge getan wäre und das Reich (sich in einem Zustand) bester Ordnung befände. Aber dieses Resultat ist nicht erreicht worden. Schaut man nach innen, kann man nicht umhin, um den Staat besorgt zu sein; an den Grenzen kommt man nicht umhin, in stetiger Furcht vor den Barbaren (zu leben). Tag für Tag gehen die finanziellen und materiellen Ressourcen des Reiches ihrem Ende entgegen, während die Moral und die Sitten täglich mehr verkommen. In allen vier Himmelsrichtungen sind ambitionierte Beamte, die die Interessen des Staates in ihrem Herzen tragen, in stetiger Furcht, der Friede des Reiches könne verloren gehen. Was ist der Grund dafür?

Das Übel liegt darin, daß wir die Gesetze und Statuten nicht beachten. Die Gesetze des jetzigen Kaiserhofes sind strikt und ausführlich bis ins Detail. Weshalb bin ich dann der Auffassung, daß es an Gesetzen und Statuten mangelt? Das liegt daran, daß unser heutiges Gesetz größtenteils nicht mit der Regierung der alten Könige übereinstimmt. Menzius (372–281 v. Chr.) sagte: „Es gibt (Herrscher), die ein Herz und eine Reputation für Menschlichkeit besitzen, aber ihr Wohlwollen dringt nicht bis zu den Leuten vor ..., weil ihre Regierung sich in ihren Gesetzen nicht an den Weg der alten Könige hält." Wenden wir diese Worte des Menzius auf unseren heutigen Mißerfolg an, so liegt der Grund genau darin. ...

Wenn wir ihrer (der alten Herrscher) Zielsetzung folgen, dann werden die von uns eingeführten Veränderungen und Reformen nicht die Ohren und Augen der Bevölkerung erschrecken und ihnen keinen Anlaß zum Murren geben. Dennoch werden wir im Einklang mit der Regierung der alten Könige sein. ... (Daß wir Veränderungen und Reformen nicht richtig durchsetzen) liegt daran, daß wir nicht genügend talentierte und qualifizierte Personen haben. ... Die wichtigste (Aufgabe) in unserer heutigen Zeit besteht darin, fähige Leute zu finden. Nur wenn wir in der Lage sein werden zu bewirken, daß es eine große Anzahl fähiger Leute im Reich gibt, wird es schließlich möglich sein, genügend Personen auszuwählen, die qualifiziert sind, ein Amt auszuüben. Und nur wenn wir fähige Personen in Regierungsämtern haben, werden wir, in Anbetracht der Zeit und der Umstände und unter Berücksichtigung der Sorgen der Menschen, in der Lage sein (zu beurteilen), was getan werden muß, und werden in der Lage sein, die schlechten Gesetze des Reiches zu verändern, um uns den Vorstellungen (bzw. der Zielsetzung) der alten Könige zu nähern. Das heutige Reich ist das gleiche wie das Reich der alten Könige. Zu Zeiten der alten Könige gab es zahlreiche fähige Leute. Warum besitzen wir heute mittlerweile nicht mehr genügend (solcher Männer)? Der Grund liegt darin, daß wir bei ihrer Ausbildung und charakterlichen Entwicklung nicht dem richtigen Weg (dao[42]) folgen. ... In früheren Zeiten hatten die

Himmelssöhne und Fürsten von der Hauptstadt bis in die Dörfer überall Schulen. Weitläufig wurden Beamte als Lehrpersonal eingestellt, aber nach strikten (Kriterien) ausgewählt. Riten, Musik, Strafen und Gesetze, Hof- und Regierungsangelegenheiten, das alles hatte seinen Platz in den Schulen. Was (die Schüler) beobachteten und lernten, waren die Gesetze, Worte und tugendhaften Taten der alten Könige und die Zielsetzungen des Reiches, wenn ihre geistige Befähigung für (die Regentschaft von) Staat und Familie gebraucht werden konnte. Personen, die nicht (zum Regieren) von Staat und Familie (befähigt) waren, wurden nicht ausgebildet. Unter denen, die zur (Regentschaft von) Staat und Familie befähigt waren, gab es folglich keine, die nicht die Schule besuchten. Das ist der richtige Weg, die Ausbildung zu organisieren. ...

Was ist der richtige Weg, (Beamte) auszuwählen? Die alten Könige wählten die Kandidaten nur aus Dörfern und örtlichen Schulen aus. Die Leute wurden veranlaßt, diejenigen zu empfehlen, die sie für tugendhaft und fähig erachteten und ihre Namen an den Kaiserhof weiterzuleiten, der ihre Aufrichtigkeit, Tugendhaftigkeit und ihre Befähigung untersuchte. Anschließend wurden sie entsprechend der Stärke ihrer Moral und Tugend und der Größe ihres Talents für ein ihren Fähigkeiten entsprechendes Amt ernannt. Die Überprüfung und Untersuchung (der Kandidaten) bedeutete nicht, daß (ein Herrscher) sich allein auf den Scharfsinn seiner Augen und Ohren verließ, noch einfach den Worten eines einzelnen Menschen glaubte. ... Nach der Untersuchung seiner Taten und mündlichen Äußerungen prüften sie ihn in Regierungsangelegenheiten. „Untersuchung", das bedeutete ganz einfach die Überprüfung, ob (der Kandidat) für Regierungsangelegenheiten (geeignet) war. ... Ziehen wir darüber hinaus die Größe unserer neun Provinzen und die weiten Entfernungen innerhalb der vier Meere und die unzähligen zu besetzenden unteren Verwaltungsposten in Betracht, (wird offensichtlich), daß eine große Menge an talentierten Beamtengelehrten gebraucht wird. Es ist nicht möglich, daß (der Herrscher) jeden (Kandidaten) im Reich einzeln überprüft; auch kann er diese Angelegenheit keinem anderen übertragen und verlangen, daß er in ein oder zwei Tagen dessen Verhalten und Fähigkeit erkunde und seine Anstellung oder Entlassung empfehle. Wenn wir diejenigen untersucht haben, deren Charakter vortrefflich ist, und sie in ein Amt eingesetzt haben, sollten wir sie folglich bitten, im Gegenzug Personen der gleichen Art auszuwählen, sie eine Zeitlang zu prüfen und schließlich dem Herrscher zu empfehlen. Anschließend würde man ihnen einen Rang und ein Gehalt geben. Das ist der richtige Weg, (Beamte) auszuwählen. ...

Heutzutage, obwohl wir Schulen in allen Bezirken und Kreisen haben, sind das eigentlich nichts als leere Gemäuer. ... Riten, Musik, Strafen und Gesetze und die Angelegenheiten des Hofes und der Regierung haben keinen Platz in den Schulen, und die Schüler kümmern sich auch nicht darum. Sie sind der Auffassung, (dies) ... seien die Angelegenheiten der zuständigen Behörden und nichts, was sie wissen müßten. Was den Studenten gelehrt wird, besteht lediglich in der Textexegese (der klassischen Schriften). Textexegese zu lehren, das aber war nicht die Lehrmethode alter Zeiten. In den letzten Jahren hat man damit begonnen, die Lehre auf Aufsätzen zu basieren, die für die zivile Staatsprüfung benötigt werden. Diese für die zivile Staatsprüfung benötigten Aufsätze können aber nicht ohne umfassendes Auswendiglernen und hartes Studium erlernt werden, auf das die Schüler ihre Kräfte den ganzen Tag lang konzentrieren müssen. Ihre so erlangten Fähigkeiten sind bestenfalls nutzlos beim (Regieren) des Staates und der Familien und schlimmstenfalls genügen sie (den Ansprüchen beim Regieren) des Staates und der Familien nicht. Deshalb, selbst wenn (die Schüler) die Schule besuchen bis ihre Haare grau werden ..., haben sie folglich nicht die leiseste Ahnung davon, was sie tun sollen.

Die Schüler von heute sind der Auffassung, zivile und militärische Angelegenheiten seien zwei verschiedene Dinge. (Sie sagen): „Ich weiß nur, wie man zivile Angelegenheiten regelt." Die Aufgaben der Verteidigung der Grenzgebiete und des Palastes werden folglich gewöhnlichen Soldaten überlassen; sehr

häufig handelt es sich (hierbei) um verräterische, erbarmungs-
lose Menschen, die völlig unzuverlässig für das Reich sind.
Wären ihre Fähigkeiten und ihr Verhalten ausreichend gewesen,
sich in ihren eigenen Dörfern zu halten, hätten sie niemals den
Wunsch gehabt, ihre Familien zu verlassen und in der Armee
zu dienen.

Übers.: Angela Schottenhammer, aus: Wang Anshi, Linchuan wenji, j.
39, 1a–19a.; vgl. Wm. Theodore de Bary (ed.), Sources of Chinese
Tradition. New York 1960, Vol. 1., 413 ff.

30 Über den rechten Weg

Vor dem Hintergrund der Diskussionen um eine Reform von Bürokratie und Gesellschaft in China plädierte Liu Kai (947–1000), ein
neokonfuzianischer Beamtengelehrter, für die Rückbesinnung auf die
alten chinesischen Traditionen, auf die eigene ursprüngliche Kultur
(vgl. Dok. 43).

Der Himmel bringt im Menschen die Kraft der Sittlichkeit hervor. Die Weisen verschiedener Zeitalter kündeten sie in gleicher Weise der Welt. Und taten sie dies etwa, um eifrig für
sich Reichtümer zusammenzuscharren und Ehren zu erwerben
und sich persönlich hervorzutun? Sie taten es aus ehrlicher
Hinneigung zu den Tugenden der Güte und Rechtschaffenheit,
aus dem Bestreben, den rechten Weg der Alten für alle gang-
bar zu machen.
    Wenn sie auch an sich Mängel spürten, solange der rechte
Weg nur keine Mängel zeigte, woran sollten sie dann noch
Mangel Leiden!
    Zeigte jedoch der rechte Weg Mängel, wie sollten sie dann
nicht diese Mängel bitter fühlen, selbst wenn es ihnen persönlich an nichts mangelte!
    Die heutige Welt ist ihrem Wesen nach die gleiche wie die
Welt der Alten. Die heutigen Menschen sind ihrem Wesen nach
die gleichen wie die Menschen alter Zeiten. Denn die Alten

lehrten das Volk den rechten Weg, sittliches Verhalten, Güte und Rechtschaffenheit. Und auch heute lehrt man das Volk das gleiche. Wo wäre dann also der Unterschied zwischen der Gegenwart und dem Altertum!

Nach: Schwarz, Ernst: So sprach der Weise. Chinesisches Gedankengut aus drei Jahrtausenden. 3. Aufl. Berlin 1988, 432.

31 Über Parteien und Cliquen

Vorschläge, die festgefahrenen Verhältnisse zu verändern, riefen schnell das Mißtrauen der politischen Führung und den Vorwurf hervor, dahinter verberge sich lediglich Eigennutz und persönliches Profitinteresse, nicht hingegen die Sorge um das Wohl und den Nutzen des Staates. Ouyang Xiu (1007–1072), einer der führenden Reformer, wollte fähige, konfuzianisch gesinnte Beamte in die Regierung bringen und ihnen ermöglichen, sich zu diesem Zweck auch in sog. Cliquen zu organisieren. Üblicherweise wurden derartige Cliquen abgelehnt, da ihnen unlautere Motive unterstellt wurden. Ouyang Xiu versuchte, diese deshalb in seiner „Diskussion über Cliquen" aus dem Jahr 1045 zu rechtfertigen – eine wahre Cliquenbildung habe nichts als den Nutzen des Staates zum Ziel und sei nicht mit parteiischem Eigennutz zu verwechseln.

Ich bin mir dessen bewußt, daß es seit alters her Diskussionen über Cliquen und Parteien gegeben hat. Man kann nur hoffen, daß ein Herrscher zwischen Edlen und gemeinen Leuten unterscheiden wird. Im allgemeinen tun sich Edle und Edle wegen des gemeinsamen Prinzips (dao[43]) in Cliquen zusammen, während sich gemeine Leute mit gemeinen wegen ihres gemeinsamen Profits und Vorteils zusammenschließen. Das ist ein ganz natürliches Prinzip. Aber ich bin der Auffassung, daß im Grunde genommen gemeine Leute keine Cliquen bzw. Parteien haben, sondern daß nur Edle dazu in der Lage sind. Warum ist das so? Gemeine Leute lieben den Profit und begehren materiellen Reichtum. Wenn der Augenblick ihnen gegenseitige Vorteile zu versprechen scheint, schließen sie sich kurzfristig zu einer gemeinsamen Partei zusammen, was jedoch im wesentlichen vorgetäuscht und falsch ist. (Denn) sobald sie ihren Vorteil und Profit sehen und gegenseitig darum wetteifern, oder, wenn der ersehnte Vorteil unerfüllt bleibt und sie sich voneinander entfernen, dann beginnen sie im Gegenteil, sich gegenseitig anzugreifen – selbst wenn es sich um Brüder oder Verwandte handelt, werden diese nicht verschont. Deshalb bin ich der Meinung, daß gemeine Leute keine (wahren) Parteien bilden, und ihre kurzfristige Cliquenbildung vorgetäuscht und falsch ist. Doch bei den Edlen, die das *dao* und die Rechtschaffenheit bewahren, die Loyalität und Vertrauenswürdigkeit praktizieren und die Ehre und moralische Integrität schätzen, verhält es sich nicht so. Wenn sie diese Qualitäten nehmen, um sich selbst zu kultivieren, dann (teilen) sie folglich ein gemeinsames Prinzip (*dao*), um sich zu verbessern, und wenn sie (diese Qualitäten) auf die Angelegenheiten des Staates anwenden, dann vereinen sie sich mit einem gemeinsamen Ideal und gegenseitiger Unterstützung. Von Anfang bis Ende (agieren sie) wie eine Person. Das sind die Parteien von Edlen. Wenn deshalb der Herrscher die falschen Parteien von gemeinen Leuten zurückweist und sich die wahren Parteien der Edlen zunutze macht, dann wird das Reich in Ordnung sein ...

Von den Herrschern vergangener Zeiten war keiner erfolgreicher darin, zu bewirken, daß die Menschen verschiedene Vorstellungen haben und es nicht zur Parteienbildung kam, als Zhou[44], keiner war so gut bei der Unterbindung von Parteienbildung von hervorragenden Menschen als Kaiser Xian[45], und keiner war so effektiv bei der Ausmerzung von Parteien reinen Verhaltens als Kaiser Zhao[46] – und alle diese Herrscher brachten Unruhe und Zerstörung über ihre Staaten. ...

Zu Zeiten des Königs Wu[47] der Zhou bildeten die 3000 ausgewählten Minister eine große Partei, größer und umfangreicher (an Mitgliedern) als jemals eine Partei seit alters her gewesen war. Und dennoch war der Zhou-(Staat) durch sie in der Lage, an die Macht zu kommen. Obgleich sie sich aus einer großen Anzahl hervorragender Männer (zusammensetzte), war man niemals der Auffassung, es seien zu viele. (Wir können nur hoffen), daß diese vergangenen Beispiele von Aufstieg und Niedergang, von Ordnung und Unordnung den (heutigen) Herrschern der Menschheit als Spiegel dienen mögen, in dem sie sich nutzbringend betrachten.

Übers.: Angela Schottenhammer, aus: Ouyang Xiu, Ouyang Wenzhong ji, j.17, 4b–5a. Sibu beiyao (SBBY)-Ausgabe; vgl. Wm. Theodore de Bary (ed.), Sources of Chinese Tradition. New York: University of Columbia Press 1960, Vol. I, 391ff.

32 Regeln für die Belohnung militärischer Verdienste

Ein Werk aus der chinesischen Militärgesetzgebung aus dem Jahr 1044 enthält eine ausführliche Auflistung und Zusammenstellung gesetzlicher Regelungen zur Belohnung militärischer Verdienste. Die folgenden Beispiele zeigen, daß die Belohnungen, nach alter konfuzianischer Sitte, streng nach dem Rang und gesellschaftlichen Status der Personen unterschieden waren.

Unsere Dynastie hat verfügt, daß jedesmal, wenn ein Großgeneral zu einer Strafexpedition ausrückt, ihm ein kaiserliches Schwert ausgehändigt wird, um es bei sich zu führen. Wenn jemand einem Befehl zuwiderhandelt, ist es ihm erlaubt, diesen aus eigener Machtvollkommenheit zu töten. Gleichzeitig wurden bei den Truppenteilen Schatzhäuser für die Ausgabe von Belohnungen eingerichtet oder Blankodokumente ausgehändigt. ... Als zu Beginn der Regierungsperiode *jingde*[48] Zhenzong seine Aufmerksamkeit der Lage an den Grenzen zuwandte, wurden erstmals zusätzlich ein Dekret für Belohnungen und Artikel über Bestrafungen aufgezeichnet. ... (Dieses Dekret wurde in der Regierungsperiode *qingli* (1041–1048) genauer gefaßt und enthielt u.a. folgendes:)

Einstufung von Beförderungen und Geschenken im Felde.
(1) Teilnahme an Gefechten
Wenn wenige viele angreifen, ist das ein Gefecht der obe-
ren Klasse. Wenn die Zahlen einander gleich sind, ist dies
ein Gefecht der mittleren Klasse. Wenn viele wenige angreifen, ist das ein Gefecht der unteren Klasse.
(2) Teilnahme an Erfolgen
Die Zahl der Feinde wird als zehn Zehntel angesetzt.
Wenn die Zahl der getöteten (Feinde) vier Zehntel oder
mehr beträgt und dabei die eigenen Verluste nicht einmal
ein Zehntel erreichen, so ist das ein Erfolg erster Klasse.
Falls (die Zahl getöteter Feinde) zwei Zehntel oder mehr
beträgt und dabei die eigenen Verluste kleiner sind als die
Menge der Erfolge, so ist das ein Erfolg der mittleren
Klasse. Falls (die Zahl getöteter Feinde) ein Zehntel oder
mehr beträgt und die eigenen Verluste sich die Waage
halten, so ist das ein Erfolg der unteren Klasse. ...
(6) Sachgeschenke
Zehn Rollen Gazeseide und zehn Schnüre Geld bilden die
erste Klasse. Sieben Rollen Gazeseide und acht Schnüre
Geld bilden die zweite Klasse. Fünf Rollen Gazeseide und
fünf Schnüre Geld bilden die dritte Klasse. Drei Rollen
Gazeseide und drei Schnüre Geld bilden die vierte Klasse.
Eine Rolle Gazeseide und drei Schnüre Geld bilden die
fünfte Klasse. – Bei den Provinz- und Palasttruppen werden diese Regeln angewandt. Von den leitenden Kom-
mandeuren der Truppe an aufwärts obliegt es dem kom-
mandierenden General, die Größe des jeweiligen Ver-
dienstes zu bestimmen, wobei er sich an diese (Beloh-
nungs-)Klassen zu halten hat. Wenn für außergewöhnliche
(Verdienste) eine erhöhte Belohnung ausgehändigt worden ist, muß dem Thron hierüber berichtet werden. ... Für
Stämme der Grenzbewohner, Freiwilligentruppen und
Bogenschützen werden diese Regeln angewandt. Was die
beiden obersten Klassen der Sachgeschenke angeht, so
kam es früher vor, daß Brokatjacken und -gürtel ausgegeben wurden. Diese sind gemäß den früheren Vorschrif-

ten auszugeben. Darüber hinaus wird deren Wert in die entsprechende Klasse von Sachgeschenken umgerechnet. In der vierten Klasse und darunter werden keine Brokat-jacken und -gürtel ausgegeben. ...

(10) Ausführungsbestimmungen für Belohnungen.

(a) Wenn sich Führer oder Soldaten Dienste erworben haben, so müssen Belohnungen erfolgen. In allen Fällen muß der kommandierende General nach dem Abzug der Feinde aber noch bevor die eigenen Truppenteile wieder auseinandergezogen werden, im Angesicht der Truppe die ordnungsgemäße Einstufung (der Verdienste und Belohnungen) vornehmen und zwar indem er geradeheraus die Tötungserfolge und die Zahl der Verwundungen verkündet. Diese Dienstpflicht richtet sich nach vereinfachtem Verfahren.

(b) Wenn Führer oder Soldaten sich Verdienste erworben haben, muß der kommandierende General sofort diese angesichts (des Soldaten) festsetzen und klarstellen sowie deren Familiennamen und persönliche Namen zur Übermittlung als Thronbericht aufzeichnen lassen. Er darf nicht die Namen derer, die die Verdienste erworben haben, durch solche aus seiner persönlichen Stabswache oder persönliche Bekannte ersetzen, so daß (die Namen) derer, die als Vorhut, Späher im Hinterland und in der Schlacht die Befehle ausgeführt haben, unterdrückt werden. Falls Führer oder Soldaten offensichtlich Verdienste hatten und im Tatbericht durch andere (Namen) ersetzt oder unterdrückt worden sind, so dürfen die zuständigen Dienststellen an allen Orten dies von sich aus zur Sprache bringen. ...

(d) Wenn bei der Feststellung von Verwundungen von Führern oder Soldaten, die an Gefechten teilgenommen haben, die Betreffenden im Rücken verwundet worden sind, so fallen diese nicht unter die Regeln für Belohnungen. Sind sie jedoch tief vorgedrungen,

haben Feinde getötet, ein Lager vernichtet oder die
(feindliche) Schlachtreihe zerstreut, so wird eine Belohnung gewährt, auch wenn sie am Rücken verwundet worden sind, sofern sie nicht geflohen sind oder
feige waren.

Nach: Kyčanov, Evgenij und Herbert Franke: Tangutische und chinesische Quellen zur Militärgesetzgebung des 11. bis 13. Jahrhunderts.
München 1990, 60 ff.

Quelle: Zeng Gongliang: Wujing zongyao, j. 14, 1 a–7 a.

Kapitel 3
Religion, Frömmigkeit und Abkehr von der Welt

Sämtliche Bereiche menschlichen Lebens waren zutiefst von mannigfachen Religionen, Glaubensvorstellungen und Kulten durchdrungen (Dok. 33, 37 und 38). Diese dienten zugleich als eine wichtige Form der Legitimation (Dok. 34), wobei religiöse Überzeugungen und politische Herrschaft eng miteinander verwoben waren (Dok. 35 und 36). Explizit sozialkritische Auffassungen bedeuteten eine Ausnahme (Dok. 39), es kam jedoch besonders im islamischen Raum zu sozial-religiös motivierten Bewegungen der unteren Schichten (Dok. 40). Kriegerische Auseinandersetzungen konnten mit religiöser Agitation einhergehen (Dok. 41), die gleichermaßen zur Herausbildung von Feindbildern beitrug (Dok. 42 und 43). In den verschiedenen Religionen und Kulten fanden sich unorthodox-ketzerische und mystische Auffassungen sowie Strömungen, durch Askese dem weltlichen Leben zu entsagen und damit zur Erlösung und zum Seelenheil zu finden (Dok. 44–51).

33 Ein Gott in seiner Einzigkeit

Abhinavaguta (ca. 950–1025) stammte aus einer Familie von Gelehrten und wirkte in Kaschmir. Er war einer der größten religiösen Lehrer Indiens, ein Mystiker und Philosoph, ein Lehrer der Grammatik, der Ästhetik, der Poetik, der Musikwissenschaft und der Dramaturgie. Wie in Südasien üblich, hat er seine Werke als Lehrgedichte geschrieben. Er verfaßte auch Kommentare zu älteren Werken des kaschmirischen Shivaismus.

Der kaschmirische Shivaismus als eines der intellektuell anspruchvollsten religiös-philosophischen Systeme des Hinduismus stellt Shiva als den einzig wirklichen Gott fast monotheistisch in den Vordergrund. Er ist Schöpfer und Zerstörer zugleich, aber seine Mythen treten zurück hinter die mystische und theologische Dimension der Religiosität. Die folgenden „Fünfzehn (Verse) über die Erkenntnis" sind eine mystisch-philosophische Hymne, die den höchsten Herrn und die mit ihm verbundene Energie (Shakti), die zugleich die höchste Göttin ist, zum Inhalt hat.

1–2. Der Eine, dessen Wesen das unveränderliche Licht aller Lichter und aller Finsternisse ist,
in dem alle Lichter und alle Finsternisse enthalten sind,
Er ist der höchste Herr, die wahre Natur aller Lebewesen.
Alles entstandene Sein ist nichts als seine Energie voller Herrlichkeit.

3 Die Energie (*Shakti*) will nicht getrennt sein vom Herrn der Energie,
ihre Einheit ist untrennbar, so wie das Feuer und seine Brennkraft.

4 Er ist der Gott Bhairava, der die ganze Welt trägt.
Im Spiegel seines Selbst spiegelt sich die ganze Wirklichkeit
durch seine Energie.

5. Sie ist die höchste Göttin, die sich daran daran erfreut,
sein Wesen zu betrachten, dessen Fülle
in allen Zuständen nicht weniger und nicht mehr wird.

6 Dieser Gott erfreut sich beständig
am Genuß des Spieles mit dieser Göttin.
Er, der Herr, bringt gleichzeitig die vielfältigen
Schöpfungen und Auflösungen hervor.

7. Dies ist seine unübertreffliche Schöpferkraft,
die äußerst schwer zu erlangen ist,
dies ist seine Freiheit, seine Herrlichkeit
und seine Erkenntnis-Natur.

8. Das ungeistige Sein ist durch begrenztes Selbstleuchten gekennzeichnet
doch die Erkenntnis ist verschieden vom Ungeistigen,
weil sie unbegrenzt ist.

9. Schöpfung und Auflösung gehören zum Wesen seines Selbst,
   des absolut Freien,
   der nur durch seine eigene Energie differenziert ist.
   Sie bestehen kraft seiner eigenen Natur.
10. Die Welten sind ein Teil von ihm, und alles Dasein,
    das Quelle von Freude und Leid ist.
    In ihnen besteht wunderbare Vielfalt:
    oben, unten und in der Mitte.
11. Selbst die Unkenntnis Gottes wird (als Ausdruck) Seiner Freiheit erklärt.
    Dies ist wahrlich die Welt der Bedingtheit,
    ein Schrecken für die unwissenden Wesen.
12.–13. Ob man durch das Geschenk seiner Gnade,
    durch die Vermittlung eines Meisters
    oder durch die heiligen Schriften erlangt:
    Die volle Erkenntnis dieser Wahrheit ist Befreiung,
    höchste Herrlichkeit,
    sie ist die Vollkommenheit der Erleuchteten
    und wird auch „Erlösung zu Lebzeiten" genannt.
14. Gebundenheit und Befreiung sind beide nicht verschieden
    von der Natur des höchsten Herrn,
    denn in Wahrheit besteht keine Unterscheidung oder Trennung in Gott.
15. So kommt man (ständig) in Berührung mit Gott Bhairava,
    dem eigensten Wesen aller Seienden,
    ruhend auf dem Lotos des Dreizacks der Energien:
    des Willens, der Tätigkeit und der Erkenntnis.
16. Diese fünfzehn Verse hat Abhinavagupta verfaßt,
    um seine aufmerksamen Schüler
    unmittelbar zu erleuchten.

Nach: Abhinavagupta, Wege ins Licht. Texte des tantrischen Shivaismus aus Kaschmir. Ausgewählt, aus dem Sanskrit übersetzt und eingeleitet von Bettina Bäumer, Zürich 1992, 198–201.

34 Die rechtgläubigen Tolteken

Die Azteken sahen in den Tolteken ihre berühmten Vorfahren. Im folgenden Auszug erscheinen die Tolteken deshalb aus der historisch verklärten Sicht der Azteken als Inbegriff von Rechtschaffenheit. Bemerkenswerterweise wurde hier das Pantheon dieses Volkes, das zahlreiche Gottheiten zählte, auf einen einzigen, wahren Gott reduziert. Damit sollte wohl den christlichen spanischen Kolonialherren verdeutlicht werden, daß die Azteken auf Grund ihrer Abstammung von den Tolteken ebenso rechtgläubig waren.

Diese Tolteken waren in jeder Weise rechtschaffen,
nicht lügnerisch waren sie.
Ihre Rede, (zur Begrüßung) sagten sie zueinander:
Gott, mein älterer Bruder, Gott, mein jüngerer Bruder!
Sie sprachen: es ist wahrlich, es ist so,
es ist ausgemacht in Wahrheit; ja, nein.
Ihre Nahrung war die,
welche jetzt den Lebensunterhalt bildet,
der entkörnte Mais.
Sie hatten ihr gutes Auskommen;
die blauen, die grünen Steine, die Türkise
kauften sie davon.
Ihre Kleidung war, gerade ihr Zugewiesenes war
der türkisblaue Umhang (Rock),
ihre Sandalen türkisblau bemalt, blau, blaugrün,
ebenso blaugrün die Sandalenriemen.
Sie waren hochgewachsen,
etwas größer als große Menschen waren sie.
Da sie so sehr groß waren,
liefen sie sehr eilig;
daher hießen sie „die einen Tag lang auf den Beinen sind
(die Knie rühren)".
Sie geboten der Trommel, der Tanzrassel;
Sänger waren sie, sie erfanden (Lieder),
sie komponierten, sie behielten im Gedächtnis,
sie wahrsagten (in) wunderbaren Gesängen, die sie erfanden.
Gar fromm waren sie,

denn nur Einem als ihrem Gotte waren sie ergeben,
den sie anriefen, den sie verehrten,
namens Quetzalcoatl.
Ihr Priester war,
ihr Gotteshüter
ebenfalls nur (einer) namens Quetzalcoatl.
Und dieser war sehr fromm.
Was Quetzalcoatl zu den Priestern sagte,
das taten sie genau.
Nicht sündigten sie,
denn er sprach zu ihnen, er erklärte ihnen:
es ist nur ein Gott namens Quetzalcoatl.
Nichts verlangt er;
nur Schlangen, nur Schmetterlinge,
die sollt ihr vor (ihm) darbringen,
sollt ihr opfern.
Sie taten jegliches göttliche Geheiß des Priesters.
Und im folgenden sehr, in jeder Weise glaubten sie
an ihren Priester Quetzalcoatl.
Und in folgender Weise sehr gehorsam waren sie,
in folgender Weise sehr dem Göttlichen hingegeben
und sehr gottesfürchtig waren sie:
denn alle gehorchten ihm,
alle glaubten an Quetzalcoatl,
als er sie herausführte fort von Tollan.
Sie alle setzte er (bald) in Bewegung, (bald) hielt er sie an
(auf dem Marsche),
obwohl sie lange Zeit in der Heimat gewohnt hatten,
obwohl durchaus ein Wunder (waren) die Tempel,
die Paläste, die in Tollan bestanden.

Nach: Sahagún, Bernadino de: Einige Kapitel aus dem Geschichtswerk von Fray Bernadino de Sahagún aus dem Aztekischen übersetzt
von Eduard Seler. Hg. von Caecilie Seler-Sachs mit W. Lehmann und
W. Krickeberg, Stuttgart 1927, 395–397.

35   Ein Kaiser stiftet ein Erzbistum

Der Tscheche Adalbert, 983 Bischof von Prag geworden, verzichtete schon wenige Jahre später auf sein hohes Kirchenamt und wandte sich nach Rom. Seine glühende Frömmigkeit und sein Hang zur Askese verlangten nach einer passenderen Aufgabe, die Adalbert in der Heidenmission fand. 997 wurde er als Missionar im Preußenland erschlagen; sogleich setzte seine Verehrung als Märtyrer ein. Kaiser Otto III., seit 994/95 Adalbert freundschaftlich verbunden, unternahm Ende 999 eine Wallfahrt zum Grab Adalberts, dessen Leichnam inzwischen durch den Polenherzog Boleslaw nach Gnesen verbracht worden war. Insofern besaß Ottos Pilgerfahrt auch den Charakter einer politischen Handlung von großer Tragweite: Der Kaiser erhob nämlich bei dieser Gelegenheit den nun mit Adalberts Namen versehenen Bischofssitz zum Erzbistum und löste ihn damit – Gnesen war bis dahin dem Erzbistum Magdeburg unterstellt – aus der deutschen Kirchenorganisation heraus. Dieser Vorgang markiert den Beginn eines eigenen polnischen Kirchenverbandes.

Als nun der Kaiser von den Wundern erfuhr, die Gott durch seinen geliebten Märtyrer Adalbert wirke, beeilte er sich, dorthin zu reisen, um zu beten. Bei der Ankunft in Regensburg wurde er von Gebhard, dem Bischof der dortigen Kirche, unter hohen Ehren empfangen; in seinem Gefolge befanden sich der Patricius Ziazo und der Oblationarius[49] Robert sowie Kardinäle. Niemals hatte ein Kaiser in Rom beim Auszuge und bei der Wiederkehr größere Pracht gezeigt ...

Bei der Ankunft in Zeitz wurde der Caesar (Kaiser) von Hugo II., dem dritten Inhaber dieses Stuhls, mit kaiserlichen Ehren aufgenommen. Dann zog er geradenwegs nach der Burg Meißen, wo ihn Eid, der hochwürdigste Bischof dieser Kirche, und der beim Kaiser besonders angesehene Markgraf Ekkehard ehrenvoll empfingen. Dann reiste er durch das Milzenerland; an der Grenze des Gaues Diadesi traf er mit Boleslaw zusammen – sein Name wird zu Unrecht seit alters als „hoher Ruhm" gedeutet –, der ihn voller Freude gastlich in Eulau bewirtete. Jede Schilderung der prächtigen Aufnahme des Caesars durch ihn und des Geleits durch sein Land bis nach Gnesen wäre unsagbar unglaubwürdig. Angesichts der ersehnten Burg pilgerte er

demütig barfuß, wurde vom dortigen Bischof Unger erfurchts-
voll empfangen und in die Kirche geleitet; hier bat er unter Tränen den Märtyrer Christi um seine Fürbitte zur Erlangung der
Gnade Christi. Dann errichtete er unverzüglich dort ein Erzbistum; hoffentlich war er dazu befugt, denn es fehlte doch die
Zustimmung des Bischofs, dessen Diözese das ganze Land unterstellt ist; er vertraute es Radim, dem Bruder des Märtyrers, an
und setzte ihn über Reinbern, den Bischof der Kolberger Kirche,
Poppo von Krakau und Johannes von Breslau; ausgenommen
blieb Unger von Posen. Auch ließ er dort einen Altar errichten
und feierlich in ihm heilige Reliquien bergen.

Nach Regelung aller Fragen ehrte der Herzog den Kaiser
durch reiche Geschenke und – das erfreute ihn am meisten –
300 gepanzerte Krieger. Auf der Rückreise geleitete ihn Boleslaw mit erlesenem Gefolge bis Magdeburg, wo man das Palm-
sonntagsfest feierlich beging.

Nach: Thietmar von Merseburg. Chronik. Hg. u. übers. v. Werner
Trillmich (FSGA 9), Darmstadt ⁷1992, 161–163.
Quelle: Die Chronik des Bischofs Thietmar von Merseburg und ihre
Korveier Überarbeitung. Hg. v. Robert Holtzmann (MGH SS rer. Germ.
N. S. 9), Berlin 1935/Ndr. 1980, 182–184 (IV, 44–46).

36   Aus den Anfängen einer frommen Republik

Athos ist eigentlich der Name des 2033 Meter hohen Berggipfels auf
der nordöstlichen der drei Landzungen, die von der nordgriechischen
Halbinsel Chalkidike ins Ägäische Meer auslaufen. Die Anfänge insti-
tutionell-regulierten Mönchslebens auf dem Athos liegen in der zweiten Hälfte des 10. Jahrhunderts. Um Streitigkeiten über die Klosterver-
fassung beizulegen, ließ Kaiser Johannes Tzimiskes (969–976) durch
den Mönch Euthymios aus dem als besonders vorbildlich geltenden
Studiu-Kloster in Konstantinopel die Regeln für das Zusammenleben
auf dem ‚Heiligen Berg' entwerfen. Der Kaiser selbst bestätigte den
Kompromiß. Die darüber ausgestellte Urkunde, das ‚Typikon', wird
noch heute von der „Heiligen Gemeinschaft", dem unter Vorsitz des
Protos, des Generalabtes, tagenden Mönchsparlament aufbewahrt.

Die ehrwürdigen Mönche des berühmten Berges Athos, nämlich Athanasios[50], der ehrwürdige Mönch und Protos des Berges, und der ehrwürdige Mönch Paulos[51] kamen in die gottbehütete Stadt und traten vor unseren, das Gute liebenden Kaiser und berichteten von gewissen Übelständen und Streitigkeiten, die seit Jahren zwischen ihnen und Athanasios, dem ehrwürdigen Mönch und Abt der kaiserlichen Laura[52] mit dem Namen Melana, ausgebrochen seien. Gewisse Leute würden von ihm behindert und benachteiligt, und es gäbe kein Mittel, um hier Abhilfe zu schaffen und für alle den Frieden sicherzustellen.

Unser gottgekrönter und mächtiger Kaiser, der unter Gottes Gesetz und dank seiner Rechtschaffenheit in Sicherheit lebt, ließ es sich sehr angelegen sein, daß die Mönche in Frieden ein ruhiges Leben in der Einsamkeit führen könnten. Er wollte aber nicht, daß einer von ihnen gegen seinen Willen vor ein weltliches Gericht gezogen oder daß von weltlichen Behörden ihre Angelegenheiten geprüft würden, womit ihre Vorwürfe gegeneinander aller Welt bekannt werden könnten. Abgesehen davon seien die Weltleute mit der Materie der Mönche auch nicht genügend vertraut. So beschloß er, meine Wenigkeit solle sich auf den Athos verfügen und nach Prüfung der Lebensweise der Mönche, ihrer Zwistigkeiten und gegenseitigen Vorwürfe, aber auch der Klagen der Weltleute gegen sie, die beiden Parteien wieder versöhnen, ihre Klagen anhören und die erforderlichen Verbesserungen entsprechend den göttlichen Kanones durchführen.

Als wir also an Ort und Stelle angekommen waren und uns zusammensetzten mit den streitenden Parteien und allen Äbten des Berges und der ganzen Brüderschaft, da wurde die ganze Angelegenheit genau untersucht, eine ganze Woche lang, und es stellte sich heraus, daß beiden Teilen nichts vorzuwerfen war. Es mag unglaublich erscheinen: Wer aber mit vertieftem geistigen Verständnis an die Sache heranging, brachte heraus, daß die vorausgegangenen Uneinigkeiten nichts anderes waren als das Ergebnis der Tätigkeit des Teufels …

Alle diejenigen, die zu euch kommen und den Wunsch äußern, zu Mönchen geschoren zu werden, sollen bei allen

Äbten Aufnahme finden. Man soll sie aber nicht sofort scheren, bevor sie nicht laut kanonischem Recht ein Jahr das Mönchsein gelernt und ihre feste Absicht bewiesen haben. Erst dann soll der Abt entscheiden und sie mit der Mönchskutte bekleiden. Kommt aber einer aus einer Notlage oder sonst aus einem Grund ohne die Möglichkeit, ein Probejahr abzuwarten, sondern mit der Bitte, sofort das Gelübde ablegen zu dürfen, so überlassen wir ihn dem Urteil des Abtes. Das gilt auch für jene, welche wegen einer Krankheit sofort geschoren und eingekleidet werden wollen. Auch hier geben wir die Erlaubnis, damit nicht der Tod zuvorkommt.

Wenn ein Weltmensch zu einem Abt kommt und sechs Monate oder ein Jahr bleibt, aber aus irgendeinem Grund nicht mit ihm zurecht kommt, so daß er keinen Nutzen davon hat, so soll er an einen anderen geistlichen Abt übergeben werden, den er sich selbst wählen kann und von dem andere bezeugen, daß er tadellos ist und fähig, Seelen zu fördern. Er darf aber nicht weggehen ohne Wissen und Erlaubnis des ersten Abtes. Sondern dieser muß willens sein, ihn freizugeben ...

Mönche, die sich von ihren Äbten trennen und nicht willens sind, sich gehorsam einem Vater zu unterwerfen, wie es diese Regel vorschreibt, sondern auf eigene Faust und zuchtlos auf dem ganzen Berg herumschweifen und sich als Taglöhner verdingen, sollen einmal, zweimal und öfter vermahnt werden, und wenn sie nicht auf das hören wollen, was man ihnen zu ihrem Nutzen sagt, sollen sie auch gegen ihren Wunsch und Willen einem geistlichen Vater überantwortet werden.

Wir befehlen und raten im Guten, daß es laut alter Vorschrift der Heiligen Väter niemand erlaubt sei, Aufführungen oder Streitgespräche oder sonst welche Expektorationen zu veranstalten. Wird einer dabei ertappt, wer immer es sei, so soll er der kanonischen Buße unterliegen.

Wenn von den untergebenen Mönchen einige geistlich und große Asketen geworden sind dank ihrer Tugendübung und ihre Äbte der Meinung sind, daß sie für den Weg der „Ruhe" geeignet sind, dann geben auch wir die Erlaubnis und sind einverstanden, daß sie sich in die Einsamkeit zurückziehen und nach dem Urteil und Gefallen ihrer Äbte sich weiter in der Tugend üben.

Für fremde Priester, die ankommen, gilt: Sie haben kein Recht, ihr Priesteramt auszuüben; weder privat noch in der Öffentlichkeit dürfen sie es wagen, die heilige Liturgie zu feiern, außer sie haben ein Empfehlungsschreiben ihres Bischofs oder ein zuverlässiges Zeugnis bei sich.

Keinem der Brüder ist es gestattet, den Berg zu verlassen und mit Weltleuten Gevatterschaft oder Blutsbrüderschaft zu schließen; auch wenn sie früher derlei getan, sollen sie diese Häuser nicht mehr besuchen, um dort zu schmausen oder gar zu trinken.

Nach: Beck, H.-G. (Hg.): Leben in Byzanz. Ein Lesebuch. München-Zürich 1991, 334–337.
Quelle: Die Haupturkunden für die Geschichte der Athosklöster. Größtentheils zum ersten Male hg. u. mit Einleitungen vers. v. Philipp Meyer, Leipzig 1894, Nr. IV, 141–151 (Gesamttext; Zitat dispositiver Teil bis 149).

37 Allah bestimmt das Gute wie das Schlechte

Al-Asch'ari (873–935) war ein im Irak wirkender Begründer der dominierenden theologischen Richtung im sunnitischen Islam. In einer Art Glaubensbekenntnis hielt er in seinem Traktat „Die Abhandlungen der Muslime und der Unterschied der Betenden" die Auffassungen der Muslime aus den Reihen der „Traditionsgläubigen" und Anhängern der Sunna in Wort und Tat fest. Der Begriff Sunna, von dem sich die Bezeichnung Sunniten ableitet, meint hier die Orientierung auf Taten und Aussprüche Muhammads. Der Text beschreibt die alles bestimmende Macht Allahs. Dieser Determinismus grenzt sich stark von den Ansichten anderer theologischer Schulen im Islam ab.

(Treue sunnitische Muslime) behaupten, daß es auf der Erde nichts Gutes und nichts Schlechtes gibt, außer was Allah will, und daß die Dinge nach dem Willen Allahs geschehen, wie er gesagt hat: „Und ihr wollt nicht, außer Allah will"[53). …

Sie bekennen, daß Allah den Gläubigen hilft, ihm zu gehorchen, aber sich von den Ungläubigen zurückzieht, den Gläubigen gnädig ist, über sie wacht, sie rechtschaffen macht und sie recht leitet, aber den Ungläubigen nicht gnädig ist, sie nicht rechtschaffen macht und sie nicht recht leitet; denn wenn er sie rechtschaffen machte, so wären sie rechtschaffen und wenn er sie recht leitete, so wären sie auf dem rechten Wege. Sie bekennen, daß Allah imstande ist, die Ungläubigen rechtschaffen zu machen und ihnen gnädig zu sein, so daß sie gläubig wären, daß er aber die Ungläubigen nicht rechtschaffen machen und ihnen nicht gnädig sein will, so daß sie gläubig wären, sondern daß er will, daß sie ungläubig seien, wie er weiß (daß sie ungläubig sein werden), sich von ihnen zurückzieht, sie in die Irre gehen läßt und ihre Herzen verhärtet. Sie bekennen, daß das Gute und das Schlechte nach dem Ratschluß und der Bestimmung Allahs geschieht, glauben an Allahs Ratschluß und Bestimmung zum Guten und zum Schlechten, zum Angenehmen und zum Bitteren, glauben, daß sie nicht die Fähigkeit besitzen, sich selbst zu nützen und zu schaden, außer soweit Allah will, wie er gesagt hat, stellen ihre Sache Allah anheim und halten daran fest, daß man Allah zu jeder Zeit braucht und Allahs unter allen Verhältnissen bedarf. ...

Sie behaupten, daß Allah am jüngsten Tage mit den Augen gesehen wird, wie man den Mond in der Vollmondnacht sieht, und zwar sehen ihn die Gläubigen, aber die Ungläubigen sehen ihn nicht, weil sie von Allah ferngehalten sind, (denn) Allah hat gesagt: „Gewiß sind sie von ihrem Herrn an jenem Tage ferngehalten".[54] ...

Sie erklären niemanden von denen, die sich nach der Qibla[55] wenden, für ungläubig wegen einer Sünde, die er begeht, wie Unzucht, Diebstahl und ähnlich schwerer Sünden, sondern sie sind durch den Glauben, den sie besitzen, Gläubige, auch wenn sie schwere Sünden begehen. Der Glaube besteht nach ihrer Ansicht in dem Glauben an Allah, seine Engel, seine Schriften, seine Propheten, an die Vorherbestimmung zum Guten und zum Schlechten, zum Angenehmen und

113

zum Bitteren ... und der Islam besteht (nach ihrer Ansicht) darin, daß man bezeugt, daß es keinen Gott gibt außer Allah und daß Muhammad der Gesandte Allahs ist. ...

Sie bekennen ferner, daß Allah der Wandler der Herzen ist. Sie bekennen sich ferner zur Fürbitte des Propheten (am jüngsten Tage) sowie dazu, daß sie sich (auch) auf diejenigen seiner Gemeinde erstreckt, die schwere Sünden begangen haben, ferner zur Grabesstrafe[56] und dazu, daß (am jüngsten Tage) der Teich Wahrheit[57] ist und die Brücke Wahrheit ist und die Auferweckung nach dem Tode Wahrheit ist und die Abrechnung Allahs mit den Menschen Wahrheit ist und das Stehen vor Allah Wahrheit ist.

Nach: Schacht, Joseph: Der Islām mit Ausschluß des Qor'āns, Tübingen 1931, 57 ff.
Quelle: al-Ašʿarī: Maqālāt al-islāmiyīn wa-iḫtilāf al-muṣallīn. Ed. Hellmut Ritter, Istanbul 1929, Bd. I, 291 ff.

38 Der Mahdi und Jesus

Ein „Buch der Schöpfung und der Geschichte" mit geschichtsphilosophischen und religionsvergleichenden Ansätzen verfaßte al-Mutahhar al-Maqdisi (gest. um 995) im heutigen westlichen Afghanistan. Er hielt darin auch verschiedene islamische Vorstellungen über die Person des von Allah rechtgeleiteten Mahdi fest, der am Ende der Zeiten kommen würde, um die „Welt mit Gerechtigkeit zu füllen". In den Ausführungen zum Mahdi wie auch in denen zur Rolle von Isa (Jesus) am Ende der Zeiten kamen deutlich volkstümlich-muslimische Erwartungen zum Tragen.

Der Prophet – Gottes Gebet und Heil ihm – sagte: „Diese Welt wird nicht vergehen, bis nicht ein Mann aus meiner Familie, der die Welt mit Gerechtigkeit erfüllte, wie sie bisher von Ungerechtigkeit erfüllt gewesen ist." ... Die Schiiten[58] haben darüber viele Verse und umfangreiche Märchen. ... (Sie) leugneten (anfangs), es könne noch ein anderer als von den Söhnen von Ali Ibn Abi Talib – Gott sei ihm wohlgesonnen – sein.

Doch dann wurden sie unterschiedlicher Meinung. Die einen meinten, es sei Muhammad Ibn al-Hanafija[59], der nicht gestorben sei und zurückkommen werde, um die Araber mit einem Stock zu führen. Sie führten als Argument an, daß Ali ihm das Banner am Tag des Kamels (im Jahre 656) übertrug. Andere wiederum meinten, er sei von den Kindern von Husain Ibn Ali[60] – Wohlgefallen Gottes ist ihnen beiden – aus dem Bauche Fatimas – Gott schenke ihr Wohlgefallen –, weil er sich mühte auf der Suche nach der Wahrheit, bis er als Märtyrer fiel. Wieder andere meinen: Er kommt vielmehr aus den Kindern von al-Hasan[61] – Gott schenke ihm Wohlgefallen. Dann waren sie unterschiedlicher Meinung hinsichtlich seines Schmuckes und seiner Gestalt. Die einen meinten, er sei der Sohn einer Magd mit braunen Augen und strahlenden Eckzähnen, mit einem Mal auf der Wange. Andere meinten, er werde in Medina geboren und zöge gen Mekka aus, wobei ihm zwischen (den Pilgerstellen) al-Safa und al-Marwa gehuldigt werde. Andere meinten auch, er komme von Alamut (im iranischen Elbrusgebirge). Nach ihm nannten die Banu Idris[62] (die Stadt) Qairawan „al-Mahdijja" in der Annahme, daß er von ihnen komme. Sie meinten: Und er hebe die Ungerechtigkeit von den Bewohnern der Erde auf, gieße Gerechtigkeit über sie, mache den Schwachen und den Starken gleich, lasse den Islam bis zu den östlichen und westlichen Gebieten der Erde gelangen und nähme Kostantinopel ein. Niemand werde auf Erden bleiben, der nicht in den Islam eintritt oder das Sühnegeld[63] entrichtet. Dabei wird das Verprechen Gottes vollendet, ihn über die ganze Religion zu setzen. Sie waren aber unterschiedlicher Meinung über sein Lebensalter. Nach den einen wird er sieben Jahre leben, nach den anderen neun, nach anderen zwanzig, nach wieder anderen vierzig und nach anderen siebzig. ...

Die Muslime sind nicht uneins darüber, daß Isa (Jesus) – Heil ihm – am Ende der Zeit herabkommen wird. Es heißt doch in des Erhabenen Worten: „Und er ist ein Zeichen der Stunde",[64] daß er herabkommt. Es heißt, daß der Prophet – Gottes Gebet und Heil ihm – sagte: „Isa kommt unter euch herab. Er ist mein Stellvertreter über euch. Wer ihn trifft, der entbiete ihm meinen Heilsgruß, denn er wird das Schwein töten, das Kreuz zerbrechen und mit siebzigtausend die Wallfahrt vollziehen, mit den Leuten der Höhle, denn sie pilgern, er wird eine Frau vom Stamm Azd heiraten. Haß, Groll und Neid werden vergehen, und die Erde wird zu der Gestalt wie zur Zeit Adams zurückkehren, bis das Melken der jungen Kamele aufgegeben wird und keiner danach streben wird. Du wirst die Schafe mit dem Wolf sehen und sehen, wie Knaben mit Schlangen spielen, ohne daß diese ihnen schaden. Er wird die Erde in seiner Zeit so treffen, bis keine Maus mehr einen Sack benagt und bis der Mann zum Eigentum geholt wird, es aber nicht annimmt, bis ein Granatapfel alle Menschen sättigt." Es heißt, Isa wird herabkommen mit einem Pfeil mit großer Spitze in der Hand. Damit wird er den Dadschdschal[65] töten. Es heißt auch, wenn der Dadschdschal ihn sieht, schmilzt der wie Blei. ... Es heißt, Isa wird vierzig Jahre bleiben, nach anderen dreiunddreißig. Er wird hinter dem Mahdi beten, dann werden Jadschudsch und Madschudsch[66] ausziehen.

Übers. Holger Preißler, aus: al-Muṭahhar b. Ṭāhir al-Maqdīsī: Kitāb al-Badʾ wa-l-tārīḫ. Paris 1899, Nachdruck Beirut o. J., Bd. 2. 180 ff., 190 ff.

39   Warum nur Reiche beten sollen

Von dem weitgehend unbekannten Dichter Muhammad Ibn Ahmad al-Ifriqi, der Ende des 10. Jh. in Buchara wirkte, hat der Literat al-Thaʿalibi aus Nischapur (961–1038) das folgende Gedicht in seine Anthologie „Die Edelperle der zeitgenössischen Dichter" aufgenommen.

Meine Frau tadelt mich, weil ich nicht bete.
„Aus den Augen mir, du bist verstoßen!" sagte ich zu ihr.
„Fürwahr, ich bete nicht zu Gott als armer Mann.
Zu ihm beten der erhabene Scheich,
Tasch, Baktasch und Kunbasch, die türkischen Herrn,
der mächtige Nasr Ibn Malik und die alten Patriarchen,

der Herr der östlichen Heere, der so viel Geld im Keller hat,
Kein Wunder, wenn er betet!
Seiner Macht beugen sich doch die Gebiete im Osten.
Warum soll ich aber beten? Wo ist mein Gut? Wo ist mein Haus?
Wo sind die Pferde, Geschmeide und breiten Gürtel?
Wo sind die Sklaven mit mondgleichem Gesicht?
Wo die schönen, edlen Sklavenmädchen?
Soll ich beten? Kein Zollbreit Boden ist mein Besitz!
Bin ich denn ein solcher Heuchler?
Das Gebet lasse ich denen, die oben stehen.
Wer mich deswegen schilt, ist blöd und dumm.
Ja, wenn Gott mir Reichtum schenkt,
werde ich beten, solange am Himmel ein Leuchten ist.
Das Gebet des Armseligen ist Schwindel nur
und hat keinen festen Grund."

Nach: Hoffmann, Gerhard (Hg.): Die Blütezeit der islamischen Welt.
Ein Lesebuch. München-Zürich 1994, 145f., Übers. H. Preißler.
Quelle: al-Ṯaʿālibī: Yatīmat al-dahr. Kairo 1377/1958, Bd. 4, 157.

40 Ein Kalif attackiert fromme Eiferer

„Das Vollständige hinsichtlich der Geschichte" des reichen Privatge-
lehrten und Universalhistorikers Ibn al-Athir aus Mosul (gest. 1233)
enthält diese Episode aus dem Bagdad des Jahres 935. Der damalige
Kalif al-Radi sah sich in turbulenten Zeiten veranlaßt, ein Edikt gegen
die puritanisch-muslimischen Hanbaliten aus mittleren und unteren
städtischen Schichten zu erlassen. Ermuntert durch ihre traditiona-
listischen religiösen Anführer, unternahmen diese auch gewaltsame
Aktionen gegen die Begüterten, deren luxuriösen Lebensstil sie als
unmoralisch und Verstoß gegen den Islam ansahen. Das Edikt konnte
die Unruhen und die damit verbundenen Plünderungen nicht verhindern.

In diesem Jahr (323/935) wuchs die Sache der Hanbaliten, und
ihre Kraft stärkte sich. Sie begannen, die Häuser der Kommandanten und des gewöhnlichen Volkes zu überfallen, und wenn

sie Wein fanden, schütteten sie ihn aus, und wenn sie eine Sängerin fanden, schlugen sie diese und zerbrachen die Musikinstrumente. Sie stellten sich Kauf und Verkauf in den Weg sowie Männern, die mit Frauen und Jungen unterwegs waren. Wenn sie solches sahen, fragten sie den Mann, wer seine Begleitung sei. Dann unterrichtete er sie, und wenn nicht (zufriedenstellend), schlugen sie ihn und brachten ihn zum Leiter der Polizei und zeugten gegen ihn wegen Liederlichkeit. So förderten sie Tumult in Bagdad.

Badr al-Charschani, der Polizeianführer war, ritt am 10. Djumada II (17. Mai) aus und verkündete eine Proklamation zu beiden Seiten Bagdads gegen die Hanbaliten-Gefährten von Abu Muhammad al-Barbahari (nämlich), daß sich nicht zwei von ihnen treffen sollten, daß sie nicht über ihre Lehre disputieren sollten, von ihnen kein Imam beten sollte, ohne mit der Formel „Im Namen Gottes, des Erbarmers, des Barmherzigen" bei den Morgen- und Abendgebeten zu beginnen. Das nützte in bezug auf sie nichts, und ihr Böses und ihr Aufruhr nahmen zu. Sie baten die Blinden, die Zuflucht in den Moscheen suchten, um Hilfe, wenn ein Anhänger der schafi'itischen Lehre an ihnen vorbeiging, stachelten sie die Blinden an, diesen mit Stöcken zu schlagen, bis er fast starb.

Ein Edikt des Kalifen al-Radi wurde herausgegeben, in welchem gegen die Hanbaliten verlesen wurde, daß ihre Aktivität zu verwerfen sei, und das sie beschuldigte, an Anthropomorphismus[67] und andere (falsche) Lehren zu glauben. In diesem (hieß es) unter anderem: „Ihr beansprucht, daß eure häßlichen und widerwärtigen Gesichter nach dem Vorbild des Herren der Weltenbewohner und daß eure verächtlichen Erscheinungen nach Seiner Gestalt seien; ihr erinnert (betreffs des Herrn) an die Hand, die Finger, die beiden Füße, die vergoldeten Schuhe, das lockige Haar, das Aufsteigen zum Himmel und das Herabkommen zur Erde – möge Gott weit erhaben darüber sein, was Übeltäter und Ungläubige über Ihn sagen. Ferner beschimpft ihr die besten der Imame und schreibt Unglauben und Irrtum der Gefolgschaft der Familie Muhammads zu. Dann fordert ihr mit offenkundigen Neuerungen und irrigen

Lehren, welche nicht durch den Koran bezeugt sind, zur Religion auf, und ihr lehnt Besuche an den Gräbern der Imame ab und schmäht diejenigen, die sie besuchen, als Ketzer. Dennoch versammelt ihr euch selbst, um das Grab eines Mannes aus dem gewöhnlichen Volk[68] zu besuchen, und beansprucht für ihn die Wunder der Propheten und Wundertaten der Göttergünstlinge. So möge Gott den Teufel verfluchen, der euch diesen Greuel vorgaukelt, und jenes, was ihn irreleitete. Der Befehlshaber der Gläubigen schwört bei Gott einen mächtigen Eid, der erfüllt werden muß, daß, wenn ihr euch nicht abwendet vom Tadelnswerten eurer Lehre und der Abweichung eures Weges, er euch ganz sicher mit Schlagen, Vertreibung, Tod und Zerstreuung bestrafen wird, und daß er ganz sicher das Schwert gegen eure Nacken und Feuer gegen eure Häuser und Wohnorte anwenden wird."

Nach: Hoffmann, Gerhard (Hg.): Die Blütezeit der islamischen Welt. Ein Lesebuch. München-Zürich 1994, 33 ff.
Quelle: Ibn al-Aṯīr: Kitāb al-kāmil fī-l-tārīḫ. Ed. Carl J. Tornberg, Bd. VIII, Leiden 1862, 229 ff.

41 Ein Aufruf zum Heiligen Krieg

Als die Byzantiner im Jahre 969 unter Nikephoros Phokas in die nordsyrischen-nordmesopotamischen islamischen Regionen eingefallen waren und territoriale Gewinne erzielt hatten, wandte sich der arabische Dichter und Prediger Ibn Nubata (946–984) aus der Stadt Maijafariqin mit leidenschaftlichen Predigten an seine kampfesunwilligen muslimischen Landsleute.

Ihr Leute! Wie lange noch wollt ihr die Mahnung hören und sie nicht beachten? Wie lange noch wollt ihr mit Tadel geschlagen werden und euch nicht ändern? Eure Ohren scheinen sich den Worten der Mahnenden zu verschließen, eure Herzen scheinen zu stolz zu sein, um etwas zu bewahren. Eure Feinde verüben in euren Siedlungen Untaten und erreichen ihrer

Hoffnung Ziel, weil ihr euch des heiligen Kampfes enthaltet. Der Satan hat sie zu seinem Trug aufgerufen, und sie haben ihm Antwort gegeben. Der Erbarmer hat euch zu Seiner Wahrheit gerufen, und ihr habt sie hintenan gestellt. Selbst die wilden Tiere kämpfen um ihren Besitz, und die Vögel sterben im Streit um ihre Nester. Ohne Schrift, die ihnen herabgesandt worden ist, und ohne Gesandten, der zu ihnen geschickt worden ist. Ihr habt doch Einsicht und Verstand, ihr habt doch Gesetze und Regeln. Aber wie Kamele lauft ihr vor euren Feinden davon und schenkt ihnen noch die Waffen der Unfähigkeit und der Feigheit. Ihr seid doch fürwahr die, die zuerst gegen sie ins Feld ziehen sollen, denn ihr seid die Bewahrer von Gottes Schrift, denn ihr glaubt an Seinen Lohn und Seine Strafe. Euch hat Gott im besonderen Mut und Stärke gegeben, euch hat Er „zur besten Gemeinde, die den Menschen erschienen ist",[69] gemacht.

Wo ist der Eifer im Glauben? Wo ist die Scharfsicht der Überzeugung? Wo ist die Furcht vor den Flammen der Hölle? Wo ist das Vertrauen auf Gottes Garantie? Hat Er der Allmächtige doch in der Offenbarung gesagt: „Ja, wenn ihr standhaft und gottesfürchtig seid und sie über euch kommen in wilder Hast, wird euer Herr euch helfen mit 5000 gezeichneten Engeln. Das hat Gott allein zu seiner Freudenbotschaft für euch gemacht. Eure Herzen sollen dessen sicher sein. Der Sieg kommt allein von Gott dem Mächtigen und Weisen".[70]

Er hat euch Gottesvertrauen und Geduld übertragen und euch Hilfe und Beistand garantiert. Wollt ihr denn Seiner Garantie mißtrauen oder an seiner Güte und Gerechtigkeit Zweifel hegen? Eilt also mit Gottes Gnade zum heiligen Kampf mit reinen Herzen und stolzen Seelen, mit gefälligen Taten und strahlendem Gesicht! Fasset den Entschluß, euch zu rüsten, und entblößt eure Köpfe in der Schande des Verzögerns! Schenkt euer Leben dem, der es zuerst besitzt! Seid ohne Furcht, denn sie kann den Tod von euch nicht fernhalten! „Seid nicht wie jene, die ungläubig sind und zu ihren Brüdern sagen: ,Wären sie doch bei uns geblieben, so wären sie nicht gestorben und erschlagen'!"[71]

Auf zum heiligen Kampf, auf, ihr, die ihr gewiß seid! Auf zum Sieg, auf, ihr, die ihr standhaft seid! Auf zum Paradies, auf, die ihr voll Streben seid! Auf zum Höllenfeuer, auf, ihr, die ihr auf der Flucht seid! Der Dschihad (heiliger Kampf) ist die feste Grundlage des Glaubens, das weiteste Tor der göttlichen Gunst und der höchste Grad des Paradieses. Wer es darin treu mit Gott meint, kann zwischen zwei Wegen suchen und wählen: zwischen Glück über den Sieg in Bälde und dem Triumph durch die Märtyrerschaft in Zukunft. Der Weg, den ihr so gar nicht gerne habt, ist doch Seine größte Gunst für euch. Helfet Gott, denn Gottes Beistand ist ein sicherer Schutz vor allem, was Vernichtung bringt! „Und Gott wird denen Beistand gewähren, die Ihm Beistand gewähren, denn Gott ist stark und mächtig!"[72] Das Beste, was beredte Prediger sagen, und das Hellste, was die dunklen Seiten der Herzen erleuchtet, ist die Rede des Mächtigen und Großzügigen. Also trag vor: „Ihr, die ihr glaubt! Was ist mit euch, daß ihr, wenn euch gesagt wird: ,Zieht aus auf Gottes Weg!', euch schwer zur Erde neigt? Gefällt euch das Leben hier auf Erden mehr als in jener Welt? Doch die Nutznießung des Lebens hier ist gering im Vergleich mit dem im Jenseits. Wenn ihr nicht auszieht, wird Er euch mit schmerzhafter Strafe treffen und ein anderes Volk als euch nehmen. Ihr könnt Ihm keinen Schaden zufügen. Gott hat Macht in allen Dingen!"[73]

Nach: Hoffmann, Gerhard (Hg.): Die Blütezeit der islamischen Welt. Ein Lesebuch. München-Zürich 1994, 159 ff., Übers. H. Preißler
Quelle: Dīwān ḫuṭab Ibn Nubāta. Beirut 1311/1893, 187 ff.

42 Wider die Juden

Ademar von Chabannes war seit 1010 Mönch von St-Cybard in Angoulême. Seine vorwiegend der Geschichte des heimischen Aquitanien gewidmete „Historia" der Franken reicht bis 1028. In deren drittem Buch stellt er, auch sonst phantastischen Erzählungen nie abgeneigt, einen Zusammenhang zwischen dem Ausbruch eines fürch-

terlichen Unwetters und einem angeblich von den Juden begangenen
Frevel her. Die mittelalterliche christliche Legendenliteratur kennt
vielfach das Motiv jüdischer Kruzifix- und Hostienschändung.

In jenen Tagen, am Karfreitag, nachdem das Kreuz angebetet
worden war, wurde Rom von einem Erdbeben und einem
fürchterlichen Sturm heimgesucht. Und sogleich ließ einer der
Juden den Herrn Papst wissen, daß zu dieser Stunde die Juden
in der Synagoge das Bild des gekreuzigten Christus verhöhn-
ten. Sorgfältig überprüfte dies Benedikt (VIII.), und als er es
bestätigt fand, fällte er sogleich das Urteil über die Urheber
des Kapitalverbrechens. Als man sie geköpft hatte, legte sich
der wilde Sturm.

Übers.: Volkhard Huth, aus: Adémar de Chabannes. Chronique, hg.
von Jules Chavanon (Collection de textes pour servir a l'étude et a
l'enseignement de l'histoire 20), Paris 1897, 175 (III, 52).

43 Die Gefahr des Buddhismus in China

Es war ein Anliegen der damaligen chinesischen Gelehrten, der praktischen Politik eine theoretische Grundlage zu liefern, um die wirtschaftliche und gesellschaftliche Organisation und damit auch die
Einheit des chinesischen Reiches möglichst funktional und dauerhaft
zu sichern. Die Ursache für negative Entwicklungen stand für viele,
wie z. B. für Ouyang Xiu, schnell fest. Die wahren, chinesischen Lehren des hohen Altertums seien im Laufe der Geschichte immer mehr
vernachlässigt worden, statt dessen habe verkommenes und fremdes
Gedankengut Besitz von den Menschen ergriffen. Ouyang's „Diskussion über das Wesentliche" ist ein eindrucksvolles Beispiel dieser damaligen Rückbesinnung auf eigene Traditionen. (vgl. Dok. 30) Während der Konfuzianismus feste Regeln und Moralvorstellungen für
das irdische Leben festlegte, die auch Grundlage der chinesischen
Staatsdoktrin waren, waren diese Regeln dem Buddhismus fremd.
Dessen wichtigste Orientierung war vielmehr, den Menschen durch
völlige Selbstentäußerung aus dem Kreislauf der Geburten zu lösen.

Die Lehren des Buddhismus haben China seit mehr als 1000
Jahren geplagt. Zu allen Zeiten haben herausragende Personen,

die die Falschheit (des Buddhismus) durchschaut hatten und die Fähigkeit besaßen, etwas dagegen zu tun, immer wieder versucht, seiner loszuwerden. Aber, wenn sie ihn verbannt hatten, kam er mit noch größerem Einfluß zurück; sie attackierten ihn und brachen (seine Stellung) vorübergehend, (aber sein Einfluß) wurde nur noch stärker. Er ist geschlagen, aber nicht ausgelöscht worden und scheint sich eher noch weiter auszubreiten. Letztlich sieht es fast so aus, als könne man gar nichts gegen ihn unternehmen. Aber ist die Lage wirklich hoffnungslos oder waren uns lediglich nicht die richtigen Methoden bekannt?

Wenn ein Arzt eine Krankheit heilt, versucht er den Ursprung der Krankheit zu bestimmen und die Ursachen der Infektion zu heilen. Wenn jemand von Krankheit getroffen wird, so wird ein schwacher Punkt in seiner Lebensenergie genutzt, um dort einzudringen. Aus diesem Grund greift ein guter Arzt nicht die Krankheit selbst an, sondern ist vielmehr darum bemüht, die Lebensenergie seines Patienten zu stärken. Denn wenn die Lebensenergie wiederhergestellt ist, wird die Krankheit verschwinden. Das ist das natürliche Resultat. Deshalb sollte man bei der Heilung des Übels des Reiches in einer ähnlichen Weise verfahren und muß seine Ursprünge bestimmen und die Gebiete ordnen (zhi), die vom Übel befallen sind.

Buddha war ein Barbar aus einem von China weit entfernten Land, wo er vor langer Zeit gelebt hat. Zu Zeiten von Yao, Shun[74] und den drei Dynastien herrschte der Weg der königlichen Regierung, und die Lehren der Riten und Rechtschaffenheit wurden überall im Reich praktiziert. Zu jener Zeit gab es für den Buddhismus, obwohl er (bereits) existierte, keine Möglichkeit, (nach China) einzudringen. Aber sobald die drei Dynastien untergegangen waren, der Weg der königlichen Regierung verkam und Riten und Rechtschaffenheit vernachlässigt wurden, kam in den folgenden mehr als zwei Jahrhunderten der Buddhismus nach China. Daher liegt es auf der Hand, daß der Buddhismus jene Zeit des Verfalls und der Vernachlässigung genutzt hat, um sich einzuschleichen und uns zu quälen.

Früher, zu Zeiten der Regierungen von Yao, Shun und den drei Dynastien, wurde ein Brunnenfeldsystem eingerichtet. Man erstellte ein Register aller Personen, zählte die Bevölkerung und verteilte (dementsprechend) das Land an sie. Alle Leute, die die Kraft und Fähigkeit besaßen, Felder zu bestellen, besaßen folglich Land und bestellten es. …

(Aber) als die Zhou-(Dynastie) unterging und die Qin das Reich eroberten, warfen sie die Methoden der drei Dynastien beiseite, und der Weg und die Prinzipien der frühen Könige wurden abgebrochen. Von dieser Zeit an waren die Herrscher des Reiches nicht mehr stark genug, die alten Prinzipien wiederherzustellen. Sie konnten ihre Methoden des Regierens nicht vervollkommnen und das Abkommen ihrer Bevölkerung (vom rechten Weg) durch ihren Schutz nicht mehr verhindern. Es war zu jener Zeit, als der Buddhismus, die Umstände ausnützend, für einen Zeitraum von über 1000 Jahren in Erscheinung trat. Seine Anhänger wurden täglich zahlreicher, während unsere eigenen Prinzipien täglich mehr verfielen. Zunächst wurde das Brunnenfeldsystem abgeschafft, und die Übel von übermäßigem Landbesitz und brachliegendem Grundeigentum kamen auf. Danach wurden die Riten der Frühlings- und Herbstjagd, die Heirats- und Bestattungsriten, Opfer und Wettbewerbe im Bogenschießen, alle Regeln, in denen die Bevölkerung unterwiesen worden war, eine nach der anderen aufgegeben. Daraufhin fanden die niederträchtigen Leute unter ihnen die Zeit und Muße, sich anderen Dingen zuzuwenden. Die Guten unter ihnen waren verwirrt und fühlten sich verloren und sahen (die Richtschnur) von Riten und Rechtschaffenheit nicht mehr. Die Niederträchtigen besaßen überschüssige Kräfte und machten sich Gedanken über seltsame und ketzerische (Lehren), während die Guten in Ermangelung von Riten und Rechtschaffenheit folglich nicht wußten, welchem Weg sie folgen sollten. Dann, zu jenem Zeitpunkt, kam der Buddhismus, der mit seinen großen, grandiosen Lehren herumposaunte, um sie zu führen. Folglich konnte die Bevölkerung nicht anders, als sich ihm zuzuwenden und ihm zu folgen. Und umso mehr, wenn von Zeit zu Zeit immer wieder ein

124

König, Herzog oder ein großer Mann sein Lob und seine Bewunderung aussprach und erklärte, daß der Buddhismus wahrlich (eine Lehre) sei, die es wert sei, geglaubt und befolgt zu werden. Wie soll dann unsere Bevölkerung daran zu zweifeln beginnen und ihm nicht folgen?

Zufälligerweise mag es einen Menschen geben, dem das nicht imponiert, und der ärgerlich sagt: „Buddhismus, was ist das? Ich werde meinen Speer ergreifen und ihn vertreiben!" oder ein anderer mag sagen: „Ich werde ihn mit einer Theorie widerlegen!" Aber der Buddhismus hat das Reich nun seit 1000 Jahren gequält. Was kann ein Mensch an einem Tag daran verändern? Die Menschen sind trunken (vom Buddhismus), er ist ihnen in Knochen und Mark übergegangen und kann nicht einfach durch Worte besiegt werden.

Was kann man folglich tun? Ich behaupte, es gibt nichts Effektiveres, ihn zu besiegen, als das zu praktizieren, was wesentlich ist. Früher, zu Zeiten der Streitenden Reiche, waren die Lehren von Yang Zhu[75] und Mozi[76] die Ursache für große Verwirrung und Unordnung. Menzius (372–281 v. Chr.) war darüber sehr bekümmert und widmete sich insbesondere der Verbreitung von Menschlichkeit und Rechtschaffenheit. Denn wenn die Theorien von Menschlichkeit und Rechtschaffenheit gesiegt haben, dann werden die Lehren von Yang (Zhu) und Mo (Di) fallengelassen. Zu Zeiten der Han-Dynastie (206 v. Chr. – 220 n. Chr.) blühten Hunderte von philosophischen Schulen nebeneinander. Dong[77] war sehr besorgt darüber, zog sich zurück und studierte (die Lehren) des Konfuzius (551–479 v. Chr.). Denn wenn die Prinzipien des Konfuzius klar gemacht würden, würden die (Lehren) der anderen Schulen zum Stillstand gelangen. Das ist das Resultat dessen, wenn man das Wesentliche praktiziert, um (den Buddhismus) zu besiegen.

Heute mag ein großer Krieger, bekleidet mit einer Rüstung und ein Schwert tragend, in Furchtlosigkeit drei Armeen übertreffen. Doch wenn er Buddha sieht, beugt er sich zum Gruß, und wenn er die Lehren des Buddha hört, ist er voller Ehrfurcht und Verlangen und überzeugt. Wie kann das sein? Weil er trotz seiner Stärke und Kraft in seinem Herzen verwirrt ist und nichts hat, an das er sich halten könnte. Aber wenn ein Gelehrter, der klein und schwächlich ist und Angst hat voranzuschreiten, die Lehren des Buddha hört, wird seine Rechtschaffenheit sofort an seinem Gesichtsausdruck offenbar; und nicht nur beugt und unterwirft er sich nicht, sondern er wünscht vielmehr, ihn zu vertreiben. Warum? Das liegt einfach daran, daß er erleuchtet von Wissen und von Riten und Rechtschaffenheit überzeugt ist und daher in seinem Herzen etwas besitzt, was (jene Doktrin) besiegen kann. Deshalb sind Riten und Rechtschaffenheit die wesentlichen Dinge, durch die der Buddhismus geschlagen werden kann. Wenn ein einziger Gelehrter, der Riten und Rechtschaffenheit kennt und versteht, in der Lage ist, sich nicht (jenen Lehren) zu beugen und zu unterwerfen, dann (müssen wir) bewirken, daß alle im Reich die Riten und die Rechtschaffenheit verstehen, und folglich wird (der Buddhismus) als natürliche Folge dessen ausgelöscht werden.

Übers.: Angela Schottenhammer, aus: Ouyang Xiu, Ouyang Wenzhong ji, j. 17, 1a–2b. SBBY-Ausgabe; vgl. Wm. Theodore de Bary (ed.), Sources of Chinese Tradition. New York 1960, Vol. 1, 387 ff.

44 Ein Ketzer im Jahr 1000

Die Vorstellung von den allenthalben grassierenden „Schrecken des Jahres 1000" hat sich überwiegend als eine recht junge, gleichwohl bis heute gern fortgeschriebene wissenschaftliche Legende erwiesen. Merkwürdig mutet jedoch das um 1000 faßbare erste Aufflackern von Formen strikter religiöser Abweichung in West- und Südeuropa an; die historischen Hintergründe liegen bis heute im Dunkeln. Die ersten Beispiele notierte der burgundische Chronist Radulf Glaber (vgl. Dok. 79). Geschildert wird auch einer der äußerst selten bezeugten Fälle von Selbstmord im europäischen Mittelalter. Der Vorfall soll sich in der Champagne im Bistum Châlons-sur-Marne zugetragen haben, dem im Zeitraum von 948 bis 1004 tatsächlich zweimal Bischöfe namens Gebuin/Jebuin vorstanden.

Um das Ende des 1000. Jahres lebte in Gallien in einem Dorf namens Vertus im Gebiet von Châlons ein gewöhnlicher

Mensch mit Namen Leutard, den man, wie der Ausgang der Sache erwiesen hat, für einen Abgesandten Satans halten konnte. Sein hartnäckiger Wahnsinn brach folgendermaßen aus. Er hielt sich einmal allein auf dem Acker auf, um Feldarbeit zu tun. Von der Mühe ermüdet, schlief er ein, und es kam ihm so vor, als dringe durch die geheimen Öffnungen des Leibes ein großer Bienenschwarm in seinen Körper ein. Er brach mit großem Getöse durch seinen Mund wieder aus und beunruhigte ihn mit zahlreichen Stichen. Und als sie ihn lange sehr damit gequält hatten, schienen sie zu ihm zu sprechen und viel Menschenunmögliches vorzuschreiben, was er tun solle.

Endlich stand er zermürbt auf und kam nach Hause. Dort verließ er seine Frau und vollzog, angeblich nach evangelischer Vorschrift, die Scheidung. Dann ging er hinaus, wie um zu beten, betrat die Kirche, packte das Kruzifix und zerschlug das Bild des Erlösers. Alle, die das sahen, wurden von Entsetzen gepackt und glaubten – was auch zutraf –, er werde wahnsinnig. Er selber aber brachte ihnen die Überzeugung bei – Bauern sind ja wankelmütig –, daß er all dies aufgrund einer wunderbaren Offenbarung Gottes vollbringe. Er strömte nun über von allzu vielen Reden, die weder Nutzen noch Wahrheit enthielten; er wollte als Lehrer auftreten und ließ dabei vergessen, was der Meister gelehrt hat. Denn er sagte, den Zehnten zu geben, sei in jeder Hinsicht überflüssig und unnütz. Und wie sich andere Ketzereien, um möglichst behutsam zu täuschen, mit der Heiligen Schrift bemänteln, selbst wenn sie zu ihr im Widerspruch stehen, so behauptete auch dieser Mann, die Propheten hätten teils Nützliches, teils Unglaubliches erzählt.

Er gewann damit das Ansehen eines vernünftigen und frommen Mannes und zog in kurzer Zeit eine beträchtliche Menge des Volkes an sich. Der greise Bischof Jebuin, ein grundgelehrter Mann, in dessen Bistum Leutard lebte, erfuhr von der Sache und ließ ihn herbeischaffen. Er frage ihn nach allem, was er den Berichten zufolge gesagt oder getan hatte. Da begann Leutard, sein nichtsnutziges Gift zu verbergen, und wollte nicht merken lassen, daß er Belege aus der Heiligen Schrift heranzog. Doch der höchst scharfsinnige Bischof hörte heraus, daß das nicht zusammenstimmte, vielmehr schändlich und verdammenswert war. Er legte dar, daß der Mann zu einem wahnsinnigen Ketzer geworden war, brachte das zum Teil getäuschte Volk von dem Wahnsinn ab und festigte es noch gründlicher im katholischen Glauben. Jener aber sah sich besiegt und von der Volksgunst im Stich gelassen und ertränkte sich in einem Brunnen.

Nach: Borst, Arno: Lebensformen im Mittelalter, Frankfurt/Main u. a. [14]1995, 588 f.
Quelle: Rodulfus Glaber. The Five Books of the Histories. Hg. u. engl. übers. v. John France. By the Same Author. The Life of St William. Hg. v. Neithard Bulst, engl. übers. v. John France u. Paul Reynolds, Oxford 1989, 88/90 (II,11).

45 Mystische Todessehnsucht und Jenseitserfahrung

In seinem Werk „Die Erschließung der Lehrrichtung des Sufitums" beschrieb Abu Bakr Muhammad Ibn Ishaq al-Kalabadhi (gest. 990 oder 994) wichtige Elemente der islamischen Mystik, des Sufismus. Verinnerlichung des Glaubens durch ein asketisch-weltabgewandtes Leben, Streben nach Überwindung der Kluft zwischen Mensch und Gott bis zum „Einswerden mit Gott" spielten dabei ebenso eine Rolle wie die folgenden legendären Todeserfahrungen von Sufis/Mystikern. Die genannten Personen waren allesamt islamische Mystiker.

Abu l-Hasan, bekannt unter dem Namen al-Qazzaz, sagte: „Als wir in Fachch (bei Mekka) waren, trat ein hübscher, in zwei Fetzen gehüllter junger Mann an uns heran, grüßte uns und fragte: ‚Gibt es hier einen sauberen Platz, wo ich sterben kann?' Wir wunderten uns und antworteten ihm: ‚Ja!' Wir zeigten ihm den Weg zu einer Quelle in unserer Nähe. Er ging, vollzog die rituelle Waschung und verbrachte einige Zeit beim Ritualgebet. Danach warteten wir eine Weile auf ihn. Da er nicht kam, gingen wir zu ihm. Doch da war er schon tot."

Die Gefährten des Sahl Ibn Abdallah berichteten: „(Die Leiche von) Sahl befand sich zur Waschung auf dem Waschbrett – und dabei war sein rechter Zeigefinger erhoben, und er deutete damit." Abu Amr al-Istachri berichtete: „Ich sah Abu Turab al-Nachschabi in der Wüste aufrecht dastehend, tot, ohne daß etwas ihn festhielt!"

Ibrahim Ibn Schaiban sagte: „Einmal kam ein Novize zu mir, der längere Zeit krank bei mir lag und schließlich starb. Als man ihn ins Grab legte, wollte ich ihm die Wange aufdecken und zum Zeichen seiner Demut auf den Boden legen – vielleicht würde Gott ihm gnädig sein. Da lächelte er mir zu und sagte zu mir: ‚Willst du mich vor dem demütigen, der mich kühn gemacht hat?' Ich erwiderte: ‚Nein, mein Freund! Leben nach dem Tod?' Er antwortete: ‚Wußtest du nicht, daß seine (Gottes) Freunde nicht sterben, sondern von einer Wohnung zur anderen hinübergeführt werden?'"

Ibrahim Ibn Schaiban sagte auch: „Bei mir im Dorf wohnte ein junger Mann, ein Einheimischer. Er führte ein asketisches Leben und hielt sich ständig in der Moschee auf. Ich war ihm völlig ergeben. Nun wurde er aber krank. Als ich eines Freitags zum Ritualgebet in die Stadt kam – wenn ich in die Stadt ging, verbrachte ich dort jedesmal den Rest des Tages und die Nacht mit meinen Brüdern –, überfiel mich nach dem Nachmittagsgebet eine innere Unruhe. Ich kam daher nach Einbruch der Nacht wieder ins Dorf und erkundigte mich nach dem Jüngling. Man sagte mir, es gehe ihm wohl schlecht. Ich ging zu ihm, entbot ihm den Friedensgruß und reichte ihm die Hand. Noch während wir uns die Hand hielten, gab er den Geist auf. Hierauf vollzog ich die rituelle Totenwaschung, machte aber beim Wasserguß etwas falsch. Ich wollte ihm das Wasser über die Rechte schütten, goß es ihm aber über die Linke, während seine Hand in meiner lag. Da riß er seine Hand aus meiner zurück, so daß die auf ihm liegenden Lotusblätter herunterfielen. Die Leute, die bei mir waren, fielen in Ohnmacht. Danach schlug er die Augen auf und schaute mich an, daß mir angst wurde. Nachdem ich über ihn das Totengebet gesprochen hatte, betrat ich das Grab, um ihn zu bestatten, und deckte sein Gesicht auf. Da öffnete er die Augen und lächelte, daß man seine Backen- und Schneidezähne sehen konnte. Dann ebneten wir sein Grab ein und streuten Erde darüber aus."

Die Glaubwürdigkeit dieser Sache wird bestätigt durch die Geschichte, die uns Abu l-Hasan Ali Ibn Isma'il al-Farisi ... erzählt hat: „Rabi' Ibn Hirasch hatte einen Schwur getan, er werde nicht mehr lachen, bis er weiß, ob er im Paradies ist oder in der Hölle. Von da an sah ihn anscheinend keiner mehr lachen, bis er starb. Man schloß ihm die Augen, bedeckte ihn mit dem Totenkleid, schickte Leute, sein Grab zu schaufeln, und ließ die Totenlaken bringen. Rib'i Ibn Hirasch sagte: ‚Gott sei meinem Bruder gnädig! Er wachte mehr als wir alle in der langen Nacht und fastete mehr als wir alle am heißen Tag.' Die Leute saßen um ihn (den Rabi') herum, während man ihm das Tuch vom Gesicht nahm. Da wandte er sich ihnen zu und lachte. Sein Bruder Rib'i fragte ihn: ‚Mein Bruder, gibt es nach dem Tode noch Leben?' Er antwortete: ‚Ja! Ich bin meinem Herren begegnet. Er kam mir entgegen mit kühler Brise und Duftkräutern,[78] ein Herr, der nicht zürnt, und er hat mich gekleidet in Brokat und Seide. Fürwahr ich fand die Sache leichter als ihr meint. Täuscht euch also nicht! Nun erwartet mich mein Freund Muhammad, um mich zu segnen. Schnell, schnell!! Schnell doch!' Am Ende kam seine Seele heraus, gleich einem Kieselstein, der ins Wasser geworfen wird."

Nach: Gramlich, Richard: Islamische Mystik. Sufische Texte aus zehn Jahrhunderten. Stuttgart-Berlin-Köln 1992, 68 f.
Quelle: Abū Bakr Muḥammad b. Isḥāq al-Kalābāḏī: al-Taᶜarruf li-maḏhab ahl al-taṣawwuf. Ed. Arthur J. Arberry, Kairo 1352/1934, 123 ff.

46 Das mystische Licht

Symeon, „der Neue Theologe" (gest. 1022), war ein seltsamer, ebenso frommer wie eigenwilliger Mann. Als Jüngling in das hoch angesehene Studiu-Kloster in Konstantinopel aufgenommen, erlebte er dort mit etwa zwanzig Jahren eine Vision, die ihm lebensbestimmend wurde: Auftakt zu einer Reihe weiterer mystischer Erlebnisse, die ihren Niederschlag auch in einem vielgestaltigen schriftstellerischen Werk fanden. Dessen dichterischen Kern bilden 58 Hymnen. Die folgende sucht einen Eindruck von Symeons auch körperlich fühlbarer Erfahrung des göttlichen Lichtes zu vermitteln. Symeons religiöse Aktivitäten als Abt des Mamas-Klosters in Konstantinopel trugen ihm Schwierigkeiten mit der kirchlichen Obrigkeit ein. Er starb im Exil.

Wieder leuchtet mir das Licht,
wieder schau ich klar das Licht.
Wieder schließt es mir den Himmel auf
und die Nacht verscheucht es mir.
Wieder deckts mir alles auf
und bringt mir alles an den Tag.
Wieder schaue ich das Licht allein.
Wieder hebt es mich über alle Sichtbarkeit empor,
und gleichermaßen trennt es mich
von allen Sinnendingen.
Wieder weilt, der über allen Himmeln ist,
den keiner von den Menschen je gesehn, in mir.
Nicht entriegelt er die Himmelstür,
nicht bricht er Bahn sich durch die Nacht,
nicht scheidet er das Luftgebilde,
und er versehrt das Dach des Hauses nicht,
nein, ohne auch nur etwas zu durchstoßen,
weilt er bei mir, dem Armen,
mitten in meiner Zelle
und inmitten meines Geistes
und mitten in meinem Herzen, –
o verehrungswürdiges Geheimnis –
fällt das Licht mir
und es verharrt alles, wie es ist,

und dieses Licht erhebt mich über alles.
Und ich, der ich inmitten aller Dinge bin,
bin allen Dingen nun entrückt.
Hier bin ich gänzlich jetzt in Wahrheit ich,
wo nur noch Licht um mich,
ja nur noch Licht!
Da ich es schaue,
werde ich von selber einfach, ohne Falten.
Das sind, o Christus, deiner Wunder staunenswerte Taten,
die Werke deiner Macht und Güte,
die du in uns vollführst
und die wir nicht verdienen.

Nach: Simeon der Theologe. Licht vom Licht. Deutsch v. Kilian Kirch-
hoff. Hg. v. Chrysologus Schollmeyer, München ²1951, 165–169 (hier:
S. 165 f.); zitiert nach der geringfügigen Überarbeitung bei: Beck, H.-G.
(Hg.): Leben in Byzanz. Ein Lesebuch. München-Zürich 1991, 289 f.
Quelle: Symeon Neos Theologos. Hymnen. Prolegomena, kritischer
Text, Indices bes. v. Athanasios Kambylis (Supplementa Byzantina.
Texte und Untersuchungen 3), Berlin-New York 1976, 330–333 (Hym-
nus Nr. 40).

47   Das Gleichnis vom Köhler

Das *Parishishtaparvan* („Nachtragskapitel") ist Teil eines größeren
Werkes aus Indien über die Geschichte von 63 Heiligen des Jainismus, die neben dem Buddhismus größte nicht-hinduistische Religion
Südasiens. Ihr Begründer war Mahavira (lebte in einer Zeit zwischen
dem 6. und 4. Jahrhundert v. Chr.), der „Jina" (Sieger) genannt wurde,
weil er mit strengster Askese die Erlösung aus dem Geburtenkreislauf
erlangt hatte. Das *Parishishtaparvan* enthält aber auch volkstümliche
Erzählungen mit moralischem Anspruch wie die folgende über einen
Köhler. Der Autor Hemachandra, einer der größten Gelehrten Indiens,
lebte von 1089 bis 1172.

Ein Köhler begab sich in der heißen Jahreszeit in einen großen
Wald, um Kohlen zu brennen, und hatte sich reichlich mit
Trinkwasser versorgt. Während er seine Kohlen brannte, litt er

unter der gewaltigen Hitze des Feuers und ebenso unter dem Sonnenbrand, so daß sein Durst kein Ende nahm. Der Arme begoß seinen Körper und trank wieder und wieder, wie ein Waldelefant, bis er alles Wasser verbraucht hatte. Aber all das Wasser wirkte auf den Durst des Köhlers nur wie Öl auf Feuer und stillte ihn nicht im geringsten. Da machte er sich auf zu einer Lache, um aus ihr Wasser zu trinken; aber blind vor Durst brach er auf halbem Wege zusammen. Als er durstig niederstürzte, fügte es das Schicksal so, daß es unter einem am Wege stehenden Baume geschah, dessen Schatten, einem Amrta-Teiche[79] vergleichbar, Kühlung verbreitete. Durch den kühlen Schatten unter dem Baume gestärkt verfiel er in einen leichten Schlummer, der ihn mit dem Wasser des Wohlseins überflutete. Wie ein dem Agni[80] mit dem rechten Spruche geweihter Pfeil, so trank er im Traume Seen, Brunnen, Teiche und alle anderen Gewässer aus. Trotzdem war sein Durst nicht gestillt, und traurig, weil er nichts zu trinken hatte, irrte er weiter, bis er einen alten Brunnen mit schlammigem Wasser gewahrte. Er war nicht imstande, dessen Wasser händeweise zu trinken, und darum leckte er es mit der Zunge. Aber wie jemand, der an einem hitzigen Fieber erkrankt ist, konnte er dennoch keine Erquickung finden.

Die Seele gleicht dem Köhler, und die Genüsse der Götter, der Vyantara und der anderen Geschöpfe, Geliebteste, gleichen den Teichen und den anderen Gewässern. Die Seele, die aber selbst in den Wonnen des Himmels und der anderen Aufenthaltsorte göttlicher Geschöpfe keine Labung fand, wie sollte sie an menschlichen Genüssen Labung finden? Darum laß ab von deinem hartnäckigen Begehren.

Nach: Hemacandra, Ausgewählte Erzählungen aus Hemacandras Parishishtaparvan. Deutsch mit Einleitung und Anmerkung von Johannes Hertel, Leipzig 1908, 91–92.

48 Das unerbittliche Schicksal

Ein Auszug aus dem *Harivamshapurana* des Pushpadanta. Dieser Text, den er als Teil einer Welthistorie aus Sicht der Jainas etwa um 960 n.Chr. geschrieben hat, wurde über die kommenden Jahrhunderte tradiert. Deutlich wird in dem vorliegenden Ausschnitt aus dem 85. Kapitel des Werkes dessen religiöse Ausrichtung, wenn die Kindheitsgeschichte des hinduistischen Gottes Krishna anstatt wie gewohnt als Heldenepos hier als düstere Aufzählung der Fehler der Welt erzählt wird. Anrufungen an die Götter funktionieren nicht, das Schicksal ist unerbittlich, die Welt ein Tal der Leiden. Nur die Bekehrung zum Jainismus und die Meditation zum Jina, auch Arhat genannt, können helfen. Der Ausschnitt setzt dort ein, wo der Vater Vasudeva und der ältere Bruder Baladeva den Krishna vor der Rache des Königs und Dämons Kamsha retten wollen, indem sie ihn mit der Tochter Nandas vertauschen. Nanda, der enttäuschte Vater, will seine Tochter der Flußgöttin zurückgeben, also ins Wasser werfen, wenn er sagt:

„Mein Weib hat eine Göttin angefleht und sich nicht eine Tochter, sondern einen schönen Sohn erbeten. Die Göttin hat ihr eine Tochter gegeben! Was ist zu tun? Sie ist von ihr – nun, so geben wir sie (auch) ihr (zurück)! Wenn sie mir einen Sohn dafür gibt, dann wird der Wunsch meiner Gattin erfüllt sein; wenn nicht, dann will ich so lange Wohlgerüche, Räucherwerk, Reis, Blumen und schöne, wohlschmeckende Speisen spenden, bis ich die Göttin (von Angesicht) sehe." Da sprach Halahetin (= Baladeva): „Höre, ich will (dir etwas) sagen! Hier nimm diesen durch Lakshmis Liebreiz entzückenden Sohn, den dir die Göttin schenkt! Zaudere nicht! Warum schaust du mich (zweifelnd) an? Lege deine Tochter in meine Hand!" Da glaubte Nanda, die Göttin spreche zu ihm in Menschengestalt; (er sprach:) „Ich nehme den Sohn! Wozu viel Gerede? Ich will ihn aufziehen in treuer Liebe!" Mit diesen Worten legte er das lotuszarte Mägdlein in den Handlotus des Baladeva. Freudig nahm (dann) Nanda den Visnu und schloß ihn in die Arme wie ein Bergfürst eine Wolke (an sich schmiegt). Nachdem er (so) seinen Zweck wohl erreicht, ging er zum Gokula; Vater und Sohn (aber) kehrten zurück zum Königshof. Sie legten das vollmondantlitzige Töchterlein vor Devaki nieder. Ein Diener brachte dem König die Nachricht:

„O Kamsha, Sonne am Himmel (unserer) Stadt, der du die von den Frauen deiner Feinde getragenen Perlenketten zerreißest! Die Gemahlin deines Lehrers hat eine Tochter geboren, Herr, ...". Als er das vernommen, erhob sich der Herrscher und begab sich in das Gemach der Schwester. Dieser Schurke zertrümmerte dem unter der Auswirkung seines Sündenkarmas[81] stehenden, eben erst geborenen, einer Mangoknospe gleichenden, gerade gewachsenen, zarten Mägdlein mit (einem Hieb) der flachen Hand die Nase, und nachdem er (so) ihre Schönheit zerstört, ließ der Niederträchtige, furchtbar Grausame sie in eine unterirdisches Gemach werfen. Darin wurde die Tochter von der liebevollen Mutter mit schmackhaften Speisen aufgezogen. Sie gedieh zu frischer Jugendblüte, sie zerbrach gleichsam – krach! – unter der Last ihrer Brüste. Die Nonne Suvrata verkündete ihr den wahren Dharma:[82] „Komm, laß uns gehen, Schöne! Wir wollen Askese üben!" „Durch das Zerbrechen der Nase ist die Schönheit zerstört", da sie so erkannt, was sie im Spiegel gesehen hatte, zog jene fort aus dem Hause, nachdem sie die Gelübde abgelegt hatte und lebte im Walde, ihren Körper vernachlässigend. Mit reinen weißen Gewändern bekleidet, mit herabhängenden Armen über den Jina meditierend, wurde sie von Tausenden von Wilden und Barbaren von allen vier Seiten mit Blumen bekränzt und angebetet. (Dann) gingen jene nach Hause; das einsame Mädchen (aber) wurde (dort) im Walde von einem grimmigen Tiger erblickt und, indes sie im Geiste des Arhat gedachte, gefressen.

Durch ihr Karma gelangte sie in einen Götterpalast aus reinen, makellosen Edelsteinen. – Die Tigerin hatte von ihr nur gerade drei Finger übrig gelassen. Die verehrte der Häuptling eines wilden Stammes. Nachdem dann im Laufe der Zeit die Finger jener verwest und zerfallen waren, verfertigte der Stamm der Wilden zum Ersatz dafür aus Holz und Eisen ein Trishula[83] und verehrte es in seiner Verblendung mit Wohlgerüchen, Blumen und Reisspenden. (So) entstand dort die Durga Vindhyavasini[84], gleich einer Todesbotin für Böcke und Büffel.

Nach: Pushpadanta, Harivamsapurana. Ein Abschnitt aus der Apabhramsa-Welthistorie Mahapurana Tisatthimahapurisagunalamkara. Hg. von Ludwig Alsdorf, Hamburg 1936, 361–362.

49 Der sicherste Weg zum Seelenheil

Die asketische Strenge des burgundischen Reformklosters Cluny herrschte um 1000 auch im nahen Saint-Bénigne zu Dijon unter Abt Wilhelm von Volpiano. Ganz in diesem Geist erneuerte der bedeutende Reformabt vierzig Klöster. Unterstützt von seinen leiblichen Brüdern und den maßgeblichen weltlichen Gewalten der Region gründete er auch das piemontesische Kloster Fruttuaria in der Nähe von Turin, dessen vorbildliche Lebensgewohnheiten („Consuetudines") alsbald von anderen geistlichen Gemeinschaften angenommen wurden. Wie Radulf Glaber (vgl. Dok. 79), selbst Mönch unter Abt Wilhelm, in dessen Lebensbeschreibung ausführt, stand Wilhelm von Volpiano wegen seiner geistlichen Autorität aber auch beim Kaiser in höchstem Ansehen.

Dort kamen zu ihm drei seiner leiblichen Brüder ... und wünschten glühend, ihn zu sehen, weil das Fehlen göttlicher Frömmigkeit ihre Herzen stach. Als er von seiner Krankheit langsam genas, begannen nach einigen Tagen einzelne der Seinen und mehrere Herren der benachbarten Städte zu ihm zu kommen und ihm zuzureden und versprachen reichliche Spenden, wenn er ihnen in seiner Heimat ein Kloster errichten wolle, wie er nach Vernehmen auswärts getan habe. Da kamen auch zu ihm zwei seiner Brüder, Gottfried und Nithart, angesehene Männer; sie kamen insgeheim mit Wilhelm, dem Grafen des größten Teils von Burgund, der mit dem Vater, von dem die Rede ist, verwandt war, und gelobten, die weltliche Ritterschaft zu lassen und sich und all ihr Gut in die besondere Herrschaft Gottes zu begeben. Als er dies hörte, begann er alsbald getreulich in der Verehrung Gottes über den erbetenen Klosterbau zu verhandeln. Sie suchten gleichermaßen in gemeinsamem Rat und Willen einen Platz und fanden auf ihrem väterlichen Land, vier Meilen vom Flusse Po entfernt, eine geeignete Einsiedelei, genannt Frutturia. Dort ließ er eine Basilika erbauen, die er in Gegenwart König Arduins[85] und einiger Bischöfe zu Ehren der Mutter Gottes Maria und des heiligen Märtyrers Benignus und aller Heiligen weihen ließ.

Es geschah also, daß er einst mit einem in allem unvergeßlichem Manne, nämlich Herrn Odilo[86] ... ein Gespräch über das wahre Seelenheil führte. Er bemerkte aber, daß jener nach dem Gipfel der Heiligkeit strebte, und begann ihm recht dringend zuzureden, daß er um so mehr zu erfüllen sich bemühe, was er für das Wichtigste halte: nämlich die Geschäfte dieser Welt aufzugeben und um so freier Christus Jesus folgen zu dürfen. Der berühmte Mann, alsbald davon ergriffen, versprach, das gern zu tun, was Vater Wilhelm geraten hatte. Denn kurz darauf kam er ehrerbietig zu dem namhaftesten Kloster Cluny, wurde dort vom heiligen Majolus[87] fromm empfangen und im Zustand heiliger Bekehrung nach dem Brauch zum Mönch geweiht. ...

Von den römischen Päpsten seiner Zeit wurde Abt Wilhelm in so großer Verehrung und Ehrerbietigkeit gehalten, daß sie, was er auch immer selbst oder durch irgendeine Gesandtschaft ihnen nahelegte, sehr gern auszuführen sich bemühten. ...

So sehr auch liebte ihn Kaiser (Heinrich II.), daß er ihm mehrere Stiftungen darbot, und was (Wilhelm) auch von diesem erbat, erwirkte er sofort.

Nach: Geschichte in Quellen. Bd. 2: Mittelalter. Bearb. v. Wolfgang Lautemann, München o. J. [1970], 226 f.; Übers.: Joachim Leuschner.
Quelle: Rodulfus Glaber. The Five Books of the Histories. Hg. u. engl. übers. v. John France. By the Same Author. The Life of St William. Hg. v. Neithard Bulst, engl. übers. v. John France u. Paul Reynolds, Oxford 1989, 276, 278 (9), 280 (10), 282 (11).

50 Von der Völlerei

Amitagati schrieb um das Jahr 1000. Als Dichter des Jainismus (vgl. Dok. 47) schildert er hier die Nachteile der Völlerei für das Seelenheil. Dabei ist zu bedenken, daß es für einen jainistischen Asketen erstrebenswert ist, durch den schrittweisen Entzug der Nahrung über Jahre hin langsam zu verlöschen. Wiedergegeben sind Auszüge aus Kapitel XV seines Sanskrit-Werkes *Subhashitasamdoha*.

1. So lange spricht, schreitet, steht, handelt ausgelassen, scherzt und glänzt der Mensch, als der Bauch der Körperträger nicht leer geworden ist.

2. Welcher Sterbliche ist wohl imstande, die Füllung des Bauchtopfes zu bewirken, wenn der Wind eine Öffnung zum Austreten der hineingetanen Dinge schafft?

3. Es könnte wohl auch das Meer durch hunderttausend Flüsse gefüllt werden, das Bauchmeer aber kann niemals durch das Speisewasser gefüllt werden.

4. Wie das Feuer nicht satt wird von einem Haufen von allerlei Holz, so wird auch das Bauchfeuer nimmermehr satt von den Speisen.

5. Wer vermag den unfüllbaren Bauchtiegel zu füllen, in dem beständig jedes hineingelegte Ding zur Vernichtung gebracht wird?

6. So lange nur erweist sich ein Mann als adelig, stolz und übermäßig tapfer, als der Bauch-Pishaca[88] seinem Leibe keine Qual bereitet. ...

9. Der Mensch, der vom Bauchfeuer versengt ist, tötet lebende Wesen, redet Unwahres, raubt vielfach das Gut anderer und tut sogar das, was man nicht tun soll.

10. Die Glanz-, Gang-, Verstand-, Freuden- und Glückslianen der Körperträger prangen nur so lange, als der Bauch-Waldbrand nicht im Forste ihres Leibes flammt.

11. Vom König Bauch angewiesen, blickt ein Lebendiger, der fähig wäre, den Geburtenkreislauf zu überschreiten, den Sinnengenüssen abhold und vom Alter gedrückt ist, nach dem hochmütig erhobenen Antlitz des Reichen.

12. Der Körperliche pflügt, sät, schneidet, spielt, näht, reinigt,

webt, und welche Handlung verrichtet er nicht, um das Bauchfeuer zu löschen?

13. Das im Leibe gewachsene Bauchfeuer vertreibt die Scham, vernichtet den Stolz der Männer, häuft die Sorge und mehrt alles Leid. ...

19. Ein von dem Dämon Bauch gequälter Lebendiger geht mitten aufs Meer, eilt auf das gefährliche Schlachtfeld und überschreitet die ganze Erde.

20. Alle die Verrichtungen, die Veranlassung zu Leiden geben und deren man sich zu schämen hat, vollbringt der Mensch, der in die Gewalt des Fürsten Bauch geraten ist.

21. Nur so lange, als das Bauchfeuer keine Qual bereitet, bestehen bei dem Menschen diese alle: Erwerb, Liebe, Frömmigkeit und Erlösung.

22. Das sind die Herren unter den Asketen (*yati*), die mit den reinen Wässern der Zufriedenheit das Bauchfeuer löschen, welches so allen Menschen Leid verursacht und überaus gefährlich ist.

23. Verehrung denjenigen Muni-Stieren (d.h. großen Asketen), die, wenn auch das Opferfeuer des Bauches entzündet ist, doch das Füllen des Bauches nicht mit Speisen erzielen, die sie selbst oder andere hergestellt oder (deren Bereitung) sie gebilligt haben.

24. So lange tut man Sünde, als das Bauchfeuer nicht gelöscht wird. Die Asketen, die es mit dem Wasser der Festigkeit gelöscht haben, sind frei von der Sünde.

25. Ein Körperlicher, der darauf versessen ist, die Höhle (den Abgrund) Bauch zu füllen, verläßt die höchste Seligkeit des hochheiligen, unermeßlichen Pfades, stößt den Stolz von sich und läßt ab von der Frömmigkeit.

26. Der Asket, der durch die Kraft der Abspülung mit dem reinen Wasser der Zufriedenheit das sehr schwer zu ertragende, in seiner Wirkung dem Tode gleiche, aufgeflammte Bauchfeuer löscht, der geht ein in den von Krankheit, Gram, Rausch, Neid, Leid und Trennung freien, hindernislosen, unschätzbaren unendlichen Wohnsitz, in dem es nicht Tod noch Geburt gibt.

Nach: Amitagiti, Subhashitasamdoha, ediert und übersetzt von Richard Schmidt und Johannes Hertel, in: Zeitschrift der Deutschen Morgenländischen Gesellschaft 59. Bd., Leipzig 1905, 563–568.

51 Die Hetäre und ihre Zwillinge

Diese erbauliche Geschichte soll den Weg aufzeigen, der von den Irrtümern der Alltagswelt zur Erkenntnis des richtigen Weges zur jainistischen Religion führt. Einer der größen Gelehrten Indiens, Hemachandra, (1089–1172) zeigt darin, wie eine Kurtisane diesen Weg vollzieht.

In der Stadt Mathura lebte einst eine wunderschöne Hetäre namens Kuberasena, einer Armee des Liebesgottes vergleichbar. Dieser bereitete ihre erste Schwangerschaft große Qualen, und ihre Mutter ließ sie deshalb von einem Arzte untersuchen; denn der Arzt ist die Zuflucht der Gequälten. Der Arzt aber erkannte am Zucken ihrer Sehnen und an anderen Kennzeichen, daß sie gesund war, und sprach: „Sie ist nicht krank. Die Ursache ihrer Schmerzen liegt darin, daß in ihrem Leibe ein Zwillingspärchen entstanden ist, das sehr schwer zu tragen ist. Daraus entspringt ihre Qual, und mit der Geburt wird dieselbe enden."

Da sagte die Mutter zu ihr: „Mein Kind, ich will deine Frucht abtreiben. Denn was hilft es, daß wir sie schonen, wenn diese Schonung deinem Tode gleichkommt?" Die Hetäre entgegnete: „Gesegnet sei meine Frucht! Ich will die Qual um ihretwillen tragen. Bleibt doch auch ein Mutterschwein am Leben, obgleich es oft und viele Kinder gebiert."

So ertrug die Hetäre denn die Beschwerden der Schwangerschaft und gebar zu ihrer Zeit Zwillinge, ein Söhnlein und ein Töchterchen. Da sprach zu der Hetäre ihre Mutter: „Diese beiden Kinder sind deine Feinde; denn als sie noch in deinem Leibe waren, haben sie dich an das Tor des Todes gebracht. Nährst du das Paar an deiner Brust, so wird es dir die Jugend rauben. Die Hetären aber leben von ihrer Jugend. Bewahre also deine Jugend wie dein Leben. Einem Exkremente gleich ist das

Paar aus deinem Leibe gefallen, liebes Kind. Sei nicht dumm! Wirf es von dir! Denn so ist es bei uns üblich!" Die Hetäre sagte: „Freilich ist es so; und doch, Mutter, habe Geduld. Laß mich die Kindlein wenigstens zehn Tage nähren."

Kaum gelang es der feilen Schönen, ihrer Mutter diese Erlaubnis abzuringen; dann aber nährte sie ihre beiden Kindlein Tag und Nacht mit der Milch ihrer Brüste. Und während sie die beiden bei Tag und bei Nacht pflegte, brach der elfte Tag an; ihr aber schien er der Jüngste Tag zu sein. Da ließ sie zwei Ringe fertigen, in die die Namenszüge Kuberadatta und Kuberadatta[89] eingegraben waren, und steckte jedem der Kinder einen an den Finger. Sehr klug, wie sie war, ließ sie darauf eine hölzerne Kiste bauen, füllte sie mit Juwelen an und legte die Kindlein hinein. Darauf ging sie selbst und setzte den Kasten in die Flut der Yamuna, damit sie ihn von dannen führte; und er schwamm unversehrt davon, wie ein Schwan.

Und Kuberasena kehrte um und ging nach Hause; und Tränen strömten aus ihren Augen, als hätte sie damit ihren beiden Kindern die Wasserspende bringen wollen.

Bei Tagesanbruch schwamm die Kiste vor dem Tore der Stadt Sauryanagara an; und zwei Söhne reicher Kaufleute erblickten sie und zogen sie heraus. Und sie gewahrten in ihr den Knaben und das Mädchen; und der eine nahm den Knaben, der andere das Mädchen an sich. Sie lasen die Inschriften an den Fingerringen und erfuhren so, daß die Namen der Kinder Kuberadatta und Kuberadatta lauteten.

So wuchsen denn die Kinder in den Häusern der beiden Reichen auf und wurden von ihnen sorgsam gehütet, wie ein von einem Herrn anvertrautes Pfand. Nach und nach erlernten die Kleinen die Künste und wuchsen heran zur ersten Jugendblüte, die die Schönheit läutert. Da die beiden Reichen sahen, daß die jungen Leute zueinander paßten, veranstalteten sie hocherfreut das hohe Fest, an dem sich beide die Hand fürs Leben reichen sollten. Und weil die Jugend über sie ihren Schimmer verbreitet hatte, die Lehrerin, die die Menschen in der Klugheit unterweist, bestieg der Gott der Liebe ihren Leib, der die Männer und Frauen zügelt.

Am nächsten Tag waren die jungen Gatten mit Würfelspiel beschäftigt, welches sich ihnen zu einem Flusse gestaltete, dessen Wasser in der sich gegenseitig zeigenden Liebe bestand. Da geschah es, daß von Kuberdattas Hand der Ring in die Hand seiner Freundin Kuberadatta fiel; und diese betrachtete ihn in ihrer Hand, als sei er eine Münze, die es zu prüfen gälte, und wendete ihn um und um. Und sie dachte: „Wie es scheint, ist dieser Ring mit großer Sorgfalt in einem fremden Lande hergestellt, und zwar nach dem Muster eines anderen Ringes." Und indem sie ihn mit ihrem eigen Ring wieder und wieder verglich, ward sie von Angst befallen, und zitternd am ganzen Leibe rang sie sich in ihrem Herzen zu der Gewißheit durch: „Beide Ringe sind in demselben Lande von demselben Meister gefertigt. Gleich sind sie an Gewicht, gleich bezüglich der Schrift und der Namen, als wären sie Geschwister. Wir beiden aber, Kuberadatta und ich, sind wie die Ringe überraschend ähnlich an Gestalt und sind ohne Zweifel Zwillinge. Denn alle unsere Glieder gleichen sich; keines ist größer, keines kleiner, als das entsprechende des anderen. Wir müssen Zwillinge sein. Und das Schicksal hat uns sicherlich gezwungen, eine solche verbotene Ehe zu schließen. Unser Vater aber oder unsere Mutter hat sicherlich, weil wir Kinder ihm oder ihr gleich lieb waren, gleiche Ringe für uns fertigen lassen. Und weil wir Geschwister sind, darum habe ich seiner noch nie wie eines Gatten, er meiner noch nie wie seiner Gattin gedacht!"

So überlegte Kuberadatta und war sich ihrer Sache gewiß. Und darum warf sie beide Ringe dem Kuberadatta in die Hand. Beim Anblick derselben spannen sich auch bei diesem die Gedanken aneinander, und da er rechtschaffenen Charakters war, geriet er in große Bestürzung. Er gab seiner Gattin ihren Ring zurück und ging verständigerweise zu seiner Mutter, vereidigte sie und fragte: „Bin ich dein leiblicher Sohn, oder ein Findling, ein geschenktes oder ein adoptiertes Kind oder bin ich auf andere Weise dein Sohn geworden? Denn der Söhne gibt es vielerlei Arten."

Da die Mutter der Hartnäckigkeit seiner Fragen nicht zu widerstehen vermochte, erzählte sie ihm seine ganze Geschichte von der Auffindung der Kiste an. Da sagte Kuberadatta: „Mutter, warum habt ihr diese Sünde getan, daß ihr uns vermählt habt, obgleich ihr wußtet, daß wir Zwillingsgeschwister sind? Jene Mutter war eine bessere Mutter, die uns auf der Strömung des Flusses unserem Schicksal überließ, weil sie uns nicht zu ernähren vermochte. Die Strömung des Flusses kann zum Tode, aber nicht zur Sünde führen; und der Tod ist besser als das Leben, aber nicht ein Leben der Sünde."

Die Mutter entgegnete: „Wir Toren ließen uns durch eure außerordentlich reizenden Gestalten verblenden, die so außergewöhnlich zueinander paßten. Außer ihr fand sich keine andere Jungfrau, die zu dir gepaßt hätte; und kein Freier, der zu ihr gepaßt hätte, fand sich außer dir. Nun hat doch bis jetzt zwischen euch nur die Handreichung stattgefunden, aber noch keine andere Sünde, wie sie aus der Vereinigung von Mann und Weib in eurem Fall entstünde. Noch bist du Junggeselle, und noch ist sie Jungfrau. Sie sei gesegnet! Erzähle ihr, daß ihr Zwillinge seid, und scheide dich von ihr! Du stehst im Begriffe, eine weite Rundreise zu geschäftlichen Zwecken zu unternehmen, lieber Sohn: ziehe in Frieden und komme, von unseren Segenswünschen begleitet, schnell zurück. Kommst du im Frieden wieder, so will ich dich, lieber Sohn, unter großen Festlichkeiten mit einer anderen Jungfrau vermählen."

Und Kuberadatta sagte frommen Sinnes dazu Amen, ging zu seiner Schwester und erzählte ihr, was er von seiner Mutter vernommen, und sprach: „Kehre zurück in deiner Eltern Haus, meine Liebe; denn du bist meine Schwester. Du bist verständig und klug; so tue denn, was recht ist. Was können wir beide tun, liebe Schwester, da wir also von unseren Vätern getäuscht worden sind? Und auch sie trifft keine Schuld; es ist so unsere Bestimmung gewesen. Denn wenn Väter ihre Kinder verkaufen oder aussetzen oder sie zur Sünde verleiten, so gereicht es nur ihnen zur Verschlechterung ihres Karma."[90]

So sprach Kuberadatta zu ihr und verließ sie. Er verfrachtete zum Verkauf bestimmte Waren und zog nach der Stadt Mathura. Daselbst erwarb er sich durch Handel gewaltige Schätze und verweilte lange dort, seine Jugend genießend. Eines Tages machte er für Geld die liebreizende Hetäre Kuberasena (d. h. seine Mutter) zu seinem Weibe. Und während er mit Kuberasena das Sinnenglück genoß, ward ihm ein Sohn von ihr geboren. Denn solche Tragödien liebt das Schicksal.

Inzwischen ging Kuberadatta gleichfalls zu ihrer Mutter und fragte sie, und die Mutter erzählte ihr auch ihre Geschichte von der Auffindung der Kiste an. Infolge dieser Geschichte war Kuberadatta sogleich vom Weltschmerz gepackt. Sie ward Nonne und übte die härteste Kasteiung. Als sie bar der Welt entsagte, legte sie den Ring ab und versteckte ihn. Und während sie ein hartes Leben führte, unterredete sie sich mit der Oberin. Durch ihre ununterbrochene Kasteiung erblühte die Erbauung in ihrem Busen infolge der Belehrung, die ihr die Oberin angedeihen ließ, die Blume des Avadhi-Wissens (um die wichtigsten Dinge des Lebens). Da dachte sie einst: „Wie mag es Kuberadatta gehen?" Und sie sah mit ihrem geistigen Auge, daß ihm aus der Verbindung mit Kuberasena ein Sohn entsprossen war. Und die Sündenlose ward tief bekümmert und dachte: „Ach, mein leiblicher Bruder steckt wie ein Eber versunken im Schlamme, der Sünde." Und um ihn aufzuklären, ging sie nach der Stadt Mathura mit anderen Büßerinnen; denn ihr Herz strömte von Mitleid über.

Die ehrwürdige Kuberadatta ging zu Kuberasena und bat sie um Herberge und Unterstützung, wie sie das Gesetz erlaubt. Kuberasena aber fiel vor ihr nieder uns sprach: „Würdige Frau, ich bin ein feiles Weib; jetzt aber lebe ich wie eine anständige Frau, da ich nur mit einem Gatten zusammen wohne. Weil ich mit einem Mann aus gutem Hause zusammen lebe, kleide ich mich in dieses Gewand ehrbarer Frauen. Und weil auch mein Wandel der einer Ehrbaren ist, so bin ich wohl Eurer Gnade wert. Darum folget mir nach meinem Hause, damit ich Euch beherberge, und werdet mir, indem Ihr Euch mir nahet, wie Gottheiten, die ich lange ersehnt habe." Und Kuberadatta ging mit ihren Begleiterinnen, (und war damit) eine Wunschkuh[91] für Kuberasena, nach Hause und wohnte wohlversorgt in dem Quartier, welches jene ihr gewährte.

Tag und Nacht brachte Kuberasena, wenn sie sich ihr nahte, ihr Söhnlein mit sich, und ließ es der Nonne vor den Lotus ihrer Füße kriechen. Die Nonne dachte: „Wie jedes Wesen Lehre anzunehmen vermag, so soll man es belehren." Und um sie zu belehren, sagte sie liebkosend zu dem Knäblein: „Du bist mein Bruder und mein Sohn; du bist meines Freiers jüngerer Bruder. Du bist mein Neffe, bist mein Oheim, und bist mein Enkel, liebes Kind. Dein Vater aber, Söhnchen, ist mein leiblicher Bruder; er ist auch mein Vater, Großvater, Gemahl, Sohn und Schwiegervater. Und deine Mutter, Söhnchen, ist meine Mutter und Großmutter, sie ist meine Schwägerin, meine Schwiegertochter, Schwiegermutter und Mitgemahlin. Wehe!"

Als das Kuberadatta hörte, sagte er: „Was soll das heißen, ehrwürdige Frau? Du redest Dinge, die sich gegenseitig ausschließen. Ich staune." Die Nonne sprach: „Dieses Kind ist mein Bruder, denn wir haben eine Mutter. Ich nenne es meinen Sohn, da es meines Gatten Sohn ist. Und da es meines Gatten Bruder ist, so ist es auch mein Schwager. Als Sohn meines Bruders aber heiße ich es meinen Neffen. Mein Oheim aber ist es als Bruder des Gemahls meiner Mutter. Als Enkel aber spreche ich es an, weil es der Sohn des Sohnes meiner Mitgemahlin ist. Sein Erzeuger aber ist mein Bruder: denn wir stammen beide von einer Mutter. Und sein Vater ist mein Vater; denn er ward der Gatte meiner Mutter. Weil er aber der Vater meines Oheims ist, so verkünde ich, daß er mein Großvater ist. Und da ich ihm vermählt bin, so ist er mein Gemahl. Er ist aber auch mein Sohn, da er dem Leibe meiner Mitgemahlin entsprossen; und ist auch mein Schwiegervater, da er der Vater meines Schwagers ist. Du aber, die du seine Mutter bist, bist auch meine Mutter, da ich von der geboren bin; und die Mutter meines Oheims ist meine Großmutter. Als Hausfrau meines Bruders ist sie meine Schwägerin, und meine Schwiegertochter als die Hausfrau des Sohnes meiner Mitgemahlin. Ohne Zweifel aber ist sie zugleich meine Schwiegermutter, als Mutter meines Gatten. Und zu meiner Mitgemahlin wurde sie, als sie die zweite Gattin meines Mannes ward."

Nach diesen Worten reichte sie dem Kuberadatta ihren Siegelring; und als er diesen erblickt hatte, erkannte er auch die ganze Zerrüttung seiner Verwandtschaft. Da ging Kuberadatta in sich und ward Mönch. Er kasteite sich und starb und ward der Gast der himmlischen Frauen. Kuberasena aber trat in die Jaina-Gemeinde als Laienschwester ein, und die Nonne kehrte zu ihrer Oberin zurück.

Wer also selbst ans Karma gefesselt ist, wie einer, der Perlenschmuck begehrt, an die Perlenmuschel, mit dem begehren nur die Verblendeten Verbindung (Verwandtschaft). Wer dagegen selbst von Verbindung (Verwandtschaft) frei ist und andere von der Verwandtschaft befreit, der langmütige Mönch allein ist der wahre Verwandte. Die anderen sind es nur dem Namen nach.

Wieder sagte Prabhava: „Erzeuge wenigstens einen Sohn, o Jüngling, um deine Väter zu retten, die sonst in Qualen stürzen. Denn wenn die Nachkommenschaft der Väter verlöscht, so müssen sie unbedingt in die Hölle wandern. Wenn du also keinen Sohn hast, so entledigst du dich nicht der Schuld gegen deine Väter."

Jambu sprach: „Es ist ein Irrtum, wenn man von einem Sohn die Rettung der Väter erwartet."

Nach: Hemacandra, Ausgewählte Erzählungen aus Hemacandras Parishishtaparvan. Deutsch mit Einleitung und Anmerkung von Johannes Hertel, Leipzig 1908, 68–78.

146

Kapitel 4
Im Schweiße des Angesichts

Der weitaus größte Teil der damals lebenden Menschen arbeitete auf dem Lande, um die tägliche Ernährung zu sichern. Das gelang nicht immer, Versorgungskrisen und selbst Hungersnöte waren vielmehr häufig (Dok. 52). Die Arbeit der Bauern und ländlichen Bevölkerung – wie Handarbeit generell – wurde nur ausnahmsweise gewürdigt (Dok. 53 und 54); eher waren diese Schichten eine Zielscheibe städtischen Hochmuts (Dok. 55) und wurden aufgefordert, sich mit ihrem Schicksal abzufinden (Dok. 60). In den damaligen Gesellschaften existierten vielfache Formen der Abhängigkeit, darunter Sklaverei und Leibeigenschaft (Dok. 56 und 57). Kritik an diesen Zuständen war selten (Dok. 58). Eine Schrift, die für die Rechte von Tieren eintrat, muß als ungewöhnliche Ausnahme gesehen werden (Dok. 59). Handwerk konzentrierte sich mehr und mehr in den Städten (Dok. 61) und genoß eine gewisse Wertschätzung (Dok. 62), ebenso wie der je nach Kultur unterschiedlich intensive Handel (Dok. 65). Das Streben nach Besitz, zumal dessen Ansammlung für die Erben, wurde durchaus unterschiedlich beurteilt (Dok. 63). Menschliche Kreativität traf auf Hochschätzung (Dok. 64). Sie schlug sich in vielfach beeindruckenden Fertigkeiten und Erfindungen nieder, für die wir Beispiele aus China ausgewählt haben (Dok. 66–70).

52 Hungersnot

Radulf Glaber (vgl. Dok. 79) notierte in seinem Geschichtswerk, das zu den lange Zeit strapazierten Kronzeugen für die „Schrecken des Jahres 1000" zählt, zwei Millenien: dasjenige von Christi Geburt im

Jahre 1000 sowie dasjenige von Christi Tod 1033. Mit der tausendjährigen Wiederkehr von Christi Passion verband er eine Schilderung einer furchtbaren Hungersnot, die damals in Frankreich geherrscht habe. Wohl sind für die Jahre ab 1031 schwere Hungersnöte in Frankreich auch anderweitig bezeugt, doch steht die Glaubwürdigkeit des von Radulf berichteten Ausmaßes dahin. Allerdings gibt es gelegentlich Nachrichten für Fälle von Kannibalismus in Europa aus dem 8. bis 11. Jahrhundert.

Einige Zeit darauf begann eine Hungersnot die ganze Erde zu verwüsten, und der Tod bedrohte fast die gesamte Menschheit. Das Wetter entsprach so wenig den Jahreszeiten, daß keine davon geeignet war, irgendeine Frucht auszusäen, und Überflutungen verhinderten das Einbringen der Ernte. Es schien, als ob die Elemente gegeneinander Krieg führten, und es war ganz offensichtlich, daß sie Rache an menschlicher Anmaßung übten. Überall fiel Regen in derartigen Mengen, daß drei Jahre lang keine vernünftigen Furchen für die Saat gepflügt werden konnten. Zur Erntezeit haben Unkraut und Gestrüpp den Boden bedeckt. Ein Scheffel[92] Saatgut ergab bestenfalls einen Schoppen[93], und ein Schoppen allenfalls eine Handvoll. Diese strafende Unfruchtbarkeit begann im Orient, und nachdem sie Griechenland verwüstet hatte, gelangte sie nach Italien, von dort nach Frankreich und zu allen Völkern Englands. Diese lähmende Dürre lastete damals schwer auf allen Menschen; die reichen und auch die mittleren Stände wurden vor Hunger genau so bleich wie die Armen, und das Räuberunwesen der Mächtigen hörte auf angesichts des allgemeinen Mangels. Wenn Nahrung zum Verkauf gefunden wurde, konnte der Verkäufer den Preis nach seinem Willen anheben. An vielen Orten kostete ein Scheffel 60 Solidi[94], und in anderen wurde ein Schoppen für 15 verkauft. Nachdem die Menschen wilde Tiere und Vögel gegessen hatten, begannen sie unter dem Druck der um sich greifenden Hungersnot verdorbenes Fleisch und Dinge zu essen, die zu schrecklich sind, um erwähnt zu werden. Einige versuchten, dem Tod zu entkommen, indem sie die Baumwurzeln und Wasserpflanzen aßen, doch dies war vergeblich, denn es gibt kein Entkommen vor der Rache Gottes,

148

außer daß man sich an Gott selbst wendet. Es ist schrecklich, von diesen Übeln zu berichten, die die Menschen befielen. O, welches Elend! Selbst etwas, von dem man vorher kaum gehört hatte, ereignete sich: rasender Hunger trieb die Menschen dazu, menschliches Fleisch zu essen. Reisende wurden von Männern überfallen, die stärker waren als sie, und ihr zerstückeltes Fleisch wurde über Feuer gekocht und gegessen. Viele, die von Ort zu Ort geflohen waren, um dem Hunger zu entkommen, wurden – wenn sie endlich Zuflucht gefunden hatten – in der Nacht als Nahrung für diejenigen abgeschlachtet, die sie willkommen geheißen hatten. Viele zeigten Kindern einen Apfel oder ein Ei, zerrten diese dann zu abgelegenen Plätzen, töteten sie und aßen sie auf. An vielen Orten wurden die Körper Verstorbener aus der Erde ausgegraben, ebenfalls um den Hunger zu stillen. Dieser rasende Wahnsinn erreichte ein solches Ausmaß, daß einzelne wilde Tiere weniger Gefahr liefen, von Räubern angegriffen zu werden als Menschen. Die Gewohnheit, menschliches Fleisch zu essen, wurde so üblich, daß einer es fertig gekocht auf dem Marktplatz von Tournus verkaufte wie das Fleisch von einem wilden Tier. Als er verhaftet wurde, hat er den schändlichen Vorwurf nicht geleugnet. Daraufhin hat man ihn gefesselt und auf dem Scheiterhaufen verbrannt. Sein Fleisch wurde im Boden begraben; aber jemand anderes grub es aus und aß es, und auch er wurde auf einem Scheiterhaufen verbrannt. ...

Um die Sünden der Menschen zu bestrafen, wütete diese schreckliche Seuche drei Jahre lang in der ganzen Welt. Um den Bedürftigen zu helfen, wurden die Verzierungen aus den Kirchen entfernt und deren Schätze verteilt; wie man an den Verordnungen der Kirchenväter feststellen kann, waren die Reichtümer überhaupt erst für diesen Zweck angesammelt worden. Aber zuviel gerechte Vergeltung mußte erfolgen, und die Zahl der Bedürftigen übertraf an vielen Orten bei weitem die Möglichkeiten der kirchlichen Schätze. Einige der Verzweifelten waren so sehr durch die Hungersnot geschwächt, daß ihr Leib sich aufblähte und sie selbst dann sogleich verstarben, wenn sie die Nahrung erhielten. Andere nahmen die Nahrung in ihre Hand, brachen aber zusammen und starben bei dem Bemühen, das Essen zu ihrem Mund zu führen, denn ihnen fehlte die Stärke, das zu tun, was sie wollten. Wieviel Elend und Verzweiflung, welches Weinen, welche Klagen und Tränen es bei denjenigen gab, die Zeugen derartiger Dinge waren, vor allem bei der Geistlichkeit – Bischöfe und Äbte, Mönche und Nonnen – und ganz allgemein bei den Gottesfürchtigen beider Geschlechter und Stände, können geschriebene Worte allein nicht ausdrücken. Die Menschen glaubten, daß die Ordnung der Jahreszeiten und Elemente, die alle vergangenen Zeitalter seit der Schöpfung regiert hat, in ein fortwährendes Chaos versunken und daß damit das Ende der Menschheit gekommen war. Aber erstaunlicher als alles andere war die Tatsache, daß nur sehr selten jemand unter dem Eindruck dieser geheimen und göttlichen Heimsuchung sein Herz und seine Hände zu Gott erhob, wie er hätte tun sollen, mit einem reuigen Herzen und gedemütigten Leib, um Seine Hilfe zu erbitten. So konnte man sehen, daß damals zu unseren Lebzeiten die Prophezeiung Jesajas erfüllt war: „Doch das Volk wandte sich nicht dem zu, der es schlug". Es herrschte nämlich damals unter den Menschen eine gewisse Hartherzigkeit und geistige Beschränktheit. Denn der höchste Richter und Urheber aller Güte gibt den Wunsch zu beten, und Er weiß, wann Er sich erbarmen soll.

Übers.: Franz-Josef Brüggemeier/Volkhard Huth, aus: Rodulfus Glaber. The Five Books of the Histories. Hg. u. engl. übers. v. John France. By the Same Author. The Life of St William. Hg. v. Neithard Bulst, engl. übers. v. John France u. Paul Reynolds, Oxford 1989, 186 ff., 190 ff. (IV, 10; IV, 13).

53 Lob des Bauern

Dieses erstaunliche Lob des Ackerbaus durch einen anonymen Tamil-Dichter (vgl. Dok. 13) aus dem „Heiligen Kurral" widerspiegelt eine gewisse asketen- und brahmanenfeindliche Haltung. Den Bauern als Ernährern der Gesellschaft werden auch die Grundbesitzer gegenübergestellt, die sich nicht selbst um ihr Land kümmern.

Obwohl die Welt rastlos umherschweift, geht sie hinter dem Pflug – darum ist das Bauernleben trotz seiner Härten das beste.

Die Bauern sind der Radzapfen den Leuten in der Welt – sie erhalten die, die nicht pflügen können.

Wer vom Pflug lebt, lebt wirklich – alle übrigen folgen, verehren und essen.

Wer den Schatten des Korns hat, bringt Länder verschiedener Schatten unter seinen eigenen.

Wer nur die Nahrung ißt, die er mit eigenen Händen erzeugt, bettelt nicht und gibt dem Bettler, ohne zurückzuhalten.

Legen die Pflüger ihre Hände in den Schoß, geht sogar der Stand derer zugrunde, die ihren Wünschen entsagen.

Macht die Erde nur ein Viertel ihres Volumens aus, wenn sie ausgetrocknet ist, bringt sie Ertrag sogar ohne eine Handvoll Dünger.

Zu düngen ist besser als zu pflügen – nach dem Unkrauten ist bewachen besser als zu wässern.

Geht der Besitzer nicht regelmäßig auf sein Land, schmollt und wirft sich das Land auf wie eine Frau.

Die gute Göttin des Landes lacht über die immer Trägen, die ihre Armut bedauern.

Nach: Die Welt lebt durch Güte. Die indische Spiritualität des „Tirukkural", aus dem Tamil übersetzt von Albrecht Frenz und K. Lalithambal, Düsseldorf 1999 (im Druck).

54 Kaufleute und Bauern

Der chinesische Beamtengelehrte Shen Gua (1031–1095) berichtet im folgenden Text über Fan Zhongyan, der sich dagegen aussprach, die Kaufleute zu Lasten der Bauern zu bevorzugen (vgl. Dok. 2).

In den Jahren der Regierungsära *qingli* (1041–1048) diskutierte man den Vorschlag, das Verbot des privaten Handels mit Tee und Salz aufzuheben und die Besteuerung der Kaufleute zu reduzieren. Fan Zhongyan[95] lehnte diese Idee mit dem Argument ab, daß die Einnahmen aus der Besteuerung des Handels mit Tee und Salz nur teilweise den Gewinn der Kaufleute schmälerten. Erhebe man von den Kaufleuten eine Steuer, so wirke sie sich für diese nicht allzu schädlich aus. Da derzeit die Staatsausgaben noch nicht gesichert seien, könne man von den Jahreseinnahmen keine Abstriche machen. Wenn man die Einnahmen nicht von den Schätzen der Natur in den Bergen und Marschen und von den Kaufleuten gewinne, müßte man sie von den Bauern einziehen. Ehe man den Bauern schade, ist es da nicht besser, die Einnahmen von den Kaufleuten zu erheben? Heutzutage gäbe es keinen besseren Plan, als zuerst bei den Staatsausgaben zu sparen. Wenn bei den Staatsausgaben Überschüsse vorhanden seien, sollte man vor allem die Bodensteuer und den Frondienst reduzieren und erst dann für die Kaufleute Nachlässe schaffen. Das Verbot des privaten Handels mit Tee und Salz aufzuheben, zähle jedenfalls nicht zu den vordringlich zu lösenden Aufgaben.

Daraufhin wurde dieser Vorschlag fallengelassen.

Nach: Shen Kuo: Pinselunterhaltungen am Traumbach: das gesamte Wissen des alten China. Aus dem Altchinesischen übertragen und hg. von Konrad Herrmann, München 1997, 86f.

55   Ein Bauer wird in der Metropole geprellt

Badi al-Zaman (der Einzigartige der Zeit) al-Hamadhani (968–1008) stammte aus dem westiranischen Hamadan, zog zur Sicherung seiner Existenz durch viele iranische Städte und Fürstenhöfe, bis er schließlich 40-jährig im heute afghanischen Herat angeblich scheintot beerdigt wurde. Seine „Stehdarbietungen" (Maqamat), bei denen ein Redner umsitzenden Zuhörern fiktive Geschichten in Reimprosa zum besten gab, brachten mit ihren zahlreichen alltäglich-realen und literarischen Bezügen neuen Geist in die arabische Literatur. In der folgenden Geschichte verlieh al-Hamadhani dem spöttischen Hochmut orientalischer Städter gegenüber der als einfältig und primitiv verachteten Landbevölkerung deutlichen Ausdruck.

Als ich einst in Bagdad war, bekam ich Lust auf (beste) Azadh-Datteln, doch der Knoten meines Kleids war leer und gab auch nicht die kleinste Münze her. So brach ich auf in Richtung zu den Dattelständen, um zu sehen, ob sich doch nicht irgendwelche Möglichkeiten fänden.

Es trieb mich bis nach Karch (im westlichen Bagdad) hinüber, wo ich plötzlich einen Bauerntölpel traf, der mit aller Kraft auf seinen Esel schlug und im Knoten an der Seite seines Kleides seine Barschaft trug. Ich sagte mir: „Da habe ich mein Opfer ja gefunden!", wandte mich ihm zu und sprach: „Abu Zaid, ein langes Leben möge Gott dir geben! Wo kommst du her, wo hast du dein Quartier genommen, wann bist du denn angekommen? Auf, laß uns nicht verweilen, sondern rasch zu dir nach Hause eilen!"

Der Tölpel gab zur Antwort: „Ich bin nicht Abu Zaid, sondern Abu Ubaid." „Natürlich, ja!" rief ich aus. „Den Teufel möge Gott verfluchen und vertreiben die Vergeßlichkeit! Es ließ mich dich vergessen die so lange Trennungszeit. Doch sag mir, wie es deinem Vater geht! Ist er, wie zu meiner Zeit, so jung geblieben, oder ist er alt geworden, seit es mich davongetrieben?"

Drauf sprach er: „Das Gras der Frühlingsweiden hat die Spuren seines Grabes zugedeckt. Ich hoffe, daß ihn Gott im Paradies erweckt." Da sagte ich: „Wir gehören alle Gott und kehren einst zu ihm zurück. Alle Kraft und alle Macht ist nur bei Gott, der mächtig und erhaben ist." Und hastig griff ich mir an Hemd und Kragen, so als wenn ich sie vor lauter Gram zerreißen wollte, worauf der Tölpel mich an meiner Hüfte faßte und mich eindringlich beschwor, daß ich meine Kleider nicht zerreißen sollte.

Darauf sprach ich: „So laß uns denn zu dir nach Hause laufen, um zu essen, oder besser noch, zum Markt, um dort gebratnes Fleisch zu kaufen, denn der Weg zum Markt ist kurz bemessen, besser ist am Markt das Essen." Des Hungers Stachel traf ihn in die Brust und trieb ihn an zur Essenslust, worauf er großen Appetit verspürte und nicht merkte, wie ich ihn mit List verführte. So gingen wir zum Brater dann, von dessen

Bratenfleisch das Fett herunterrann und dessen süßer Reisbrei in der Brühe schwamm. Zum Brater sprach ich: „Wähle etwas aus von diesem Bratenfleisch für Abu Zaid und wiege etwas für ihn ab von jener süßen Kostbarkeit. Dann nimm für ihn noch einen von den Tellern hier und schichte darauf ein paar Fladen, die so dünn sind wie Papier, und laß noch etwas Somach[96]-Saft darüberfließen, denn Abu Zaid soll's wohl genießen."

Der Brater nahm sein Fleischmesser, wandte sich den Kostbarkeiten seines Herdes zu und hackte sie so fein wie Antimon[97] und Mehl im Nu. Ich setzte mich und auch der Bauerntölpel setzte sich. Nachdem wir alles schweigend aufgegessen hatten, sprach ich zu dem Händler mit den Zuckersachen, er möge doch für Abu Zaid noch zwei Pfund Zuckermandeln herbereiten, da sie bestens durch den Hals und in die Adern gleiten. „Sie sollen", sagte ich dem Händler, „nächtens vorbereitet und am Tage ausgebreitet, gut gefüllt, von feiner Kruste eingehüllt, vom Fett wie Perlen glänzend sein und leuchten wie der Sternenschein. Wie Gummi sollen sie vergehn noch vor dem Kauen. Möge Abu Zaid sie wohl verdauen!"

Der Händler wog die Mandeln für ihn ab. Wir setzten uns nieder und griffen eifrig zu. Als wir fertig waren, sprach ich: „Du, oh Abu Zaid, jetzt brauchen wir noch einen Schluck mit Eis gekühlten Wassers, um den Durst zu stillen und die heißen Bissen abzukühlen. Bleibe deshalb sitzen, Abu Zaid, und laß mich einen Wasserträger holen, der dir einen kühlen Trunk besorgt!"

Ich machte mich davon und setzte mich an einen Platz, von wo ich ihn zwar sehen, er mich aber nicht erspähen konnte, um mir zu betrachten, was er machen würde. Als das Warten ihm zu lang wurde, wollte er zu seinem Esel gehen, doch der Brater packte ihn am Kleid und fragte, wo der Preis denn sei für all das Essen, das er eben erst gegessen. Als der Bauer drauf zur Antwort gab, er habe doch als Gast am Tisch gesessen, versetzte ihm der Brater einen Fausthieb und zwei Backenstreiche und rief aus: „Dies ist für dich! Wann habe ich dich eingeladen? Oh du, der Frechheit Bruder, 20 Dirhem zahlst du auf der Stelle!"

Da fing der Bauer an zu plärren und den Knoten seiner Barschaft mit den Zähnen aufzuzerren, wobei er sprach: „Wie oft schon sagte ich zu diesem Affen, ich sei Abu Ubaid, doch er, er blieb dabei und nannte mich Abu Zaid!"

Drauf sprach ich diese Verse:

„Nutze jedes Mittel für den Lebensunterhalt
und begnüge dich mit keiner Lage!
Nimm es mit dem Unglück auf, denn ohne Frage
wird der Mensch dereinst zu alledem zu alt."

Nach: Al-Hamadhânî: Vernunft ist nichts als Narretei. Die Maqâmen, aus dem Arabischen vollständig übertragen und bearbeitet von G. Rotter, Tübingen 1982, 65 ff.
Quelle: al-Hamaḏānī: Maqāmāt. Ed. M. ʿA. al-Miṣrī, Beirut 1889, 55 ff.

56 Über die Fertigkeiten von Sklaven

Ibn Butlan (gest. 1066), ein Christ aus Bagdad, betätigte sich in hellenistischer Tradition als Mediziner und Philosoph. Ausgedehnte Reisen führten ihn über Aleppo nach Kairo, dann über das byzantinische Konstantinopel wieder nach Aleppo. Dort wurde er Vorsteher der christlichen Gemeinden des dortigen Fürstentums, die sich als Nestorianer von der byzantinischen Orthodoxie abgespaltet hatten. Seine letzten Lebensjahre verbrachte er schließlich im neuerlich byzantinischen Antiochia. In seinem Ratgeber „Vollständiges Traktat für die nützlichen Fertigkeiten beim Kauf von Sklaven und die Untersuchung der Knechte" beschrieb er erstmalig in einer eigenständigen Abhandlung den Sklavenkauf. Detailliert schilderte er darin auch physische und charakterliche Eigenschaften von Sklaven sowie die Besonderheiten der verschiedenen Rassen.

Die Köchinnen: Das wichtigste beim Essen ist der Wohlgeschmack der Sauce und die Vortrefflichkeit der Zusammensetzung. Beherrscht dies eine Köchin und ist sie dabei sehr kunstfertig und flink, dann ist dies das Höchste, was man erhoffen kann. Nur selten kommt zusammen, daß eine vollkommen darin ist, frisches Gemüse, gebratenes Fleisch, gekochtes Essen und Süßspeisen auf dreierlei Art zu bereiten, denn das können Frauen nicht. ...

Die Schatzmeister: Zum Bewachen von Besitz wählt man Byzantiner, weil die Freigebigkeit in ihrer Sprache nicht vorkommt. Man betrachtet sie hinsichtlich ihrer Freude am Besitz, ob sie wägen können und sich nicht verstellen. Man prüft sie von weitem, sie überraschend.

Die Kinderpflegerinnen und Ammen: Für die Erziehung der Kinder wählt man Nubierinnen, weil sie zu einer Rasse gehören, in der Barmherzigkeit und Zärtlichkeit für die Kinder liegt. Sie lehren die Kinder keine häßliche Sprache. Zum Stillen wählt man eine Amme von gesundem Leib, jugendlichem Alter und gemäßigtem Temperament, die zu mit Rot durchtränktem Weiß neigt, ein gesundes Kind und ebensolche Milch hat. Man betrachtet die Milch, indem man von ihr auf einen Fingernagel tropfen läßt. Wenn sie wie eine Linse wird, weder kuppelförmig dick noch eine zerfließende Flüssigkeit, wenn ihr Geruch gut ist und ihre Farbe weiß, dann ist sie einwandfrei. Einige Ärzte ziehen (ostafrikanische) Zandsch-Frauen zum Stillen vor, weil ihre Hitze wie ihre Brüste hervorragend ist und die Milch reifen läßt, und weil sie wegen der Dicke der Milch mehr Nahrung bieten. Man sagt: Ihre Milch ist der Eselsmilch vergleichbar in ihrer Feinheit wegen ihrer dicken Körper.

Die Männer des Krieges und der Unerschrockenheit: Hierfür wählt man Türken und Slawen wegen der Hitze ihrer Herzen. Man prüft sie, indem man sie plötzlich vor furchterregende Dinge stellt, etwa sie in ein Loch wirft oder Dinge, die einen gewaltigen Lärm verursachen, von oben vor sie hinwirft.

Die Sängerinnen:

Die Kurzhalslautenspielerinnen: Man prüft sie mit zehn Gesängen, die ihnen aus den „Hundert ausgewählten (Gesängen)" vorgelegt werden, und besonders mit dem Rhythmus *al-thaqil al-thani*[98] auf der Stütze von dreizehn Taktschlägen.

Die Tänzerinnen: ... (müssen) von Natur aus weich sein, vorzüglich in (ihrer) Kunst, ebenmäßig an Körper und Wuchs, von breiter Brust, damit sie sich strecken (können), und von schlankem Leib, damit sie sich leicht bewegen (können). Dies erkennt man, wenn man sie kommen läßt und sie anruft. Sie sollen ausgezeichnet sein in allen Flöten, vor allem in der Schirazer.

Die Sängerinnen mit kleiner Trommelbegleitung: Man prüft sie mit den Rhythmen *ramal, hazadsch, nasbi* und *kaqani.*

Die „Klarinetten"bläserinnen: Dafür wählt man Negerinnen aus, weil sie eine natürliche Veranlagung für den Rhythmus haben. Als Ausgleich für ihre fehlerhafte Aussprache, die sie für den Gesang untauglich macht, eignen sie sich für das Blasen und das Tanzen.

Die Langhalslautenspielerinnen: Sie haben eine bagdadische Langhalslaute. Man prüft sie mit *al-zuraiqi, al-hadschafi* und mit dem *chafif al-ramal*-Rhythmus des Ibn Tarchan. Zu ihren Gepflogenheiten gehört im allgemeinen, daß sie ihre Instrumente vor ihrem Auftreten zum Gesang herrichten und sie wieder mitnehmen, wenn sie sich erheben, vor allem, wenn sie vor den Vorhängen aufgetreten sind.

Die Tamburinschlägerinnen prüft man durch Tanzenlassen.

Nach: Müller, Hans: Die Kunst des Sklavenkaufs nach arabischen, persischen und türkischen Ratgebern von 10. bis 18. Jahrhundert. Freiburg 1980, 76 ff.
Quelle: Ibn Butlān: Risāla ǧāmiᶜa li-funūn nāfiᶜa fī širāʾ al-raqīq wataqlīb al-ᶜabīd. Ed. ᶜAbd al-Salām Hārūn, in: Nawādir maḫṭūṭāt 4, Kairo 1954, 385 ff.

57 Hörige zum Schleuderpreis

Aus der nicht genau datierten, aber sicher 1027/29 ausgestellten Königsurkunde spricht ein Konflikt zwischen moralischer Norm und ökonomischer Praxis: Wie geht man mit seiner unfreien/minderfreien Dienerschaft um? Kann man sie wie Vieh verhandeln? Salomonische Festsetzung des Königs: Verkaufen darf man sie nicht, nur vertauschen, und zwar nur Person gegen Person, nicht Person gegen Güter.

Konrad, von Gottes Gnaden Kaiser der Römer, Mehrer des Reiches, dem Herzog Bernhard (von Sachsen), Grafen Siegfried (von Stade), Markgrafen Bernhard (von der Nordmark) Heil und Gruß. Obgleich wir beständig Sorge tragen müssen, auf das Wohl des ganzen Staates weit und breit zu achten, wissen wir doch wohl, daß wir mehr noch verpflichtet sind, über den Zustand der Kirchen Gottes sorgsam zu wachen. Und weil wir hören, daß Eigenleute der Verdener Kirche (Verden an der Aller) gleich unvernünftigen Tieren für einen Schleuderpreis bisher verkauft worden sind, wundern wir uns nicht nur über jene ruchlose Gewohnheit, sondern wir verwünschen das auch als eine Gott und den Menschen verabscheuungswürdige Sache, besonders da nach dem Kirchenrecht keiner Kirche Besitz oder Eigenleute für irgend etwas anderes ausgewechselt, sondern nur Besitz für Besitz, Eigenleute für Eigenleute – gleich gute oder bessere – ausgetauscht werden dürfen. Daher untersagen wir aus kaiserlicher Machtvollkommenheit, daß ein solcher Brauch, der den Überlieferungen der heiligen Väter widerspricht, dort weiter ausgeübt wird, und befehlen Euch, denen wir die Regierung dieser Lande übertragen haben, unter Hinweis auf Gottes wie unsere Gnade: wo immer Ihr bei Euch oder anderen so verkaufte Eigenleute dieser Kirche findet, sollen sie mit Euerer Hilfe dem Verdener Bischof zurückgegeben werden, und zwar in der Weise, daß der Bischof dem Käufer so viel, wie der für sie gezahlt hat, zurückerstattet und dafür die Eigenleute seiner Kirche erhält. Wenn aber irgend jemand dem nicht gehorchen wollte, so haltet ihn durch Euere richterliche Gewalt dazu an, bis er diesem unseren so gerechten Befehl und Zwang folgt. Wir haben daher befohlen, daß allen zum sichtbaren Zeichen das Siegel mit unserem Bilde angehängt werde.

Nach: Quellen zur Geschichte des deutschen Bauernstandes im Mittelalter. Ges. u. hg. v. Günther Franz (FSGA 31), Darmstadt ²1974, Nr. 50, 125 f.
Quelle: Die Urkunden Konrads II. Mit Nachträgen zu den Urkunden Heinrichs II. Hg. v. Harry Bresslau unter Mitwirkung von Heinrich Wibel und Alfred Hessel (MGH Diplomata regum et imperatorum Germaniae 4), Hannover-Leipzig 1909/Ndr. 1980, Nr. 130, 175 f.

58 Der Moskitoschwarm

Das folgende Gedicht ist den Werken des Mai Yaochen (1002–1060) entnommen, einem songzeitlichen Literaten, der allerdings im Gegensatz zu vielen seiner zeitgenössischen Kollegen machtpolitisch unbedeutend blieb. Er fühlte sich dem einfachen Volk nahe und gab diesem Standpunkt auch in sozialkritischen Gedichten Ausdruck. Häufig übertrug er dabei auch die gesellschaftlichen Verhältnisse auf die Tierwelt.

Die Sonne ist untergegangen, der Mond noch nicht da;
da kommen die Moskitos nach und nach aus den Ritzen hervor.
Mit lautem Gesumm schwärmen sie in der Luft,
im Hofe tanzend wie Rauchschleier.
Vergeblich legt die Spinne ihre Netze aus,
und selbst die Axt der Gottesanbeterin kann ihnen nichts anhaben.
Die wilden Skorpione sind ihnen (den Mücken) Komplizen beim schurkischen Werk,
Mit dem Gift in ihrem Bauch, bereit, den Stachel zu zücken.
Jedoch ein Flügelpaar blieb ihnen versagt,
und so schleichen sie schabend die dunkle Wand empor.
Die Reichen und Angesehenen wohnen in großen Palästen,
kostbare Seidenvorhänge umgeben ihre Kissen und Matten.
Ach, geht ihr doch unter sie,
und brüstet euch dort eurer lanzenscharfen Stechwerkzeuge!
Wie grausam, daß ihr bei armen Mitmenschen immer nur an der Seite (untätig) dabeisteht!
Noch nie habt ihr Mitleid gehabt mit den vor Hunger Abgemagerten!
Um die Wette greift ihr diese mit eurem scharfen Stechrüssel an,
trinkt ihr Blut und sucht nur euren Vorteil.
Die Fledermaus[99] flattert vergeblich umher;
wann hätte sie je einen dieser Blutsauger beseitigt oder gefangen?
Die singende Zikade[100] sättigt sich von Wind und Tau;
sie atmet durch ihren Schnabel, ohne sich dessen zu schämen.

noch schwirrt ihr umher; doch seid nicht zuversichtlich, dies könne noch lange währen – es wird bestimmt im Osten wieder hell werden!

Nach: Leimbigler, Peter: Mei Yao-ch'en (1002–1060). Versuch einer literarischen und politischen Deutung. Wiesbaden 1970.
Quelle: Mei Yaochen, Wanling xiansheng ji, j. 3, 7 a. Sibu congkan-Ausgabe.

59 Arbeitstiere klagen gegen den Menschen

Zu den 51 „Traktaten der Lauteren Brüder" aus Basra, die im 10. Jh. in enzyklopädischer Manier philosophische wie naturwissenschaftliche Themen behandelten, gehört die Geschichte vom Streit zwischen Menschen und Tieren. Vor dem König der Dschinnen, altarabischen und islamischen Geisterwesen wechselnder Gestalt, brachten die Tiere ihre grausame Behandlung durch die Menschen zur Sprache. Das Maultier als Wortführer der Tiere antwortete im folgenden Text auf die Behauptung der Menschen, daß sie gegenüber Tieren barmherzig seien.

„Gott, der Erhabene (erschuf) Adam, den Vater der Menschen, und machte ihn zu seinem Stellvertreter auf Erden. Seine Kinder pflanzten sich fort, und seine Nachkommen vermehrten sich. Sie breiteten sich aus auf der Erde – zu Lande und zu Wasser, im flachen Land und in den Bergen. Sie engten uns ein in unseren Wohnplätzen und Ländern und nahmen als Gefangene von uns Schafe, Rinder, Pferde, Maultiere und Esel. Sie zähmten und unterjochten sie, und sie erschöpften sie durch Mühe und Plage bei schweren Arbeiten – beim Tragen von Lasten und beim Reiten daheim und auf Reisen, im Pfluggespann, beim Ziehen der Wasserräder und beim Drehen der Mühlen. Sie taten dies mit Gewalt und Unterjochung, durch Schlagen und Erniedrigung und Strafen aller Art, unser ganzes Leben lang. So entfloh denn von uns, wer konnte, in die Einöden und Wüsten und in die Gipfel der Berge. Die Söhne Adams aber machten sich auf, uns mit allerlei Listen zu fangen. Und wer ihnen von uns in die Hände fiel, der wurde gefesselt, gebunden, ins Joch gespannt, wurde geschlachtet und gehäutet; man riß ihm den Bauch auf und zerschnitt ihm die Glieder, man riß ihm die Augen aus, rupfte die Federn oder schnitt ihm das Haar oder die Wolle ab. Dann kam er aufs Feuer, um gekocht, geröstet und gebraten zu werden – und noch viele andere Qualen widerfuhren ihm, die sich jeglicher Beschreibung entziehen. Mit alledem haben nun diese Adamskinder noch nicht genug. Vielmehr müssen sie nun noch den Anspruch stellen, daß dies ihr unumstößliches Recht gegen uns sei, daß sie unsere Herren und wir ihre Diener seien und daß, wer von uns entflohen, ein entlaufener Sklave sei, rebellisch und den Gehorsam verweigernd. Dies alles ohne einen Rechtsanspruch uns gegenüber, ohne Beweis und ohne Argument – allein durch Gewalt und Unterdrückung. ...

Was nun die Rede des Menschen „wir ernähren und tränken sie" betrifft, und was er an anderen Dingen, die sie mit uns tun, noch erwähnt hat, so geschieht das nicht, weil sie Mitgefühl mit uns haben und uns gegenüber barmherzig sind, sondern aus Furcht davor, daß wir umkommen könnten und sie den Preis verlieren, den sie für uns gezahlt haben, und daß ihnen der Nutzen entgeht, den sie durch uns erworben, dadurch, daß sie unsere Milch trinken und sich mit unserer Wolle, unserem Fell und unserem Haar bekleiden, daß sie auf unserem Rücken reiten und wir ihre Lasten tragen. Keinesfalls geschieht dies aber aus Mitleid und Barmherzigkeit, so wie sie es gesagt haben."

Dann ergriff der Esel das Wort und sprach: „Hättest du uns nur gesehen, o König, wie wir Gefangene in ihren Händen waren, unsere Rücken beladen mit Steinen, Ziegeln und Erde, mit Holz, Eisen und anderen schweren Lasten, wie wir sie nur mit Mühe und Anstrengung tragen konnten. Sie aber hatten Stöcke und Peitschen in ihren Händen, mit denen sie uns auf Gesicht und Rücken schlugen in ihrer Härte und ihrem Zorn! Du hättest dich gewiß unser erbarmt, du hättest uns beklagt und über uns geweint, o barmherziger König! Wo bleibt aber ihr Erbarmen und Mitgefühl?"

Es nahm dann der Stier das Wort und sagte: „Wenn du uns gesehen hättest, o König, wie wir Gefangene in ihren Händen waren, vor ihre Pflüge gespannt, festgebunden an ihren Wasserrädern und Mühlen, mit verhüllten Gesichtern und verbundenen Augen, während sie Stöcke und Peitschen in der Hand hatten und uns auf Gesicht und Rücken schlugen – du hättest dich wahrlich unser erbarmt! Wo aber ist ihr Erbarmen?"

Es hub darauf der Widder an und sagte: „Wenn du uns gesehen hättest, o König, wie wir Gefangene in ihren Händen waren! Sie nahmen unsere Jungen, als sie noch klein waren, um ein Anrecht auf unsere Milch zu haben. Sie nahmen unsere Jungen und banden sie an Händen und Füßen, um sie zu schlachten und ihnen die Haut abzuziehen, während sie hungerten und dürsteten. Sie schrien, und man erbarmte sich ihrer nicht, sie blökten, aber sie wurden nicht erlöst. Dann sahen wir unsere Kinder geschlachtet, gehäutet und zerschnitten; wir sahen, wie ihre Bäuche aufgerissen waren, wie ihr Kopf, ihr Magen, ihre Leber voneinander getrennt wurden, wie sie dann in den Läden der Schlächter mit Schlächtermessern zerschnitten, in Kesseln gekocht und im Ofen gebraten wurden. Wir aber waren stille, wir klagten nicht und weinten nicht, denn wenn wir auch geweint hätten, man hätte sich unser nicht erbarmt. Wo ist da ihre Barmherzigkeit?"

Sodann sprach das Kamel: „Wenn du uns gesehen hättest, o König, wie wir Gefangene in den Händen der Kinder Adams waren! Unsere Nasen waren durchbohrt, unsere Zügel waren in den Händen der Kamelführer, und sie zogen uns dahin gegen unseren Willen. Sie beluden unsere Rücken mit ihren Lasten, und so gingen wir dahin in der Dunkelheit der Nacht; mit unseren Hufen stießen wir an Steine, Felsbrocken und feste Erdschollen, unsere Flanken und Rücken waren wund vom Scheuern der Sättel, und wir hungerten und dürsteten. Wenn du uns so gesehen hättest, o König, du hättest dich unser erbarmt, hättest über uns getrauert und über uns geweint. Wo aber ist ihr Erbarmen?"

Dann nahm der Elefant das Wort und sagte: „Hättest du uns gesehen, o König, wie wir Gefangene in den Händen der

Söhne Adams waren! Ketten waren an unseren Füßen und Stricke an unserem Hals, und in ihren Händen hatten sie eiserne Spieße, mit denen sie uns schlugen. Sie zwangen uns nach rechts und nach links gegen unseren Willen, und das bei unserem massigen Körper, unseren mächtigen Ausmaßen, unserem langen Rüssel und unserer gewaltigen Kraft! Wahrlich, du hättest dich unser erbarmt, über uns geklagt und über uns geweint, o König! Wo aber ist ihr Erbarmen und ihr Mitleid mit uns, wie es dieses Menschenwesen behauptet hat?"

Es sprach sodann das Pferd: „Wenn du uns gesehen hättest, wie wir Gefangene in den Händen der Söhne Adams waren! Wir hatten Zäume in unseren Mündern, Sättel auf unseren Rücken und Gurte über unseren Flanken. Gepanzerte Reiter ritten auf uns im Schlachtfeld, und wir stürzten in die Staubwolken, während wir hungrig und durstig waren. Mit Schwertschlägen im Gesicht, Lanzen in der Brust und Pfeilen in der Kehle stürzten wir in den Tod und schwammen im Blut. Du hättest dich gewiß unser erbarmt, o König, hättest über uns geklagt und über uns geweint!"

Es sprach darauf das Maultier: „Wenn du uns gesehen hättest, o König, wie wir Gefangene in den Händen der Söhne Adams waren! Wir hatten Fesseln an unseren Füßen, Zäume in unserem Maul und Gebisse auf unserem Gaumen; und Riemen waren vor der Scham unserer Weibchen und verwehrten uns den Trieb zur Begattung. Auf unseren Rücken waren Packsättel, und auf unseren Rücken waren die dümmsten Menschen, die uns lenkten und mit uns umherzogen. Sie beschimpften uns mit den schlimmsten Schimpfwörtern, die sie kannten. Sie schlugen uns mit Peitschen auf Gesicht und Kruppe in solchem Zorn und solcher Wut, daß sie davon manchmal überwältigt wurden und sich selbst, ihre Schwestern und ihre Töchter schmähten, indem sie sagten: ‚Der Penis des Esels ist im Hintern der Frau' – entweder ‚des Käufers', ‚des Verkäufers' oder ‚des Besitzers', und das sind ihre eigenen Mitmenschen. Dies alles fällt auf sie zurück, denn für sie paßt es ja auch am besten."[101]

Nach: Iḫwān aṣ-Ṣafāʾ: Mensch und Tier vor dem König der Dschinnen. Aus den Schriften der Lauteren Brüder von Basra. Aus dem Arabischen übersetzt, mit einer Einleitung und mit Anmerkungen hg. von Alma Giese, Hamburg 1990, 9ff.
Quelle: Dieterici, Friedrich: Thier und Mensch vor dem König der Genien. Ein arabisches Märchen aus den Schriften der lauteren Brüdern in Basra, im Urtext herausgegeben. 2. Ausgabe Leipzig 1881, 10ff.

60 Geschichte eines Landmanns

Eine weitere Geschichte des jainistischen Philosophen und Literaten Hemachandra. Er schildert, wie ein Bauer, der seine Familie von Hirsearten ernährt, durch falsche Hoffnungen ins Unglück stürzt. Die Moral der Geschichte ist die des Spatzen in der Hand, oder, im Sinne des Jainismus: begehre nicht mehr der Güter der Welt, wenn das, was du hast, zum Leben ausreicht. (vgl. Dok. 47)

In einem auf Erden berühmten Dorfe namens Susiman lebte der Bauer Baka, reich an Geld und Getreide. Als die Regenzeit kam, bestellte er emsig seine Felder mit Pflug und Egge und besäte sie mit Hirse und Kodrava.[102] Die Getreidepflanzen mit ihren dunklen Schößlingen gingen auf; da sah das Saatfeld aus, als sei es mit wallendem Haar bedeckt und als sei ihm das Haar in reicher Menge gewachsen. Und als er diesen Wald von Hirse und Kodrava wachsen sah, freute er sich sehr und machte sich auf den Weg nach einem weit entfernten Dorfe, um dort Verwandte zu besuchen.

Seine Verwandten bewirteten ihn mit Melassekuchen. Diese ihm unbekannte Speise schmeckte dem Bauern sehr gut; und freundlich sagte er zu seinen Vettern: „Wahrlich, Ihr führt ein herrliches Leben! Denn diese Eure Speise ist gerade so süß wie der Göttertrank. Selbst im Traume ist mir ein solches Essen noch nicht vorgekommen. Was sind doch wir da für viehische Menschen, daß wir uns unsere Gedärme mit Hirse und Kodrava verderben!" Dann fragte der Mann, dem Melassekuchen noch etwas Neues war, seine Verwandten nach den Bestandteilen der Speise und nach deren Herkunft. Sie sagten zu ihm:

„Ei, mit einem Schöpfrad bewässert man die Felder und sät auf diese Weizen, wie man sonst Getreide sät. Wenn er reif ist, wird er geschnitten und in Handmühlen gemahlen, und die Kuchen werden dann in eiserner Pfanne über dem Feuer gebacken. In gleicher Weise sät man Zuckerrohr, und wenn dies groß geworden ist, preßt man es aus und bereitet die Melasse aus dem gewonnenen Safte."

Als der Landmann sich so über die Herstellung der Melassekuchen unterrichtet hatte, verschaffte er sich Samen von Weizen und Zuckerrohr und kehrte damit nach seinem Heimatdorf zurück. Dort ging der einfältige Baka auf sein Grundstück und machte sich mit Feuereifer daran, die bereits fruchtende Hirse- und Kodrava-Saat zu schneiden. Seine Söhne sagten zu ihm: „Vater, warum schneidest du diese halbreife Saat, die die Deinigen ernähren muß, als wäre sie bloßes Gras?" Baka entgegnete: „Ach, Söhne, was soll uns der Kodrava und andere schlechte Frucht? Ich will hier Weizen und Zuckerrohr säen; dann wollen wir Melassekurchen essen." Die Söhne sprachen: „In wenigen Tagen werden diese Körner reifen; laß uns erst diese ernten, und dann magst du Weizen und Zuckerrohr säen, so viel du Lust hast. Denn diese Saat ist geraten; ob der Weizen und das Zuckerrohr geraten werden, wissen wir noch nicht. Dem Kinde auf der Hüfte darf man trauen, aber nicht dem Kind im Mutterleibe."

Obgleich nun Bakas Söhne diesen von seinem Vorhaben abzubringen suchten, mähte er die Kodrava- und Hirsesaat ab; denn freilich war er darüber der Herr. Und durch den Getreideschnitt gab der göttergeliebte Baka dem Boden seines Grundstücks das Aussehen eines Platzes zum Ballspiel. Dann ließ er in seiner Gegenwart einen Brunnen graben. Aber wie aus den Brüsten einer Unfruchtbaren keine Milch, so kam aus dem Brunnen kein Wasser. Unverdrossen ließ Baka graben und graben, sodaß der Brunnen schließlich das Aussehen eines Ganges bekam, der nach der Unterwelt führte; aber nicht einmal Schlamm kam dabei zu Tage.

So hatte er weder Hirse noch Kodrava, weder Zuckerrohr noch Weizen; und nur die Reue ward sein Teil.

Wenn du nur nicht wie er, indem du das Glück aufgibst, das dir Frauen und Reichtum in dieser Welt bieten, und das Glück in jener Welt begehrst, das doch immer noch dem Zweifel Raum läßt, um beides kommst!"

Nach: Hemacandra, Ausgewählte Erzählungen aus Hemacandras Parishishtaparvan. Deutsch mit Einleitung und Anmerkung von Johannes Hertel, Leipzig 1908, 83–85.

61 Die Handwerker von Pavia

Eine um 1027 in der Kammerverwaltung des oberitalienischen Königshofes Pavia entstandene Aufzeichnung notiert die Rechte und Pflichten von Kaufleuten und Handwerkern.

Das Dienstgewerbe der Münze in Pavia muß neun Meister haben, die edler und reicher als alle anderen Münzer sind. Sie müssen zusammen mit dem Meister der Kammer alle anderen Münzer beaufsichtigen und befehligen, damit sie nie schlechtere Pfennige machen, als sie immer gemacht haben, was Gewicht und Silbergehalt betrifft, nämlich im Verhältnis 12:10. Und diese neun Meister müssen jedes Jahr an Pacht für die Münze zwölf Pfund Paveser Pfennige an die Königskammer abführen, ebenso vier Pfund an den Grafen von Pavia. Wenn übrigens ein Münzmeister einen Fälscher entdeckt, muß er zusammen mit dem Grafen von Pavia und dem Meister der Kammer dafür sorgen, daß dem Fälscher die rechte Hand abgeschlagen und sein ganzes Vermögen der Königskammer übereignet wird. Und die neun Meister müssen, wenn sie ihr Amt antreten, der Kammer des Königs drei Unzen allerbesten Goldes geben. Die Münzer von Mailand aber müssen vier edle und reiche Meister haben und mit dem Rat des Kämmerers von Pavia die Mailänder Pfennige so gut im Silbergehalt und Gewicht machen wie die Pfennige von Pavia und sie je Schilling für einen Pfennig eintauschen. Und sie müssen dem Meister der Kammer von Pavia als Pacht jedes Jahr zwölf Pfund gute Mailänder Pfennige geben. Und wenn sie einen Fälscher entdecken, müssen sie dafür sorgen, daß ihm die rechte Hand abgeschlagen und sein ganzes Vermögen der Königskammer zugewiesen wird.

Es gibt auch Goldwäscher, die alle der Kammer in Pavia Rechenschaft ablegen. Sie dürfen auf ihren Eid niemandem Gold verkaufen und müssen diesen Eid (?) vor dem Kämmerer ablegen. Und sie müssen das ganze Gold aufbereiten, den Tiegel für zwei Schilling, das heißt eine Achtelunze für zweieinhalb Pfennig oder elf Unzen für 16 Schilling, und zwar an den Flüssen, wo sie Gold fördern, nämlich: Po, Ticino, Dora Baltea, Sesia, Stura di Demonte, Stura di Lanzo, Orco, Malone mit Seitenarm, Elvo, Dora Riparia, Belbo, Orba, Cervo, Sesedia (?), Bormida, Agogna, Ticino vom Lago Maggiore bis zur Einmündung in den Po. Dazu gehören auch die Flüsse Adda, Oglio, Mincio, Sorne, Adige, Brenta, Trebbia. Und an all den genannten Flüssen müssen sie Gold fördern.

Weiter gibt es Fischer in Pavia, die aus der Zahl der Angesehenen einen Meister haben müssen. Sie müssen 60 Schiffe haben und je Schiff zwei Pfennig zum Monatsersten geben. Diese Monatspfennige müssen ihrem Meister übergeben und so verwahrt werden, daß sie, wenn der König in Pavia ist, von diesen Pfennigen Fische zubereiten und sie als Geschenk einmal in der Woche bringen und jeden Freitag dem Meister der Kammer geben.

Es gibt auch zwölf Gerber, Lederhersteller, mit ihren zwölf Gesellen in Pavia. Sie müssen jährlich zwölf Leder aus bester Ochsenhaut anfertigen und an die Königskammer geben, dafür daß niemand sonst Leder anfertigen darf. Und wer zuwiderhandelt, soll 100 Paveser Schilling an die Königskammer zahlen. Und wenn einer von diesen Gerbern ins Gewerbe eintritt, müssen die Vorsteher vier Pfund geben, die Hälfte an die Königskammer und die andere Hälfte an die anderen Gerber.

Es gibt noch andere Dienstgewerbe. Alle Seeleute und Fährleute müssen zwei angesehene Männer als Meister haben, unter der Aufsicht des Kämmerers von Pavia. Wenn der König in Pavia ist, müssen sie mit dem Schiff gehen, und diese zwei Meister müssen zwei große Schiffe ausrüsten, eines für den König und das andere für die Königin, und einen Aufbau mit Brettern herrichten und gut abdichten. Die Lotsen sollen ein eigenes Schiff haben, damit man auf dem Wasser sicher sein kann, und müssen mit ihren Gesellen den Aufwand täglich vom Königshof erhalten. Ferner waren dienstverpflichtete Seifensieder in Pavia, die Seife machten. Sie gaben jährlich als Pacht 100 Pfund gewogene Seife an die Königskammer und zehn Pfund an den Kämmerer, dafür daß kein anderer in Pavia Seife machen darf. ...

Ihr müßt wissen, daß alle diese Dienstgewerbe von keinem Menschen ausgeübt werden dürfen, der nicht Diensthandwerker ist. Und wenn sie ein anderer Mann ausübt, muß er die Bannbuße an die Königskammer zahlen und schwören, sie künftig nicht mehr auszuüben. Auch darf kein Kaufmann, der nicht zu den Paveser Kaufleuten gehört, auf irgendeinem Markt seine Geschäfte früher als die Paveser Kaufleute abschließen. Und wer zuwiderhandelt, soll die Bannbuße zahlen. Und die obengenannten Leute, die zu den oben beschriebenen Dienstgewerben gehören, dürfen vor kein Gericht gehen oder zitieren, nur vor den König oder den Meister der Kammer. Und von allen oben beschriebenen Dienstgewerben steht der Königskammer der Zehnte zu.

Nach: Borst, Arno, Lebensformen im Mittelalter, Frankfurt/Main u. a. [14]1995, 383–385.
Quelle: Instituta regalia et ministeria camere regum Longobardorvm et honorancie civitatis Papie, hg. v. Adolf Hofmeister, in: MGH SS XXX,2, Hannover – Leipzig 1934, 1450–1460, Zitat 1454–1457.

62 Die Tolteken als Kunsthandwerker

Aus der Sicht der Azteken waren die Tolteken begnadete Kunsthandwerker, deren Leistungen sie hoch würdigten. Da die Mexica, das Gründervolk des aztekischen Reiches, ihre Abstammung auf die Tolteken zurückführten, legitimierten sie auf diese Weise auch ihre eigene Vormachtstellung gegenüber anderen, rivalisierenden ethnischen Gruppen in Mesoamerika.

Die erste Abteilung sind die sogenannten Tolteken.

Da sind die, die zuerst gekommen sind, in diesem Lande zu leben (zu wohnen),

in dem, was man Land der Mexica nennt (und) in dem Chichimeken-Land.

Und eine Reihe von Jahr-Vierhunderten lebten sie in Tollantzinco.

Daß sie in Wahrheit dort wohnten, (dafür zeugen) die vielen Spuren (ihrer Wirksamkeit), die sie dort hinterließen,

daß sie dort sich ihren Tempel bauten, der „Balkenhaus" genannt wird,

der noch heute steht (und) sich dort befindet,

denn er ist unzerstörbar, da er aus Steinen und Fels besteht.

Danach gingen sie weiter, wohnten am Ufer eines Flusses, in Xicocotitlan,

einem Ort, den man heute Tula nennt.

Daß sie in Wahrheit dort zusammen wohnten, dort lebten, (dafür zeugen) ebenfalls die vielen Spuren ihrer Tätigkeit.

Und sie hinterließen dort, die noch heute sich (dort) befinden, (noch heute dort) zu sehen sind,

die unvollendeten sogenannten Schlangensäulen.

Das sind runde Steinsäulen in Gestalt von Schlangen; der Kopf ruht auf dem Boden, der Schwanz und die Klappern befinden sich oben.

Und man kann (noch heute dort) den Toltekenberg sehen,

und es befinden sich (dort) die Toltekenpyramiden, die Steinhügel und die toltekischen Stuckböden,

und es befinden sich dort, sind zu sehen, toltekische Gefäßscherben,

und aus der Erde hervorgeholt werden toltekische Schalen, toltekische Töpfe.

Und oft werden aus der Erde hervorgeholt toltekische Geschmeide,

Armbänder wunderbar, grüne Edelsteine, Türkise, Jadeite.

Und diese Tolteken werden Chichimeken genannt,

sie hatten keinen besonderen Namen;

von ihnen (selbst) ist ihr Name abgeleitet: von ihrem Leben, ihrer Beschäftigung.

Tolteken das sind kluge, und geschickte Leute,
ihre Werke sind alle schön, alle trefflich, alle verständig, alle
wunderbar.
Schön sind ihre Häuser, mit Türkisen ausgelegt,
geglättet, mit Stuck überzogen, durchaus wunderbar.
Was man ein Toltekenhaus nennt,
das ist ein kunstreich mit Mustern verziertes, in jeder Weise
schön gemachtes.
…
Viele Häuser standen in Tollan,
wo sie viele (Dinge) vergruben und versteckten,
sie, die Tolteken.
Und dies erscheint dort nicht allein
als Spur der Tolteken,
ihre Pyramiden, ihre Steinhügel etc.
an dem Ort der heißt Tollan, Xicocotitlan.
Überall sonst haben sie (Spuren) eingeschlossen;
überall ja erscheinen (treten zutage) ihre Gefäßscherben,
ihre Töpferei, ihr Diener,
ihr Idol (Puppe), ihr Kind (Kinderpuppen, Tonfigürchen mit
beweglichen Gliedern),
ihr Armband;
überall gibt es ihre Spuren,
da ja die Menge der Tolteken sich einzeln verstreut hatte
(übers Land).
Geschickte Künstler, heißt es, waren die Amanteca (die Handwerker aus der Gilde der Federknüpfer),
(und) die Federleimer,
(Künstler in Federmosaik, einer Kunst), die man früher hütete,
und fürwahr ihre Erfindung (ist)
das Kleben der Federn (Federmosaik),
denn früher gab man in Auftrag
die Schilde, die Rangabzeichen, genannt Apanecayotl (Feder-
schmuck der Küstenleute),
ihre ehemalige besondere Tracht.
Nachdem man Rangabzeichen in Auftrag gegeben,
führten sie sie wundervoll aus,

170

klebten die Federn (musivisch),
durchaus als Federknüpfkünstler setzten sie sie ein,
schufen sie vollkommene Meisterwerke;
fürwahr, heißt es, sie gaben ihnen Vollendung.
Alles gelang ihnen erstaunlich, köstlich, wunderbar.
...

Da sie so gründlich bewandert waren,
als neu entdeckten sie,
als neu ersahen sie
und als neu verwendeten sie
die Grünsteine, die echten Türkise,
sodann die Erdobsidiane, die Jadeite;
insgesamt die verschiedenen kostbaren Steine, die wunderbaren.
So gründlich erfahren waren sie:
wenn sie auch im Innern eines großen Felsens sich befanden,
was an kostbaren Steinen (vorhanden),
konnten sie ersehen,
und wenn auch in der Erde,
an welcher Stell kostbare, wunderbare Steine (zu finden) sind,
konnten sie es ersehen.
Man sagt, es heißt, in folgender Weise ersahen sie es:
ganz früh morgens brachen sie auf,
ließen sie sich nieder an einer Stelle (in der Höhle),
ließen sie sich nieder, das Gesicht der Sonne zugewendet,
Und wenn die Sonne aufgeht,
durchaus ihr Augen(merk), ihre Aufgabe (ist es) fürwahr, heißt
es,
daß sie sorgfältigst Umschau halten.
Man sagt, in dieser Weise sehen sie,
wo in der Erde kostbare Steine sind
vermittelst des Feuchten.
Und wenn die Sonne daherleuchtet,
besonders wenn, sagt man, ein kleines Rauchopfer dargebracht
wird,
ein kleiner Nebel sich aufgerichtet hat,
da wo die kostbaren Steine sind, oben in der Erde,
oder im Innern eines Steins (Felsens), ersehen sie es,

(ersehen sie) gewissermaßen vermittelst Rauches die Steine.
So ist die Erzählung,
so lautet die Überlieferung darüber,
daß sie des Türkis genannten Steines
Berg, Höhle finden.
So erzählen es die Alten.
In Tepoztlan ist der Berg
namens Xiuhtzone (der mit dem Türkishaar oder Türkise in
Menge besitzend),
das ist der Berg, die Höhle (Mine) der Türkise,
der echten Türkise (Calaite).
Dort entnahmen sie sie, dort holten sie sie heraus
und dort brachten sie sie nach dem Fluß,
dort wuschen sie sie,
dort reinigten sie sie.
Daher heißt (der Ort) Xippacoia (wo man Türkise reinigt);
ein Name, mit dem jetzt bezeichnet wird
das Dorf nahe bei Tollan.
Weiter sagt man übereinstimmend,
gelangten nach Amantlan, nach Tollan
vierhundert Sippen:
Maler, Steinschneider, Zimmerleute, Steinbrecher (Steinmetzen?),
Stucktüncher, Federmosaikknüpfer (und) -leimer,
Töpfer, Spinner, Weber;
gründlich erfahren waren sie,
sie entdeckten, sie verstanden sich auf
die Grünsteine, die echten Türkise.
Auf Türkise, auf Türkisminen verstanden sie sich.
Sie fanden die Höhle (Mine), den Berg des Silbers,
des Goldes, des Kupfers,
des Zinns, des Mondmetalls (Elektrons?), des Bleis;
in jeglichem Metall kannten sie sich aus.
Ganz (gründlich) suchten sie ab die Höhle des Bernsteins (fossilen Kopals?),
des Kristalls (Bergkristalls), des Amethysts.
Volle Ehrfurcht zollten sie den (weißen) Perlen,
den „Kolibrieiern" (den bunten Perlen).

172

Aller ihrer Erfahrung
verdanken das Dasein die jetzigen Halsgeschmeide (und) Armbänder,
von welchen Kostbarkeiten aber eines vergessen,
anderes verlorengegangen ist.

Nach: Sahagún, Bernadino de: Einige Kapitel aus dem Geschichtswerk von Fray Bernadino de Sahagún aus dem Aztekischen übersetzt
von Eduard Seler. Hrsg. von Caecilie Seler-Sachs mit W. Lehmann
und W. Krickeberg, Stuttgart 1927, 387–394.

63 Nicht für die Erben arbeiten!

Der bedeutende islamische Staatsrechtler – und berühmte Schach-
spieler – al-Mawardi, Ober-Kadi in Bagdad, lebte von 974 bis 1058.
Zu dieser Zeit gerieten die Kalifen in Bagdad immer stärker unter
die Kontrolle von Militärführern. In seiner Hauptschrift stützte al-
Mawardi die Position der Kalifen. Daneben verfaßte er ein Traktat
über „Weltliche und religiöse Lebensform". Die Ausschmückung moralischer und ethischer Erläuterungen mit Sprichworten und Anekdoten macht dieses Werk noch heute zur beliebten Lektüre im Orient.
Der folgende Auszug stammt aus dem Kapitel über Fragen der Arbeit
und des Lebensunterhaltes.

(Ein Grund), um ein Mehr über den Bedarf hinaus zu suchen,
ist für den Betreffenden der, daß er für seine Kinder Gut auf-
zuspeichern und es seinen Erben zu hinterlassen sucht, indem
er es sich womöglich vom Munde abspart. Und zwar, weil er
für seine Kinder die Mühsal des Erwerbs bzw. deren Mißerfolg
fürchtet. Nun, ein solcher Mensch lebt elend während des
Sammelns und hat für die damit verbundene Sünde (dereinst)
Rechenschaft abzulegen. Zudem aber verdient ein solcher aus
verschiedenen Gründen Tadel, was ja jedem Vernünftigen klar
ist.
    Und zwar erstens deshalb, weil er Gott gegenüber das Miß-
trauen hegt, Er nähre sie (die Kinder) etwa bloß durch ihn. ...
Zweitens aber, weil er damit rechnet, daß dieser Wohlstand sei-

nen Kindern nun erhalten bleibe, wo doch die Widerwärtigkeiten der Zeitläufe (eine solche Rechnung zunichte machen). ...
Eine verbreitete Sentenz: „Der Besitz ist (seines Besitzers bald) überdrüssig." ...

Drittens aber, weil er sich selbst der Nutzungsmöglichkeiten seines Besitzes beraubt. Und so sagt man ja: „Dein Besitz gehört entweder dir oder deinen Erben oder einem Unglücksfall. Drum sei also nicht der Unglücklichste dieser drei!" ...
Viertens aber, weil er sich beim Erwerb seines Besitzes zwar sattsam abgeplagt und abgerackert hat, nun aber trotzdem leer ausgeht. ... Es sagte ein Dichter: „Und der, der an seine Seele über das zum Leben Notwendige hinaus allerlei Anforderungen stellt, wird ja bis zu seinem Tode die Plackerei nicht loswerden."

Fünftens aber, weil er für die bei dem Erwerb von Besitz (unausbleiblichen) Versündigungen (dereinst) zur Strafe gezogen werden wird und ihm die üblen Konsequenzen in Anrechnung gebracht werden. ... Eine verbreitete Sentenz: „Die Menge des Nachlasses läßt die Erben den Erblasser vergessen." Diesen Sinn verwendet Ibn al-Rumi[103] in einem Gedicht: „Du läßt deinen Besitz als Erbe für (deine) Erben; ach wüßte ich doch, was der Besitz dir gelassen hat. Die Leute (Erben) sind nach deinem Tod in einer für sie erfreulichen Lage, in welchem Zustand aber bist du nach ihnen gekommen? Sie sind des Weinens überdrüssig geworden, und keiner vergießt mehr um dich eine Träne, denn ihr ganzes Gerede dreht sich nur noch um deinen Nachlaß. Die Welt hat sich von dir ab- und ihnen zugewandt; er (der Besitz) hat dir den Rücken gekehrt und sind ja die Tage voll Wechsel."

Nach: Das kitâb „adab ed-dunjâ wa'ddîn (Über die richtige Lebensart in praktischen und moralischen Dingen) des Qâdî abû'l-Ḥasan el-Baçrî, genannt Mâwerdî, aus dem Arabischen übersetzt von Osman Rescher, Stuttgart 1932, Teil II, 175 ff.
Quelle: al-Māwardī: Kitāb adab al-dunyā wa-l-dīn. 2. Auflage Kairo 1315h., 144 ff.

64 Eine jüdische Sicht auf menschliche Kreativität und Erkenntnis

Die weitaus überwiegende Mehrheit der Juden in der Diaspora lebte um das Jahr 1000 in verschiedenen islamischen Regionen, insbesondere auf der Iberischen Halbinsel. Aus Ägypten stammte Rabbi Saadia Gaon (gest. 942), der an der Spitze der babylonischen Schule ebenso wie als Privatmann in Bagdad in den Diskussionen seiner Zeit rationale Positionen vertrat, menschliche Lebensfreude bejahte, zugleich aber vor dem Mißbrauch zivilisatorischer Annehmlichkeiten warnte.

Nur diejenige Deutung (der Quellen in Gestalt von Thora und jüdischer Überlieferung) kann die richtige sein, welche mit dem Ergebnis unserer Vernunft übereinstimmt, wie auch umgekehrt das Irrationale (wertlos ist). ...

Nur der Mensch (ist) Ziel und Zweck (der Schöpfung), ... er (Gott hat) den Menschen mit einem Vorzug über die anderen Wesen begabt ..., die Freiheit seinem Willen gegeben und ihn ermahnt, das Gute zu wählen. ... Und wir fanden, daß unser vornehmlicher Vorzug in der Einsicht liegt, die er uns gegeben und uns gelehrt ...

Durch (die Erkenntnis) ist der Mensch imstande, die Dinge der vergangenen Tätigkeit in seiner Erinnerung zu bewahren, wie auch die zukünftigen Folgen, die erst eintreffen sollen, zu erblicken; durch sie vermag er die Tierwelt sich dienstbar zu machen, damit sie für ihn die Erde bearbeite und deren Ertrag zuführe; durch sie hat er die Kunst gelernt, aus der Erde Tiefe das Wasser zu holen ..., Räder zu erfinden, welche von selbst Wasser aus der Tiefe schöpfen, kunstvolle und prächtige Paläste zu bauen, mit kostbaren Gewändern sich zu umhüllen; die schmackhaftesten Speisen zu bereiten; Heerscharen und Kriegsvölker nach Feldherrenkunst zu leiten, Reich und Szepter staatskünstlich zu führen, um die menschliche Gesellschaft zur Vollkommenheit zu bringen, den Aufriß der Himmelssphären, die Kreisläufe der Sterne, die Umfänge ihrer Körpermassen, ihre Entfernungen und dergleichen zu begreifen. ... Diejenigen welche uns (Juden im Exil) in diesem Zustande (des Hoffens) sehen, erstaunen freilich über uns oder halten uns für Toren, weil sie nicht die Prüfung wie wir überstanden und nicht wie wir vom Glauben beseelt sind; sie gleichen dem, der das Aussäen des Getreides noch nicht gesehen, der den Sämann für einen Toren hält, wenn er das Korn in die Risse der Erde wirft zu einem künftigen Wachstum, ohne zu bedenken, daß er selbst zur Erntezeit als Tor erscheint.

Nach: Ben-Sasson, Haim Hillel: Geschichte des jüdischen Volkes, 2. Band: Vom 7.–17. Jahrhundert. Das Mittelalter. München 1979, 72 ff. Quelle: Emunet we-Deot, übers. und hg. von Julius Fürst, Glaubenslehre und Philosophie. Leipzig 1854, 467 f., 257 f., 419.

65 Einträglicher Handel in Ost- und Westafrika

Der wissensdurstige arabische Polyhistor und Globetrotter al-Mas'udi (gest. 956) kam auf seinen umfänglichen Reisen Anfang des 10. Jh. bis an die ostafrikanische Küste. In seinem „Buch der Goldwäsche" (Murudsch al-dhahab) berichtete er von der Jagd auf afrikanische Elefanten, deren Elfenbein eine gesuchte Kostbarkeit war. Für Nordwestafrika hielt er den „stummen Tauschhandel" zwischen dem Maghreb und der subsaharischen Sudanzone fest.

Das Land der (ostafrikanischen) Zandsch bringt die Felle wilder Leoparden hervor. Die Leute tragen sie als Kleidung oder exportieren sie in muslimische Länder. Es sind die größten Leopardenfelle und die schönsten für die Herstellung von Sätteln. ...

Die Zandsch benutzen den Ochsen als Lasttier, denn sie haben keine Pferde, Maultiere oder Kamele in ihrem Land und wissen nichts über deren Existenz. ... Es gibt dort viele wilde Elefanten, aber keine gezähmten. Die Zandsch benutzen sie nicht im Krieg oder für irgendetwas anderes, sondern jagen und töten sie nur. Wenn sie sie fangen wollen, werfen sie die Blätter, die Rinde und die Äste eines bestimmten Baumes nieder, der in ihrem Land wächst. Dann warten sie im Hinterhalt bis die Elefanten zum Trinken kommen. Das Wasser brennt sie und macht sie betrunken. Sie fallen hin und können nicht mehr aufstehen. Ihre Glieder gehorchen nicht mehr. Die Zandsch kommen dann mit sehr langen Speeren bewaffnet über sie und töten sie wegen des Elfenbeins. Aus diesem Land kommen Stoßzähne mit 50 Pfund und noch mehr Gewicht. Gewöhnlich gehen diese nach Oman und von dort werden sie nach China und Indien weitergeschickt. ...

Die Bewohner der Stadt Sidschilmasa im Maghreb handeln mit den Menschen des (westafrikanischen) Goldlandes, ohne sie zu sehen oder mit ihnen zu sprechen. Sie hinterlassen ihre Handelswaren, und am nächsten Morgen kommen sie dorthin zurück und finden Goldbarren neben jeder Ware. Wenn der Besitzer der Waren einverstanden ist, nimmt er das Gold und läßt seine Sachen liegen. Wenn nicht, nimmt er seine Güter wieder mit und läßt das Gold zurück. Wenn er einen höheren Preis erzielen will, läßt er beides liegen. Das ist allgemein bekannt in der Stadt Sidschilmasa im Maghreb.

Übers.: Stefan Eisenhofer, aus: Greville S. P. Freeman-Grenville. The East African Coast. Oxford 1962, 15; N. Levtzion u. J.F.P. Hopkins: Corpus of Early Arabic Sources for West African History. Cambridge 1981, 31–32.

66 Chinesischer Postverkehr

Ein weiterer Bericht des chinesischen Beamtengelehrten Shen Gua (1031–1095) über Details der chinesischen Staatspost (vgl. Dok. 2).

Der Postverkehr weist seit alters her drei Stufen auf, die Boten-, Pferde- und eiliger Botentransport heißen. Der eilige Botentransport ist am schnellsten; dabei wird die Post täglich 400 Li (221 km) befördert, aber man bedient sich dieser Möglichkeit nur im Falle des Ausbruchs kriegerischer Handlungen. In den Jahren der Regierungsära xining (1068–1077) wurde außerdem der eilige Botentransport mit Goldschrifttafel eingeführt, der den brandeiligen, mit Federn versehenen Briefen des Altertums entspricht. Diese Boten führen eine hölzerne Tafel mit sich, die goldene Schriftzeichen auf tiefrotem Grund trägt. Die Tafel blendet die Augen, und der Bote jagt wie ein fliegender Blitz dahin, so daß ihm ein jeder, der ihn erblickt, den Weg freigibt. Derartige Boten legen täglich mehr als 500 Li (276 km) zurück. Wenn an der Front eilig ein Befehl auszuführen ist, dann erteilt ihn der Kaiser mit einem derartigen Boten, während sich der Staatsrat und der Oberste Kriegsrat dieser Boten nicht bedienen dürfen.

Nach: Shen Kuo: Pinselunterhaltungen am Traumbach: das gesamte Wissen des alten China. Aus dem Altchinesischen übertragen und hg. von Konrad Herrmann, München 1997, 76 f.

67 Die Doppeltorschleuse von Zhenzhou

Zur Versorgung des großen chinesischen Gebietes und der zahlreichen Bevölkerung war ein ausgebautes Transportwesen erforderlich. Von zentraler Bedeutung dabei waren Flüsse und Kanäle, die teils mit sehr komplexen Schleusenanlagen versehen wurden. Eine davon schildert Shen Gua (1031–1095) im folgenden Text.

Es ist nicht bekannt, wann man im Gebiet von Huainan begann, für den Transport von Tributreis auf dem Wasserweg Wehre zu bauen, um das Wasser aufzustauen. Aus alter Zeit wird überliefert, daß das Wehr des Grafen Zhao von Xie An errichtet wurde. Doch nach dem Werk „Chronik einer Reise nach dem Süden" von Li Ao besaß dieser Wasserweg in der Tang-Zeit eine starke Strömung, so daß Xie An das Wehr nicht gebaut haben konnte.

In den Jahren der Regierungsära *tiansheng* (1023–1032) schlug Tao Jian, ursprünglich ein Leibwächter zur Rechten, in seiner Eigenschaft als Stromaufseher von Zhenzhou, zuerst vor, eine Doppeltorschleuse zu bauen, um Wasser und Arbeit beim Ziehen der Schiffe über ein Wehr zu sparen. Damals wurden Fang Zhongxun, ein Direktor im Ministerium für öffentliche Arbeiten, und Zhang Lun, ein Beamter zur Versorgung des Hofes mit Kunsthandwerk, zum Kommissar für Wassertransport bzw. zu dessen Stellvertreter ernannt. Aufgrund einer Eingabe an den Thron errichteten sie zuerst die Schleuse von Zhenzhou. Durch dieses Bauwerk sparte man jährlich die Arbeit von 500 Menschen und sonstige Kosten in Höhe von 1 250 000 Käsch. Nach der alten Methode des Schleppens von Schiffen über ein Wehr konnten Reisschiffe bis höchstens 300 Dan (23 t) Ladung befördert werden. Nach der Fertigstellung der Schleuse bediente man anfangs die Schiffe mit 400 Dan (30 t). Danach ließ man allmählich immer größere Ladungen zu, so daß heutzutage die Regierungsschiffe bis zu 700 Dan (53 t) erreichen und private Schiffe mehr als 800 Sack Reis mit 2 Dan pro Sack laden (insgesamt 122 t).

Seitdem wurden die Wehre von Beishen, Zhaobo, Longzhou und Zhuyu nacheinander zu Schleusen umgebaut, die sich bis auf den heutigen Tag als nutzbringend erweisen. Als ich in den Jahren der Regierungsära *fengyuan* (1078–1085) einmal nach Zhenzhou kam, habe ich im Schlamm hinter einem Pavillon am Strom eine umgestürzte Steinstele entdeckt, auf der die „Inschrift über die Schleuse" von Hu Wuping eingraviert war. Ohne allzu viele Einzelheiten zu erwähnen, beschrieb sie die Geschichte dieser Schleuse.

Nach: Shen Kuo: Pinselunterhaltungen am Traumbach: das gesamte Wissen des alten China. Aus dem Altchinesischen übertragen und hg. von Konrad Herrmann, München 1997, 85 f.

68 Ein Klassiker des Holzbaus

Yu Hao war ein berühmter Architekt, der von 965 bis 995 wirkte. Sein Werk „Klassiker des Holzbaus" ging zwar verloren, ist aber in einer Darstellung von Shen Gua überliefert.

Die Regeln für den Hausbau sind im „Klassiker des Holzbaus" (Mu jing) dargelegt, als dessen Verfasser Yu Hao angegeben wird. Nach diesem Buch wird ein Haus in drei grundlegende

Proportionseinheiten unterteilt: Der Bereich oberhalb der Querbalken zählt als Oberbau, der Bereich über dem Fußboden als Mittelbau und Fundament einschließlich Stufen als Unterbau.

Die Länge der Querbalken bestimmt natürlich proportional die Firsthöhe. Wenn die Querbalken zum Beispiel 8 Chi (243 cm) lang sind, beträgt die Firsthöhe 3 Chi 5 Cun (106 cm). Diese Proportion (1:2,29) wird bei kleinen und großen Hallen eingehalten. Das gilt für den Oberbau.

In gleicher Weise müssen die Maße des Fundaments zu den Maßen der verwendeten Säulen passen. Zum Beispiel erfordert eine 1 Zhang 1 Chi (3,34 m) hohe Säule ein etwa 4 Chi 5 Cun (1,36 m) hohes Fundament (Verhältnis 2,44:1). Ebenso folgen das Konsolensystem und die Dachsparren festen Proportionen. Das sind Regeln für den Mittelbau.

Die zum Hausfundament hinaufführenden Treppenstufen können steil, flach oder mäßig steil gestaltet werden. In kaiserlichen Palästen werden diese Anstiege nach Einheiten bestimmt, die sich von den Abmessungen einer kaiserlichen Sänfte ableiten. Bei steilen Treppen müssen die beiden vorderen Träger die Sänfte mit ganz nach unten ausgestreckten Armen und die hinteren Träger die Sänfte mit bis zur Schulter hochgestemmten Armen tragen (Anstieg 1:2). (Eine kaiserliche Sänfte wird von 12 Personen getragen. Die beiden vorderen Träger nennt man auch die vorderen Bambusstangen, die nächsten beiden Träger heißen die vorderen Zweige, die beiden darauffolgenden die vorderen Achseln. Hinten tragen die beiden hinteren Achseln, gefolgt von den hinteren Zweigen und am Ende hinten von den beiden hinteren Bambusstangen. Vor der Sänfte schreitet der Kolonnenführer, der auch Rufer heißt, während man den hinten Gehenden Darbringer des Dankopfers nennt.) Wenn die beiden vordersten Träger die Sänfte auf den Ellenbogen und die beiden hintersten die Sänfte auf den Schultern tragen, so handelt es sich um eine flache Treppe (Anstieg 1:7,9). Wenn die beiden vordersten Träger die Sänfte mit ausgestreckten Armen und die beiden hintersten Träger auf den Schultern tragen, so handelt es sich um eine mäßige Treppe (Anstieg 1:4). Das sind Regeln für den Unterbau.

Yu Haos Buch gliedert sich in drei Kapitel. In jüngster Zeit sind die Bauhandwerker immer präziser und geschickter geworden. So ist der alte „Klassiker des Holzbaus" seit einiger Zeit außer Gebrauch gekommen. Aber unglücklicherweise gibt es niemanden, der in der Lage wäre, ein neues Buch zu schreiben. Das wäre eine Aufgabe, eines Baumeisters würdig.

Nach: Shen Kuo: Pinselunterhaltungen am Traumbach: das gesamte Wissen des alten China. Aus dem Altchinesischen übertragen und hg. von Konrad Herrmann, München 1997, 114–116.

69 Druck mit beweglichen Typen

Der Blockdruck wurde in China 700 Jahre eher als in Europa, und der Druck mit beweglichen Typen 400 Jahre vor Johannes Gutenberg erfunden. Der Erfinder der beweglichen Drucktypen, Bi Sheng, der wahrscheinlich um das Jahr 1051 gestorben ist, erfährt in dieser Notiz von Shen Gua eine verdiente Würdigung.

Das Drucken von Büchern mit geschnitzten Holzplatten war während der Tang-Dynastie (618–907) noch nicht sehr verbreitet. Zu Lebzeiten von Feng Dao begann man, die fünf Klassiker zu drucken. Seitdem erschienen die klassischen und andere Bücher als Holzschnittdrucke.

In den Jahren der Regierungsära *qingli* (1041–1048) hatte Bi Sheng, ein Mann aus dem einfachen Volk, die beweglichen Typen erfunden. Seine Methode besteht darin, die Schriftzeichen in feuchten Ton mit Strichen, die so dünn wie der Rand einer Kupfermünze sind, einzuritzen. Jedes Schriftzeichen befindet sich dabei auf einem getrennten Stempel, und dann werden die Stempel in Feuer fest gebrannt. Zuvor hatte er eine Eisenplatte vorbereitet, deren Oberfläche mit einer Mischung aus Kiefernharz, Wachs und Papierasche bedeckt wird. Möchte man etwas drucken, so legt man einen eisernen Rahmen auf die Eisenplatte. Dann ordnet man die Schriftzeichenstempel in dem Rahmen lückenlos an. Ein voller Eisenrahmen bildet eine Druckplatte, die über einem Feuer erhitzt wird. Wenn die Klebmasse zu schmelzen anfängt, preßt man ein ebenes Brett auf die Oberfläche, damit die Schriftzeichen in einer Ebene so glatt wie ein Wetzstein liegen.

Wenn man nur drei oder zwei Exemplare drucken will, führt dieses Verfahren noch zu keiner Vereinfachung. Aber wenn man mehrere zehn, hundert oder tausend Bücher zu drucken hat, ist das Verfahren märchenhaft schnell. Generell fertigt man zwei eiserne Druckplatten an. Mit der einen wird gedruckt, und auf der anderen sind die Schriftzeichen nochmals angeordnet. Wenn die eine Platte abgenutzt ist, liegt die zweite schon bereit. So tauscht man sie aus und kann das Drucken unverzüglich fortsetzen.

Von jedem Schriftzeichen besitzt man mehrere Stempel. Von sehr häufigen Schriftzeichen, wie *zhi* (Genitivpartikel) und *ye* (Finalpartikel), braucht man mehr als zwanzig Stempel, weil sie sich auf einer Platte oft wiederholen. Wenn die Stempel nicht benutzt werden, kennzeichnet man sie mit Papierstreifen. Die Stempel werden nach Reimen angeordnet in einem gitterförmigen Holzregal aufbewahrt. Stößt man auf ein seltenes Schriftzeichen, für das man zuvor keinen Stempel angefertigt hat, so wird es gleich in Ton geritzt und in einem Strohfeuer gebrannt, so daß der Stempel im Nu fertig ist.

Der Grund, warum man für die Stempel nicht Holz verwendet, ist der, daß die Holzfasern unterschiedlich dicht sind, und würde man Holzstempel mit Wasser befeuchten, so blieben ihre Höhen nicht gleich. Außerdem ließen sie sich nicht ablösen, wenn man sie aufgeklebt hat. Anders bei den gebrannten Tonstempeln, die nach dem Gebrauch ins Feuer gelegt werden, um den Kleber zum Schmelzen zu bringen. Dann lassen sie sich mit der Hand abnehmen, ohne daß ein einziger Stempel beschmutzt wäre.

Nach dem Tod von Bi Sheng hat einer meiner Neffen seine Stempel erworben, die er bis heute wie einen Schatz aufbewahrt.

Nach: Shen Kuo: Pinselunterhaltungen am Traumbach: das gesamte Wissen des alten China. Aus dem Altchinesischen übertragen und hg. von Konrad Herrmann, München 1997, 121–123.

70 Erdöl zu Tinte

Bemerkenswert an dieser Information des Sheng Gua ist die frühe Verwendung von Erdölruß in China als Tusche.

Im Gebiet von Fuyan gibt es Erdöl. Deshalb heißt es in alten Schriften: „Im Kreis Gaonuxian entspringt der Erde fettiges Wasser." Damit ist Erdöl gemeint. Es entsteht an der Grenze zum Grundwasser und quillt, mit Sand, Steinen und Quellwasser vermischt, langsam aus der Erde. Die Einheimischen tunken Fasanenfedern in Erdöl und stecken sie in ein bauchiges Tongefäß. Das Erdöl ähnelt reinem Lack. Sie benutzen die Fasanenfedern zum Feueranmachen wie anderswo Hanfstengel, aber der Rauch ist sehr dick, so daß zum Beispiel ein Zelt davon ganz schwarz wird. Da ich mir nicht sicher war, ob sich der Ruß verwenden läßt, hatte ich ihn einmal zusammengekratzt, um zu prüfen, ob er sich als Tusche verwenden lasse. Der Ruß glänzte schwarz wie Lack, während Kiefernholzruß diese Qualität nicht erreichte, so daß Erdölruß danach in großem Umfang für Tusche genutzt wurde. Das ist die unter Gelehrten bekannte Tusche „Steinwasser aus Yanzhou". Dieser Stoff wird künftig bestimmt einmal in großen Mengen verwendet werden. Seitdem ich zuerst die Tusche herstellte, hat sich dieses Verfahren vielleicht deshalb so verbreitet, weil es sehr viel Erdöl gibt, das in der Erde in unerschöpflicher Menge entsteht – im Gegensatz zu den Kiefern, die eines Tages abgeholzt sein werden. Jetzt sind die Kiefernwälder in Qi und Lu schon kahlgeschlagen, so daß man allmählich ins Taihangshan-Gebirge, nach Jingxi und Jiangnan vorstößt, um Kiefern zu fällen, denn die früher mit Kiefern bestandenen Gebirge sind größtenteils schon kahl. Die Leute, die Tusche herstellen, wissen wahrscheinlich noch nichts über die Vorzüge von Erdölruß.

Auch der Rauch von Steinkohle ist dick und schwärzt die Kleidung. In einem „Gedicht auf Yanzhou" spielte ich darauf an:

> „Am Fuß der Erlang-Berge wirbelt Schnee.
> Von der Jurte an der Großen Mauer schau ich den Hirten zu.
> Erdöl hat mein Zelt so warm geheizt,
> daß ich im Winter nur Unterkleidung trag.
> Der Erdölruß gleicht dem Lößstaub von Luoyang."

Nach: Shen Kuo: Pinselunterhaltungen am Traumbach: das gesamte Wissen des alten China. Aus dem Altchinesischen übertragen und hg. von Konrad Herrmann, München 1997, 158 f.

Kapitel 5
Freuden des Lebens

Das Leben bestand selbstverständlich nicht nur aus Mühsal und Arbeit, Vergnügungen gehörten ebenfalls dazu, wie der Genuß von Wein (Dok. 71) oder jugendliche Streiche (Dok. 72). Besonders in den hoch entwickelten Kulturen hatten sich verfeinerte Formen des Genusses entwickelt, die auch eine deutliche soziale Abgrenzung markierten (Dok. 73). Zu den zahlreichen überlieferten Texten über die Liebe zählen Gedichte, deren poetische Qualität noch heute beeindruckt (Dok. 74–76), der berühmte Liebesroman, den die japanische Hofdame Murasaki verfaßte (Dok. 77), oder Aussagen über die Ehe und das Verhältnis von Männern und Frauen, die von gegenseitiger Achtung, der Macht von Liebe und Begehren, aber auch von ausgeprägt frauenfeindlichen Positionen berichten (Dok. 78–82).

71 Wein als Medizin

Ibn Butlan (vgl. Dok. 56) verfaßte im Jahre 1054 in klösterlicher Stille des wieder zu Byzanz gehörenden Antiochia sein satirisch-weises „Ärztebankett", in dem ein junger Arzt seine Erlebnisse beim Besuch eines berühmten Ältesten der Mediziner festhielt. Der Text unterstreicht, daß das Weinverbot des Korans in der Praxis vielfach nicht beachtet wurde.

(Dieser „Scheich" der Mediziner) füllte seinen Becher und sprach: „Dieser Wein, nach dem wir schon so lange verlangen, und von dem Hippokrates sagt, daß er den Durst stillt und den Schmerz des Hungers heilt, hat zehn Vorzüge: Fünf betreffen den Körper und fünf die Seele. Jene, die den Körper betreffen, verbessern die Verdauung, bewirken reichlichen Harnfluß, verschönern den Teint, verbessern den Geruch des Atems und vermehren die Potenz. Diejenigen Vorzüge, welche die Seele betreffen, erfreuen die Seele, vermehren die Hoffnung, ermuntern das Herz, veredeln den Charakter und leisten der Habsucht Widerstand." Dann trank er und sagte seinem Burschen: „Mach dich auf zu meinem Schüler, dem Aderlasser Abu Dschabir. Lade ihn ein samt seiner Laute. Unterwegs geh bei unserem Freund, dem Augenarzt Abu Aijub, und bei dem Chirurgen Abu Salim vorbei, und sag dem Apotheker Abu Musa: ‚Bei meinem Leben, du hast den ganzen Tag noch keinen Kunden zu mir geschickt!'"

Kaum war ein Weilchen verstrichen, als die Leute auch schon kamen. Sie grüßten mich, und ich erwiderte ihren Gruß. Sie fragten nach meinem Wohlergehen, und ich berichtete ihnen über mein Befinden. Da hoben sie an zu klagen, welch schweres Leben sie hätten zu ertragen, und tauschten untereinander ihre Erfahrungen aus, was ihnen vom Apothekergewerbe noch übrig bleibe. Da habe ich sie als Leute kennengelernt, die sich zwar an Wissenschaft und feines Benehmen hielten, bei denen dann aber doch schließlich das pöbelhafte Wesen durchschlug. Einen Augenblick lang schwiegen sie; dann aber holten sie zu allerlei Fragen aus. Da sagte der Alte: „Heute gilt's, den Wein zu genießen. Die Sorgen sollen uns erst morgen verdrießen. Heute gibt's bei uns weder Lesen noch Lehren; denn das unablässige Studieren vernichtet die Lebenslust. Schon Galen sagt: ‚Die Gelehrten müssen eine Zeitlang das Nachdenken aufgeben, damit ihr Körper nicht zermürbt wird; denn er ist das Instrument ihrer Fähigkeiten und ihres Wirkens.'"

Daraufhin füllte er den Becher und sagte seinem Schüler: „Wisse, daß nach der Ansicht der Alten die Laute gemäß der vier Naturen gebaut ist, daß das Plektrum des zur Laute singenden Sängers dem Skalpell des Aderlassers entspricht, daß die Saiten den Adern gleichen und daß die Vorderseite der Laute den Nerven ähnlich ist. Hüte dich davor, die Laute außer

auf die Saiten zu schlagen, und verlaß dich auf das, was du soeben vernommen hast! Wohlan denn, sing nun das Lied des
Abu Nuwas[104] über unseren Meister, den Arzt Dschibril[105].
Da griff der Bursche eilends in die Saiten und sang das folgende Lied:

„Ich liebe den Wein, so sagt' ich Abu Isa und Dschibril
Sie warnten mich: „Er kann dich töten. Trinke nicht zuviel" –
„So nenne mir das rechte Maß, wenn ich nach Wein begehr!" –
„Die Summe aller Körpersäfte", sagte er, „ist vier.
Ein jeder Körpersaft verlangt ein Liter Wein für sich.
Das macht vier Liter insgesamt. Darauf verlasse dich!"
Darauf trug ihm der Sängerknabe artig die folgenden Verse vor:
„Verlassen ist die Weide und öde liegt der Ort,
Wo nur Ruinen stehen. O, führet mich hier fort!
Wohlan, die Becher füllet mit edlem Rebensaft!
Schlagt an der Laute Saiten, die Trommel rührt mit Kraft!" –
Drauf hat mit zartem Griff er die Saiten angespannt,
So zart wie nur der Arzt fühlt den Puls der kranken Hand.

Nach: Ibn Buṭlān, Abu-l-Ḥasan al-Muḥtār al-Ḥasan ibn ʿAbdūn: Das
Ärztebankett. Aus arab. Hs. übers. und kommentiert von Felix Klein-
Franke. Stuttgart 1984, 79 ff.
Quellen: Ms. Nr. 29 L.A. Mayer Memorial Institute for Islamic Arts,
Jerusalem; Ms. Nr. A 125 Ambrosiana, Mailand; Ms. Nr. 4626, Aya
Sofya, Istanbul.

72 Eine lose Jugendzeit

Der folgende Text berichtet über einen Jugendstreich und Jugend-
erlebnisse von Feng Jing (1021–1094), der später bis zum Vizekanzler
der Song aufstieg:

Feng Jing tötete eines Tages zusammen mit anderen Schülern
den Hund des Priesters, bei dem sie auf dem Qianshan wohnten. Sie kochten ihn und aßen ihn auf. Der Priester war darüber
sehr ärgerlich und verklagte die Schüler bei der Kreisverwal-

tung. Zur Strafe mußte Feng Jing ein Gedicht über einen gestohlenen Hund verfassen. Es machte ihm keinerlei Mühe, ja er dichtete sogar noch ein korrespondierendes Gedicht dazu:

„Runde Reiskuchen locken den Hund herbei,
vor Freude wedelt er mit seinem Zobelschwanz.
Aber als ich ihn an der Leine fortziehe,
schaut er verängstigt wie ein Hase zurück."

Der Kreismandarin klatschte Beifall und ließ ihn frei. Er forderte ihn sogar auf, sich zum Essen zu ihm zu setzen.

Feng Jing war früh verwaist. Er streifte in Wuchang herum, dem Wein ergeben und ohne Halt. Eines Abends lag er betrunken außerhalb der Vorstadt am Ufer eines Flusses. In der Nähe hatten Fischer ihr Boot angelegt, sie waren vom Fischen müde geworden und eingeschlafen. Sie träumten, es riefe ihnen jemand zu: „Der Präsident der Staatskanzlei Feng Jing ist hier! Warum kümmert ihr euch nicht um ihn?" Die Fischer standen erschrocken auf und gingen am mondbeschienenen Ufer entlang. Da lag ein Mann mit Kleidern und Hut tief schlafend im Gras. Als sie ihn untersucht hatten, erkannten sie ihn als Feng Jing. Sie machten sogleich eine höfliche Verbeugung und sagten: „Wenn Sie später in Amt und Würden sind, so vergessen Sie uns bitte nicht!" Außerdem erzählten sie, was sie geträumt hatten. Sie baten ihn, sich in ihr Boot zu legen, um vor Wind und Tau geschützt zu sein. Feng Jing schlief bis zum nächsten Abend. Gemeinsam brachten sie ihn in die nächste Ortschaft. Später, als Feng Jing zu Ehren gekommen war, ließ er nach den Fischern forschen, fand sie aber nicht mehr.

Da er (Feng Jing) die Rechnung in der Herberge nicht bezahlen konnte, wurde er festgenommen. Er überlegte, wie er sich wieder befreien könnte und schrieb dann ein kleines Gedicht an die Wand. Ein Diener des Yamen besuchte ihn dort, (obwohl es verboten war), was dem Kreismagistrat zu Ohren kam. Als der Diener deswegen zur Rede gestellt wurde, bettelte er aus Angst vor Strafe um Milde. Der Magistrat argwöhnte, er habe Bestechungsgelder von Feng Jing angenommen und tadelte ihn. Der Diener verteidigte sich, Feng Jing sei wegen seiner Armut dazu gar nicht in der Lage, sein einziges Kapital sei sein dichterisches Talent. Er werde es später sicher noch zu etwas bringen.

Nach: Morper, Cornelia: Ch'en Wei-yen (977–1034) und Feng Ching (1021–1094) als Prototypen eines ehrgeizigen, korrupten und eines bescheidenen, korrekten Ministers der Nördlichen Song-Dynastie. Frankfurt 1975, 40.
Quelle: Luo Dajing, Holin yülu in: Miao Quansun, Hubei tongzhi. Shanghai 1921, j. 171, 4322.

73 Feine und üble Manieren

Der Sohn eines Stickereienhändlers, Ibn al-Waschscha (gest. 936), lebte und wirkte als Literat, Philologe, Privatlehrer und Teilnehmer an abendlich-nächtlichen Männergesellschaften in Bagdad. Sein „Buch des buntgestickten Kleides" war ein Anstandsbuch der vornehmen Bagdader Gesellschaft. Darin schilderte Ibn al-Waschscha u. a. die Lebensgewohnheiten und Sitten der eleganten, gebildeten Welt und stellte sie den Bräuchen des ungebildeten, niederen Volkes gegenüber.

Die Grundlagen der feinen Lebensart – wie sie von eleganten, verständigen und fein gebildeten Menschen verstanden wird – bestehen in folgendem: der Erhaltung eines guten Nachbarschaftsverhältnisses zu den Mitmenschen, die Treue zu allem, was einem teuer und lieb ist, dem Erhabensein über alle schändlichen Dinge und dem festen Bestreben, keine Vergehen und Delikte zu begehen. Ein Mensch von feiner Lebensart kann erst dann als ein solcher bezeichnet werden, wenn er in sich vier Merkmale vereinigt: die Sprachreinheit, die Beredsamkeit, die Sittenreinheit und die Rechtschaffenheit. ...
Wenn man einen solchen Menschen in der Gesellschaft erblickt, fühlt man sich beglückt, ist um eine Unterhaltung mit ihm bemüht und findet schon Gefallen an seiner bloßen Erscheinung. Er offenbart sich durch seine Wesensart und gibt sich an seinem Charakter zu erkennen. Ihn verrät seine vernünftige, gefällige Rede, und selbst wenn er schweigt, kann er sein Wesen nicht verbergen. Die untrüglichen Kennzeichen

eines solchen Menschen von eleganter, feiner Lebensart zeigen sich an seinem Gang, seiner Kleidung und seiner Aussprache. Aus seinem äußerlich tadellosen Benehmen, seiner schönen, anmutigen Bewegung kann man ohne weiteres auf seine innere feine Art Rückschlüsse ziehen. Eigenschaften, die ihn zieren, sind: Abscheu gegenüber häßlichen Dingen, Reinlichkeit, Anmut, Freundlichkeit, elegante Kleidung und vornehmes Parfüm. Nach solchen Leuten sehnen sich die Herzen, blicken die Augen auf und verlangt der Geist.

Zu den weiteren Eigenschaften, die für diese Menschen ein Schmuck sind, gehören zum Beispiel: Würde, Demut, Ergebenheit und Ruhe. ... Daß sie häufig ihre Zuneigung zeigen und lange unter ihrer Liebe leiden, läßt auf ihre vollkommene Bildung schließen und macht die Überlegenheit ihrer Anliegen kenntlich. ... (Liebessehnsucht) ist demjenigen, der sie genau betrachtet und prüft, der sicherste Beweis für die treffliche Zusammensetzung der Elemente und Naturen der Wohlerzogenen und für die Reinheit ihrer Bestrebungen und ihres Charakters. Ja, die Liebessehnsucht gilt bei den Wissenden und Weisen als eine der schönsten Eigenschaften gebildeter und edler Menschen.

Die feinen Leute mischen sich nicht in das Gespräch eines anderen ein, blicken nicht in ein Buch, in dem ein anderer gerade liest, unterbrechen den, der gerade spricht, nicht in seiner Rede und hören nicht hin, wenn jemand einem anderen eine vertrauliche Mitteilung macht. ...

Zu den Eigenschaften solcher Leute gehört, das ist bekannt, daß sie nicht ausspeien, nicht ausspucken, nicht laut gähnen, den Schleim der Nase nicht hochziehen, nicht rülpsen und sich nicht räkeln. Sie schlagen nicht die Hände aufeinander, verschränken ihre Finger nicht, strecken ihre Beine nicht weit von sich, kratzen sich nicht am Körper und wischen sich nicht die Nase mit den Fingern ab. ...

Kein wohlanständiger Mensch geht auf den Abort, wenn ihn einer sieht, oder uriniert, wenn jemand in der Nähe ist. Es gilt bei den Leuten von feiner Lebensart als unschicklich, sich beim Sitzen anzulehnen und beim Gehen Eile an den Tag zu legen. Von einem Weg, den man bereits eingeschlagen hat, biegt man nicht ab. Auf einem Weg, den man bereits beschritten hat, kehrt man nicht zurück. Man schüttelt den Staub nicht dort von den Füßen, wo eben gekehrt worden ist. Man läßt sich nicht zur Ruhe nieder, wo Wasser gesprengt worden ist. Man setzt sich nicht zu einer Gesellschaft, um gleich wieder fortzugehen. ...

Man trinkt kein Wasser aus Zisternen, geht nicht in den Laden eines Getränkeverkäufers, um Wasser zu trinken, ebenso wie man kein Wasser aus den Brunnen der Moscheen oder den Brunnen am Wege trinkt. Speisen verzehrt man nicht mitten auf der Straße, in der Moschee oder auf dem Markt. ...

Für einen Mann von feiner Lebensart dürfte es sich geziemen, daß er das Bad allein betritt, damit niemand auf seine Schamteile sieht. Im Bad wirft er seine Augen nicht auf einen anderen, hängt seine Kleider nicht an einem Pflock auf und steckt seine Füße während des Badens nicht in ein Abflußloch, durch welches das Wasser ablaufen soll. Solcherlei Unfug treiben nur gewöhnliche niedriggesinnte Leute. Der anständige Mensch wälzt sich erst recht nicht auf dem heißen Fußboden des Bades, denn das tun nur die Untersten des gewöhnlichen Volkes. ... Für einen Mann von feiner Lebensart geziemt es sich nicht, (im Bad) ohne Hosen umherzulaufen oder als Lendenschurz nur ein Handtuch zu gebrauchen. Er läuft auch nicht mit einem gelösten oder herabhängenden Lendenschurz umher.

Der Anstand gebietet es, daß man beim Kaufen nicht feilscht, nicht auf einem Mietesel reitet, nicht in einer Ruine zum Weintrinken absteigt, ein geliehenes Buch nicht zu lange zurückbehält, einem Handwerker keine Bedingungen stellt, einen im Rang niedriger stehenden Menschen nicht begleitet, einen Freund nicht beschimpft, niemandem etwas nachsagt, einen Gefährten bei anderen nicht schlechtmacht, ein anvertrautes Geheimnis nicht preisgibt, niemanden öffentlich der Unzucht bezichtigt, keine obszönen Dinge erzählt, nicht die Frau des vertrauten Freundes oder des guten Nachbarn verführt. ...

Zur vollendeten Eleganz eines Mannes von feiner Lebensart gehört es, daß seine Kleidung in angenehmer Weise in Erscheinung tritt. Die Zwickel an seinen Kleidern sitzen nicht schief, seine Hosen weisen kein Loch auf. Er läßt sich die Fingernägel nicht lang wachsen und schneidet sich sein Haar regelmäßig kurz. Von seinen Achselhöhlen strömt kein übler Geruch aus, sein Körper ist nicht fettig von Schweiß. Er achtet darauf, daß seine Nase nicht läuft und daß er seine Handflächen nicht beschmutzt.

Nach: Ibn al-Waššāʾ: Das Buch des buntbestickten Kleides, aus dem Arabischen übersetzt und herausgegeben von Dieter Bellmann. Leipzig-Weimar 1984, Bd. 1, 71, 81; Bd. 2, 110 ff.
Quelle: Ibn al-Waššāʾ: Kitāb al-muwaššā. Ed. Rudolf E. Brünnow, Leiden 1886, 41, 46 f., 146 ff.

74 Frühlingstanz

Das Sanskrit-Gedicht Gitagovinda ist eine Schilderung der Liebe des Hirtenmädchens Radha zu Govinda, dem schönen Jüngling, der zugleich Hirte ist und Krishna, höchster Gott. Der Dichter Jayadeva schildert die Höhen und Tiefen dieser Beziehung und verwebt dabei die Thematiken des erotischen Verlangens und der mystischen Hingabe an Krishna, denn die Liebe des Mädchens zum Jüngling wird gleichgesetzt wird mit der Sehnsucht der menschlichen Seele nach Vereinigung mit Gott. Das Gedicht ist bis heute populär, weil es in unübertroffener Weise die emotionale Thematik in Sprachklang umsetzt. Der Dichter Friedrich Rückert hat versucht, diese Sprachmelodie ins Deutsche zu übertragen. Der Auszug stammt vom Anfang des Gedichts und zeigt, wie der Dichter die Landschaft des Waldes von Brindavan beschreibt, wo die Hirtenmädchen in einer Art zeitlosem Paradies leben.

Im Frühlingshauch, mit frühlingsblütenzartem Leib,
Im Walde wallend, Krishna suchend überall,
Von Kamas[106] Kummer schwer bedrängt, verwirrten Sinns,
Ward Radha von der Freundin angeredet so:

„Unter malajischem, duftende Nelkengebüsche besuchendem Hauche,

Unter dem bienenumschwärmten, von Kokilas[107] Rufen ertönenden Strauche,

Hari[108] nun spielet im Lenze, dem frohen,

Tanzet, o Freundin, mit Mädchen, zur Zeit, die nicht süß ist, wo Liebe geflohen.

Wo sich von Frau'n der Verreisten erheben aus sehnender Liebe die Klagen,

Wakula[109]-Kronen den immenbelagerten Blütengeweben entragen;

Hari nun spielet im Lenze, dem frohen,

Tanzet, o Freundin, mit Mädchen, zur Zeit, die nicht süß ist, wo Liebe geflohen.

Wo sich mit Moschusgedüfte berauschet das junge Gesproß der Tamalen,[110]

Kinsuka[111]-Blüten wie Madanas[112] Nägel, die herzenzerreißenden, strahlen;

Hari nun spielet im Lenze, dem frohen,

Tanzet, o Freundin, mit Mädchen, zur Zeit, die nicht süß ist, wo Liebe geflohen.

Wo wie die Zepter des Königs Ananga[113] sind blühende Kesaras[114] golden,

Bienengefüllet wie Köcher Kandarpas[115] sich zeigen die Patali[116]-Dolden;

Hari nun spielet im Lenze, dem frohen,

Tanzet, o Freundin, mit Mädchen, zur Zeit, die nicht süß ist, wo Liebe geflohen.

Wo, die entfesselte Schöpfung erblickend, die sprießenden Karunas[117] lachen,

Ketaki[118]-Stengel wie liebeverwundete Spieße die Gegend umwachen;

Hari nun spielet im Lenze, dem frohen,

Tanzet, o Freundin, mit Mädchen, zur Zeit, die nicht süß
ist, wo Liebe geflohen.

Wo, vom Gerank Atimuktas[119] umarmet, der Amra,[120] der
knospende, schaudert,
Durch Wrindawanas[121] Dickicht sich schlingend, die schlängelnde Jamuna[122] zaudert;
Hari nun spielet im Lenze, dem frohen,
Tanzet, o Freundin, mit Mädchen, zur Zeit, die nicht süß
ist, wo Liebe geflohen.

Nun in dem Madhawi-Düfte[123] verhauchenden, Malika[124]-
Balsam-betauten,
Selber die Sinne des Büßers berauschenden, zaubrischen jugendvertrauten;
Hari nun spielet im Lenze, dem frohen,
Tanzet, o Freundin, mit Mädchen, zur Zeit, die nicht süß
ist, wo Liebe geflohen.

Aus Blumenstaube, der entstiebt gespaltnem Schoße
Der Malli[125]-Blüte, webt ein hainbeflorend Florzelt
Er jetzt, der sengt das Herz wie Pantschawanas Odem,
Ketakis Duftgespiel, Duftwagenlenker Lenzwind."

Nach: Jayadeva, Gitagowinda oder die Liebe des Kischna und der
Radha. Aus dem Sanskrit übersetzt von Friedrich Rückert, Berlin
1920, 1–2.

75 Die Liebe und die Religionen

Abu Ishaq Ibn Hilal al-Sabi (925–994) stammte aus einer bekannten
Familie der nordmesopotamischen Stadt Harran, beim heutigen anatolischen Urfa. Als Sekretär zweier Kalifen in Bagdad und Leiter der
Staatskanzlei galt er zugleich als Meister der Kunstprosa. Zeitlebens
behielt er die Religion seiner Vorfahren bei, einen ausgeprägten
Astralkult, dessen Anhänger die Gestirne verehrten. Das folgende Ge-

dicht schrieb er für eine Geliebte, die aufgrund ihrer Schönheit in allen Religionen einen würdigen Platz einnehmen könne.

Du kannst für die Frommen jedes Glaubens
Den Beweis für ihre Dogmen leihn:
Sucht der Muslim dich, hält er dich sicher
Für die Huri[126], ewig hold und rein.
Sieht ein Christ dich, Reh, wie du voll Anmut
Wiegst auf schlankem Zweig des Vollmonds Schein,
Preist sein Dogma von der Trinität er:
Denn in dir ward Drei ja ganz zu Ein!
Sieht ein Jude deine Stirn erglänzen,
Weist er Ketzer ab und Heiden: „Nein,
Seht ihr nicht – das ist der Glanz des Herren,
Der dem Mose strahlt' am Wüstenstein!"
Sehn die Magier dein Gesicht so leuchtend,
Drüber nächtig schwarz die Locken dein,
Wirst du ihre Sonn' und ob des Dunkels
Werfen sie sich hin in langen Reihn.
Die Sabäer[127] sehen, daß du einzig
Bist an Schönheit, unvergleichlich rein,
Wie die Venus scheinst du ihnen, glückhaft,
In Merkurs und Jupiters Verein.
Alle schauen nur auf deine Hände,
Ob sie irrend oder gläubig sei'n –
Jenen halfst du – mich verwirrst, verläßt du.
Und ich wandle, glaubenslos, allein!

Nach: Schimmel, Annemarie: Nimm eine Rose und nenne sie Lieder. Poesie der islamischen Völker. Frankfurt/M.-Leipzig 1995, 33 f.

76 Verzehrende Liebesglut

Der lyrische Erguß, nach Urteil des modernen Übersetzers „ein typisches Stück gequälter Poesie aus der mittelbyzantinischen Zeit", stammt von der Hand eines kaiserlichen Beamten des 10. Jahrhunderts namens Joannes Kyriotes Geometres.

Bitteres Wasser! Ich trinke, trinke ohne Maß.
Es bleibt mein Durst. Was ist das für ein Naß,
das wie Feuer zündet und das Herz entfacht?
O, der Liebe Brand! Was hab ich Tor gemacht!
Was nur tun? Laß mich von deinen Lippen doch,
Mädchen, trinken! Doch es brennt nur stärker noch.
Wie soll ich die Flamme löschen nah bei dir?
Nur ein Heilkraut dieses Durstes weiß ich mir:
Liebe durch Liebe gehemmt, die heißer brennt!
Liebe löscht die Liebe aus, die Höheres kennt:
Herr Christ, dir hang ich an; laß deine Wasser fließen
und lindernd sich in meinen Brand ergießen.

Nach: Beck, Hans-Georg (Hg.): Leben in Byzanz. Ein Lesebuch. München – Zürich 1991, 381.
Quelle: John Anthony Cramer, Anecdota graeca e codicibus Bibliothecae Regiae Parisiensis IV, Oxford 1841, 316 f.

77 Tragische Liebe

In Japan gab es seit Beginn des 10. Jahrhunderts zunehmend Tendenzen, die bis dahin in der Schriftsprache vorherrschende Stellung des Chinesischen zu beseitigen. Bereits im 9. Jahrhundert war in Japan eine Silbenschrift, bekannt als Hiragana-Schrift, entwickelt worden – ein Silbensystem, das der gesprochenen japanischen Sprache viel angemessener war als das Chinesische. Bezeichnend ist, daß die beste Literatur damals von Frauen verfaßt wurde. Der folgende Text stammt aus einem berühmten Liebesroman, den die Hofdame Murasaki um das Jahr 1000 verfaßte. Der fiktive Erzähler ist ein japanischer Prinz.

Vor langer Zeit – ich hatte damals noch einen recht niedrigen Rang – lernte ich eine Dame kennen, die mir gefiel. Da sie, wie ich vorher schon erwähnte, nicht besonders schön war, entschloß ich mich im Leichtsinn meiner Jugend auch nicht, sie zur Gefährtin für das ganze Leben zu wählen. Ich suchte sie zwar immer wieder auf, ging aber heimlich auch anderswohin. Darüber geriet sie nun in grimmige Eifersucht, und das verdroß mich. Ich fand, daß sie anders, viel großzügiger zu mir sein müßte. Von Tag zu Tag wurde mir ihr blindes Zürnen eine schlimmere Last. Manchmal tat sie mir freilich auch leid. Ich fragte mich selbst, warum sie einen so unbedeutenden Menschen wie mich denn immer noch liebte, und ganz von selbst beruhigte sich mein immer nach neuen Abenteuern gierendes Herz.

Ihre Hingabe ging so weit, daß sie da, wo ihre Schwächen lagen, sich aufs äußerste anstrengte, um jeden Preis mir zuliebe etwas zu tun, und auch dort, wo ihre Fähigkeiten ganz offensichtlich hinter denen anderer Frauen zurückstanden, bemühte sie sich ungeheuer, nicht gar zu mangelhaft zu erscheinen. Sie stand mir mit vollendeter Liebe zur Seite und war ängstlich darauf bedacht, daß auch nicht ein Stäubchen mein Wohlbefinden trübe. Manchmal hatte ich das Gefühl, daß sie des Guten zu viel tat, doch sie fügte sich allen meinen Wünschen weich und folgsam und suchte ihre Mängel zu verbergen. Damit ihr wenig ansprechendes Äußeres mir nicht auffallen, ja etwa mich gar abstoßen könnte, pflegte sie sich sehr sorgsam, und in der Furcht, es brächte mir Schaden, falls man uns zusammen sähe, hielt sie sich stets scheu und schamvoll zurück. Ich gewöhnte mich immer mehr an sie, hatte sie auch lieb, nur ihr Hang zur Eifersucht mißfiel mir sehr.

Eines Tages kam mir der Gedanke, daß sie, die sich mir in allem fügte, sich vielleicht bessern und ihr schlimmes Zürnen aufgeben würde, wenn ich ihr einmal einen gewaltigen Schrecken einjagte, der sie ein für allemal warnte. Wahrhaftig, ich konnte es nicht länger mehr ertragen, und so gedachte ich, ihr offen damit zu drohen, mich allenfalls von ihr zu trennen; da sie in allem sonst so gehorsam war, nahm sie sich vielleicht auch dies zu Herzen. Ich verhielt mich absichtlich kühl und sagte, als sie eines Tages wie immer in heftiger Eifersucht entbrannte:

„Mögen unsere Bande aus dem früheren Leben noch so eng sein, sie werden ein Ende haben, falls Ihr weiter so eigensinnig und unverständig seid! Wollt Ihr das heute, so fahrt in Eurem

Zanken nur so fort. Liegt Euch aber an einer langen gemeinsamen Zukunft, so findet Euch, auch wenn Euch etwas an mir mißfällt, doch damit ab. Laßt Ihr Eure Eifersucht endlich fahren, liebe ich Euch wieder so wie je! Und wenn ich in meiner Laufbahn langsam höher steige und zu Ansehen komme, werdet allein Ihr meine Gemahlin sein!"

Ich dachte, wunder wie klug ich sie zurechtgewiesen hätte und war auf mich stolz, doch sie entgegnete mir lächelnd:

„Ich ertrage Euern Zustand, so unbedeutend und armselig er auch ist, ohne Murren und warte in aller Ruhe darauf, daß Ihr einmal in der Welt vorankommt, ich bin also keineswegs ungeduldig! Aber daß ich schweigend immer wieder Euere Kälte ertragen soll, in der Hoffnung, Ihr würdet Euch eines Tages doch noch bessern, das bedrückt mich allzusehr. Und so glaube ich, nun ist der Augenblick gekommen, wo wir uns besser voneinander trennen!"

Da sie in so erbitterter Weise sprach, geriet ich in Zorn und überhäufte sie mit Schmähungen, und weil auch sie sich nicht länger beherrschen konnte, haschte sie plötzlich nach meinem Finger und biß hinein. Nun rief ich in übertrieben lauter Klage:

„Mit dieser Verunstaltung kann ich nicht mehr unter die Leute gehen! Auch aus meiner Laufbahn am Hofe, über die Ihr spottet, wird nichts werden. Alles ist zu Ende, und mir bleibt nichts weiter, als mich für immer von der Welt zurückzuziehen!"

Und dann fügte ich noch hinzu:

„Auch mit uns beiden dürfte es von nun an für immer vorbei sein!"

Ich krümmte den Finger, in den sie hineingebissen hatte, und ging mit den Worten hinaus:

„Zähle an den Fingern
ich nach, was alles geschah,
seit wir uns kennen,
was so viel Leid mir gebracht?"

Hierauf sagte ich noch:

„Ihr habt also wahrhaftig keinen Grund, mich so zu hassen!"

Da brach sie natürlich in heftiges Weinen aus und erwiderte: „Wie oft Ihr leiden
mich machtet, zählte ich heimlich
immer wieder auf,
nun aber ist's wirklich Zeit,
uns auf ewig zu trennen."

So stritten wir miteinander, aber ich war nicht davon überzeugt, daß wir uns wirklich trennen würden. Ich schrieb ihr lange nicht mehr, und besuchte da und dort heimlich andere Frauen. Eines Tages nun nach der Musikprobe zum Kamo no Rinji-Fest[128], als es schon spät geworden war, Schneeregen draußen fiel und die Teilnehmer sich eben verabschiedet hatten, überlegte ich unschlüssig, wohin ich gehen sollte. Voll Wehmut erkannte ich, daß es außer ihrem Haus keines gab, das meinem Herzen so nahe stand, und wo ich es wagen konnte, so spät noch zu erscheinen. In den Räumen des Palastes zu übernachten, erschien mir zu freudlos, und wenn ich zu einer nur leichtfertigen Frau ginge, deren Herz mir nicht wirklich zugetan war, fürchtete ich zu frieren; da fühlte ich plötzlich heftiges Verlangen, jene wieder zu sehen, zu erfahren, was sie wohl seitdem gedacht hatte und wie sie wohl aussähe. Entschlossen schüttelte ich den Schnee von meinen Ärmeln und machte mich zu ihr auf. Es war eine heikle Lage, und ich schämte mich eigentlich und zögerte immer wieder, doch dann hoffte ich zuversichtlich, ihr Groll würde sich besänftigen, wenn ich so plötzlich in der kalten Nacht bei ihr erschiene. Als ich eintrat, gaben die Leuchter nur schwaches Licht und standen gegen die Wand. Weiche, dickgefütterte Gewänder lagen über einem großen Wärmekorb. Die Tücher des Vorhangständers waren, wie es üblich war, nach oben geschlagen; es sah also aus, als erwartete sie mich. „So, also doch!" dachte ich stolz, aber sie selber entdeckte ich nirgends. Nur ihre Dienerinnen waren da und antworteten mir auf meine Frage, wo ihre Herrin weile:

„Sie ist heute abend ins Haus ihrer Eltern gegangen!"

Daß sie mir seit unserer Trennung kein einziges wehmütig zärtliches Gedicht oder einen versöhnlich stimmenden Brief geschickt hatte, war mir schon immer gar zu kühl und gleichgültig erschienen, und jetzt kam mir sogar der Verdacht, ob sie mich vielleicht nicht absichtlich so erbarmungslos beschimpft hatte, um mich gegen sie aufzubringen. Der Anschein sprach zwar nicht dafür, aber ich dachte gleichwohl so, weil ich mich unglücklich fühlte. Andererseits aber dünkten mich die Gewänder, die, wie die Dienerinnen sagten, für mich vorgewärmt werden sollten, in den Farbtönen und der Machart hübscher und sorgfältiger als damals. So sorgte sie, überlegte ich, also noch immer für mich. Mochte sie jetzt auch nicht anwesend sein, ich war nicht ganz aus ihrem Herzen verstoßen! Als ich sie dann an einem anderen Tage erneut aufsuchte und ihr vorschlug, uns doch wieder zu vertragen, da widersprach sie nicht, sondern erwiderte sanft: „Wenn Euer Herz noch immer so unbeständig ist wie ehedem, ist mir das unerträglich. Ändert Ihr Euch aber und kommt zur Ruhe, werde ich mich freuen, falls Ihr wiederkommt!"

Da ich aus diesen Worten ersah, daß ihr Herz noch immer an mir hing, bekam ich Lust, sie noch eine Weile zu züchtigen, ich versprach ihr also nicht etwa, ich wollte mich bessern, sondern tat noch unnachgiebiger. Allein, das betrübte sie sehr, und sie starb nach einiger Zeit. Da erkannte ich betroffen, welch schändliches Spiel ich, ohne es zu wollen, mit ihr getrieben und was für eine unvergleichliche Frau ich an ihr verloren hatte. Sie war mir nicht nur bei vergnüglichem Spiel und ernstem Gespräch eine anregende Partnerin gewesen, man konnte sie darüber hinaus in ihrer großen Kunst des Färbens die Tatsuta-hime[129] nennen, und im Nähen stand sie hinter der Geschicklichkeit der Tanabata[130] nicht zurück.

Nach: Genji Monogatari. Die Geschichte vom Prinzen Genji. Altjapanischer Liebesroman aus dem 11. Jahrhundert, verfaßt von der Hofdame Murasaki, übers. von Oscar Benl, Zürich 1992, 44–48.
Quelle: Murasaki Shikibu, Genji Monogatari, Kap. 2.

78 Wohin sind die Zeiten keuscher Liebe?

Ibn al-Waschscha (vgl. Dok. 73) schrieb auch eine der ersten Darstellungen profaner Liebe in der arabischen Literatur. Dabei beschwor der Autor das platonische Liebesideal altarabischer, beduinisch geprägter Vergangenheit und mokierte sich über die Sitten seiner Zeit, wo in „feineren Kreisen" nur die letzte Liebeseroberung etwas galt.

Keinen einzigen von den (alten) Arabern haben wir gefunden, der anders (als in keuscher Liebe) gehandelt und nicht danach gestrebt hätte: Vielmehr liebte ein jeder von ihnen von Anfang bis Ende, ohne der lasterhaften Begierde zu erliegen und ohne obszöne Dinge zu erstreben. Was sie begehrten, war weiter nichts als Blicke auszutauschen. ...
Wenn einer von ihnen seiner Geliebten in wahrer Liebe zugetan war, so trennte er sich nicht eher von ihr, als bis er starb. Es kam ihm überhaupt nicht in den Sinn, sie aus seinem Herzen zu verbannen. Nie blickte er eine andere an, und nur seine Geliebte beschäftigte ihn Tag und Nacht. Und auch sie, die Geliebte, verhielt sich ihm gegenüber so. Wer von den beiden zuerst starb, wußte, daß der andere ihm nachfolgte, meist dadurch, daß er sich selbst tötete, oder dadurch, daß er weiterlebte und dem gegebenen Versprechen treu blieb, ihn im Gedächtnis zu behalten und keine neue Verbindung einzugehen. Später aber hielten es die Menschen für gut, Überdruß gegenüber dem oder der Geliebten zu empfinden, einen Ersatz für ihn oder für sie zu suchen, Verrat an der Liebe zu üben und von einer Liebschaft zur anderen überzuwechseln ..., ganz im Sinn der folgenden Verse:

Sei stolz auf den letzten,
dessen Liebe du genossen hast!
Denn nichts Gutes ist in ihr,
der Liebe zum ersten Geliebten.
Zweifelst du etwa daran,
daß der Prophet Muhammad
die Menschheit beherrscht,
und zwar als letzter der Gesandten?

Nach: Ibn al-Waššāʾ: Das Buch des buntbestickten Kleides, aus dem Arabischen übersetzt und herausgegeben von Dieter Bellmann. Leipzig-Weimar 1984, Bd. 1, 139 f.
Quelle: Ibn al-Waššāʾ: Kitāb al-muwaššā. Ed. Rudolf E. Brünnow, Leiden 1886, 77 f.

79 Eheglück und Staatsräson

Der ausschließlich im Strahlkreis des burgundischen Reformklosters Cluny lebende Mönch Radulf bzw. Rodulf Glaber (Glatzkopf) vollendete gegen 1045 seine „Fünf Bücher Geschichten", an denen er seit über einem Jahrzehnt kontinuierlich als Zeitzeuge geschrieben hatte. Sein Werk dokumentiert die Antriebskräfte der Klosterreform von Cluny, bietet aber auch packende Schilderungen der Zustände und Bewußtseinslagen um das Jahr 1000 im Westfrankenreich, dem heutigen Frankreich. Im folgenden Textabschnitt richtet der Autor indes seinen Blick über den Rhein in das ostfränkische, (nachmals) deutsche Königreich. Dessen Thron war 1024 durch den Tod Kaiser Heinrichs II., des letzten Vertreters des aus Sachsen stammenden ottonischen Königshauses, verwaist. Die Nachfolgeregelung beleuchtet Radulf im Zusammenhang einer heikel erscheinenden Eheangelegenheit.

Der sehr fromme Kaiser Heinrich starb ohne Nachkommenschaft, welche ihm hätte in der Regierung folgen können, deshalb versuchten einige der Großen, diese an sich zu bringen; mehr bestrebt, durch die Krone des Reichs zu glänzen, als den Nutzen des Staates und das Maß der Gerechtigkeit zu üben. Allen voran ein gewisser Konrad, … kühn im Gemüt und außerordentlich an Kraft, aber im Glauben nicht sonderlich fest. Als nämlich lang und breit über eine Neuwahl verhandelt war, zumal unter der hohen Geistlichkeit, da schien es ihnen geraten, man müsse eben Konrad erwählen, nur daß ihm eins im Wege stand, weswegen er auch Heinrich sehr verhaßt war. Er hatte nämlich eine Gemahlin, welche ihm verwandt war und vorher schon mit einem Verwandten von ihm in der Ehe gelebt hatte. Deswegen eröffneten ihm die Bischöfe, was er lieber wolle, entweder an dieser Ehe festhalten, was ganz offen dem Kirchengesetz widerstreite, oder seine Frau entlassen und die Krone des Kaiserreiches nehmen. Konrad versprach alsbald, die unzüchtige Verbindung zu lösen, ihren Worten aufmerksam nachzukommen und ihren Ratschlägen zu gehorchen. Dann aber schickten sie an den römischen Papst, daß er ihnen in ihrer Beschlußfassung zustimme. Derselbe erklärte sogleich bereitwilligst seine Einwilligung und verlangte überdies, daß Konrad alsbald nach Empfang des deutschen Szepters nach Rom käme, um die Krone des ganzen Italien zu übernehmen. Unterdessen erlangte Konrad die Regierung des Reiches und zog nach Italien, seine Gemahlin im Gefolge, von der wir sagten, daß er sie in unerlaubter Ehe genommen hatte. Sofort am Abstieg der Alpen, den wir Curia Gallorum, obgleich unrichtig, nennen, in der Stadt Como, empfing ihn der Papst mit großem Gepränge, wie er vorher versprochen hatte. Damals gab es gewisse italienische Markgrafen, welche Konrad nicht anerkennen wollten; das ist nämlich so ihre Art beim Ableben der Kaiser. ... Auch die Pavesen, hochfahrender als die übrigen, zerstörten bis zum Grunde die königliche Pfalz, welche mit großem Kostenaufwand ihrer Stadt erbaut war. Als aber Konrad das hörte, da brach er wütend über sie herein, eroberte zuerst die Stadt Ivrea, dann unterwarf er die anderen mit allen Burgen seiner Herrschaft. So kam er nach Rom und empfing der Sitte gemäß die Kaiserkrone. Als ihn die Bischöfe aufforderten, er solle unter der Autorität des römischen Oberpriesters die Auflösung seines unerlaubten Ehebundes vornehmen, da nahm er es übel auf und sagte, er sei zum Kaiser gemacht und dürfe auf keine Weise der Gattin beraubt werden. Und wie er sie unpassend genommen hatte, so behielt er sie.

Nach: Deutsche Geschichte in Quellen und Darstellung. Bd. 1: Frühes und hohes Mittelalter 750–1250. Hg. v. Wilfried Hartmann, Stuttgart 1995, 234 f.
Quelle: Rodulfus Glaber. The Five Books of the Histories. Hg. u. engl. übers. v. John France. By the Same Author. The Life of St William. Hg. v. Neithard Bulst, engl. übers. v. John France u. Paul Reynolds, Oxford 1989, 170/172 (IV,1).

Ioannes Zonaras erklomm als Vorsteher der Kanzlei von Kaiser Alexios I. Komnenos (gest. 1118) eine hohe Sprosse der byzantinischen Ämterhierarchie. Sein vielseitiges schriftstellerisches Œuvre erwuchs jedoch erst, nachdem er dem weltlichen Leben entsagt hatte. Als Mönch auf einer Insel im Marmarameer schrieb er ein achtzehn Bücher umfassendes Geschichtswerk, das von der Erschaffung der Welt bis ins Jahr 1118 reichte. Obwohl ein Autor des 12. Jahrhunderts, liefern die Bücher 16 und 17 seiner Chronik doch detaillierte Berichte für die byzantinische Reichsgeschichte der Zeit um das Jahr 1000. Hierzu zählt auch der auf älteren chronikalischen Werken beruhende Abschnitt über das Eheleben des von 1028–1034 regierenden Kaisers Romanos III. Argyros und seiner Gemahlin Zoë.

Aber schon näherte sich seine Lebenszeit ihrem Ende; wie er starb, muß erzählt werden. Sobald er die Kaiserwürde erlangt hatte, maß er sich lange Jahre des Lebens wie der Herrschaft zu – und das, obwohl er ein Sechziger war, als er das Szepter ergriff –, er bildete sich ein, er werde dem Kaisertum einen leiblichen Nachfolger hinterlassen, und konnte nicht verstehen, daß die Kaiserin, mit der er zusammenlebte, fünfzig Jahre alt, über ihre Blüte hinaus und ihr Leib zur Aufnahme des Samens nicht mehr bereit war. Anfangs nun war er um Liebesgenuß bemüht, strengte sich an, gebrauchte Salben und hängte seiner Gattin kleine Edelsteine um, als ob sie etwas für die Schwangerschaft bewirkten. Aber auch sie hielt sich nicht vor Amuletten und Beschwörungen zurück und akzeptierte Zaubersprüche. Als jedoch der Herrscher erkannte, daß alles vergebens sei, und er sein Vorhaben aufgab, verhielt er sich nicht mehr in gleicher Weise zu seiner Gattin, sondern näherte sich ihr weniger. Er war nämlich von Natur aus eher träge und schwächlich im Geschlechtsverkehr, außerdem hatte das Alter den Trieb bereits abgestumpft. Als er aber einige Jahre der Herrschaft durchmessen hatte und sich gegen die Kaiserin abweisend verhielt, wurde sie, weil sie sich mißachtet fühlte, zu Haß gereizt, umso mehr, weil sie mit einem Mann verkehren wollte.

Nun hatte der Kaiser bereits vor seiner Herrschaft einen verschnittenen Diener (Eunuch), und der hatte Brüder, von denen einer Michael war, ein Mann, dem die Natur das Aussehen zu vollkommener Schönheit gestaltet hatte. Diesen stellte der Bruder dem Romanos nach dessen Thronbesteigung vor, damit er ihn aufnehme, und der reihte den Jüngling unter seine Kammerdiener ein. Die Kaiserin wurde von Liebe zu ihm ergriffen, ihre Seele brannte, und seine Schönheit entfachte täglich das Feuer, wenn sie ihn sah. Dann rief sie auch den ihr früher verhaßten Eunuchen zu sich, hielt ihn eines vertraulicheren Umgangs für würdig und fragte ihn schließlich auch nach seinem Bruder Michael. Als dies nun oftmals geschah, erkannte jener erfahrene Mann die Liebe und riet seinem Bruder, sich der Kaiserin zu nähern und, falls sie ihn verführen wollte, sich nicht zurückzuziehen, sondern sie zu berühren, zu küssen und zu umarmen. Und was soll man viel sagen? Die Liebe führte bis zur Vereinigung, und im Laufe der Zeit brach ihre Neigung zu Michael fast offen hervor; man munkelte nicht nur im Palast, sondern auch auf den Straßen, bloß der Kaiser wußte nichts. Daher befahl er sogar dem Michael, als er mit der Kaiserin im Bett lag, ihm die Füße zu massieren. Was anderes könnte man nun annehmen, als daß er dabei auch ihre Füße berührt hat? So wurde der Kaiser für die beiden gleichsam Kuppler und Bettgenosse.

Als ihn aber seine Schwester Pulcheria und andere von der Sache unterrichteten und ihm rieten, sich in acht zu nehmen, tat er nichts anderes, als den Verdächtigen zu rufen und zu fragen, ob er von der Kaiserin geliebt würde. Als der dies leugnete und von sich wies, wurden von ihm hierfür Zusicherungen und Eide bei den Sakramenten gefordert. Und nachdem dieser die Schwüre als Meineid geleistet hatte, hielt er die Reden der anderen für Verleumdung. Man sagt freilich, daß wegen des Meineids eine schwere Krankheit den Michael befallen habe; und zwar erfaßte ihn zeitweise Wahnsinn, seine Augen verdrehten sich, sein Körper zitterte und er fiel zu Boden, dann kam er wieder zu sich und erholte sich. Das erlitt er oft auch im Angesicht des Kaisers, der aber bedauerte den

Michael wegen seines Leidens, hielt das Gerede umso mehr für Lüge und glaubte, daß jener in diesem Zustand weder lieben noch geliebt werden könne. Es gibt aber welche, die sagen, daß der Kaiser sehr wohl von dem Liebesverhältnis wußte, und auch, daß die Kaiserin lüstern und nach Geschlechtsverkehr begierig war, er jedoch ihre Neigung zu Michael duldete und Unwissenheit heuchelte, damit sie nicht mit mehreren Beziehungen hätte.

In dieser Situation erkrankte der Kaiser, sein Gesicht war angeschwollen, er hatte ständig Asthma, sein Antlitz glich dem eines Toten, und sein Kopf war größtenteils kahl, denn die Haare waren ausgefallen (man sagt daher, der Mann sei mit Gift behandelt worden). In diesem Zustand ging er in eines der Bäder im Palast, um sich zu baden, und als er dorthin ging, ließ er sich weder an der Hand führen, noch rechnete jemand damit, daß er sogleich sterben werde. Nachdem er aber den Körper gereinigt hatte, tauchte er in das dortige Becken ein, wo, wie man erzählt, das ganze Drama passiert sei: Einige sollen nämlich seinen Kopf ziemlich lange ins Wasser gehalten, ihn dann fast leblos herausgezogen und auf das Bett gelegt haben. Als sich darüber ein Geschrei erhob, kam auch die Kaiserin hin, klagte denn auch ein wenig über den Unglücksfall, und als sie über das Ende des Kaisers Gewißheit hatte, ging sie sogleich fort. Dieser aber lebte noch kurze Zeit ohne Sprechvermögen, stieß darauf durch den Mund eine schwärzliche Masse aus und gab den Geist auf, nachdem er fünfeinhalb Jahre geherrscht hatte; er war mit den Wissenschaften aufgewachsen, hatte teil an griechischer Bildung und war in den Gesetzen des Staates nicht unerfahren, vermeinte aber und brüstete sich, mehr zu wissen, als er in Wirklichkeit wußte.

Nach: Militärs und Höflinge im Ringen um das Kaisertum. Byzantinische Geschichte von 969 bis 1118. Nach der Chronik des Johannes Zonaras. Übersetzt, eingeleitet und erklärt v. Erich Trapp (Byzantinische Geschichtsschreiber XVI), Graz – Wien – Köln 1986, 68–71.
Quelle: Ioannis Zonarae epitomae historiarum libri XIII-XVIII. Hg. v. Theodor Büttner-Wobst (Corpus scriptorum historiae Byzantinae 27), Bonn 1897, 581–585 (XVII,13).

81 Dämonische Verführung

Huemac, ein Priester-König von Tollan, verlor das Amt des Oberpriesters, als er sich von weiblichen Dämonen verführen ließ. Sein Nachfolger im Priesteramt wurde Quauhtli aus Xicococ, der später unter dem Namen Quetzalcoatl, „die gefiederte Schlange", in die Legende einging.

Im (Jahre) 9 Kaninchen (994 A. D.) verstarb Tlilcoatzin, der König von Tollan.

Und darauf bestieg Huemac den Thron; sein Königstitel war Atecpanecatl („Der vom Wasserpalast").

Sehr viele Geschichten sind von ihm in verschiedenen Büchern zu hören (lesen).

Als er nämlich den Thron bestieg, erst da auch verheiratete er sich.

Er heiratete die namens Coacueyê, einen Dämon, der in Weibsgestalt auftrat.

Es hatte sie aufgezogen der Dämon an dem Ort des Namens Coacueyêcan.

Dort war sie, die Coacue heißt, zu Hause.

Eine Armlänge breit war sie hinten (an den Hüften).

Und nachdem das geschehen war, da holten sie aus Xicococ (einen Mann), der Räucherpriester war, mit Namen Quauhtli.

Darauf kam er und ließ sich nieder auf der Matte, auf dem Sessel (d. h. dem Throne) Quetzalcoatls.

Damit machte er sich zum Abbilde Quetzalcoatls, der in Tollan erzeugt worden war.

Er (Quauhtli) wurde Priester, trat an die Stelle Huemacs; denn er (Huemac) war Quetzalcoatl,

damals als mit ihm ihr Spiel trieben, mit ihm ihren Spott hatten die weiblichen Dämonen, mit denen er Umgang pflog.

Sie (die weiblichen Dämonen) waren der Dämon Yaotl („Feind") und er, der Tezcatlipoca heißt, der in Tzapotlan[131] lebte (und) von dort gekommen ist.

In folgender Weise betrogen (die Dämonen) den Huemac:

Nachdem sie sich in Weiber verwandelt hatten, wohnte er ihnen bei.

Da hörte er (Huemac) auf Quetzalcoatl zu sein.

Nach: Die Geschichte der Königreiche von Colhuacan und Mexico. Text mit Übersetzung von Walter Lehmann; 2. Auflage hg. von Gerdt Kutscher, in: Quellenwerke zur alten Geschichte Amerikas aufgezeichnet in den Sprachen der Eingeborenen, hg. von der Ibero-Amerikanischen Bibliothek, Berlin. Stuttgart u. a. 1974, Bd. I, 96–98.

82 Wider die Versuchung

Amitagati war ein jainistischer Dichter (vgl. Dok. 47), der um das Jahr 1000 in seinem Lehrwerk *Subhashitasamdoha* in 32 Kapiteln die Gründe darstellt, warum die Welt nichtig ist und nur der rechte Glaube und die Hingabe an die Lehre der Jainas Rettung versprechen. Das Sanskrit-Werk ist in seiner Drastik kaum zu übertreffen, extrem frauenfeindlich und in seiner strengen Askese allem Sinnengenuß abhold.

13. Was für ein Glück bringt denn den Körperbegabten ein junges Weib, das Schatzhaus der Nachteile, an welcher hängend der Mann, und wäre er sonst in der Welt zu ehren, zum Feinde aller Tugenden wird und nicht weiß, was zu tun und was zu lassen ist, vom Worte der Respektspersonen abgeht, niedrige Worte spricht, die Schamhaftigkeit aufgibt und in äußerst tiefes, tadelnswertes Laster taucht?

14. Sie, die ewig Betrug ausführt, ihren Sinn nicht festigt, keinen Dienst achtet, unwahre Worte redet, die Familie befleckt, die Ranke des guten Rufes abschneidet, die einzige Ursache alles Beginnens ist, die Lust am Glücke der Lustlosigkeit zerstört und tadelnswert ist – diese Vernichterin des Gartens der Tugend, die Hochmütige, genießt kein Mensch von achtenswertem Verstande.

15. Sie, die bei den Männern durch mannigfache Arten von Lügenreden auf hundertfache Weise Vertrauen erweckt, selbst aber keins faßt, alle Tugenden durch einen einzigen Fehler zunichte macht, und, wenn sie einen besonderen Fehler begangen hat, Betrug, das einzige Ziel ihrer eigenen Taten, verübt: diese Trägerin der Fehler liebt kein trefflicher Mann als seine Geliebte.

16. Besser, man geht in das mit seinen aufsteigenden Flammenreihen die Erde versengende Feuer, oder in das von Haifischen und Krokodilen wimmelnde, bewegt wogende Meer, oder in den von Feinden grausigen, an Kämpfern, die von allerhand Wurfgeschossen getroffen sind, reichen Kampf, als in die Weiberwollust, die nur geeignet ist, unendliches Unheil infolge von Hunderten von Wiedergeburten zu stiften.

17. Wer imstande ist, durch das Leuchten der Blitze in den Nächten in der Finsternis einen Gegenstand zu erkennen, vermittelst der beiden Arme das jenseitige Ufer der von mancherlei Wassergetier erschütterten Meere zu erreichen oder den Lauf des Kreises der unzähligen, am Himmel wandernden Gestirne zu erforschen, der vermag doch den Sinn verliebter Weiber nicht zu erkennen. Davon überzeugt, meidet man sie schon von weitem.

18. Was für Schönheit ist an dem Hüftenrunde, das als Ausgangsöffnung für Uterus (?), Bauch und Blase tadelnswert ist? Was für Herrlichkeit ist an dem Brüstekrugpaare der verliebten Weiber, das in Wahrheit aus Fleischklumpen besteht? Welcher Liebreiz ist an dem Augenpaare, welches Wasser und Unreinigkeit zeigt und von Schleim, Blut usw. voll ist? Was für ein Reiz ist an der Höhlung der Stirngrübchen, sagt an, daß die Betörten jene (Weiber) preisen?

19. Daß der mit seinem Speichel usw. tadelnswerte Mund mit dem Träger alles Nektars; die beiden Brüste, ein Paar Fleischgewächse, mit zwei goldenen Kriegen, die Vulva, aus der reichliche Unsauberkeit fließt, mit einem Wagenteile (d.h. einem Rade); das Auge, aus dem Absonderungen und Tränen heraustreten, ach, mit einem Lotusblatte verglichen worden ist, daran ist nichts Wunderbares: wohl aber, daß die Verliebten darüber den Verstand verlieren! ...

21. Wie können verständige Leute, die vor dem Dasein zittern, der Frau dienen, die wie ein Schatten nicht zu fangen ist, beweglich wie ein Blitz, scharf wie eine Schwertklinge; die wie der Sinn eines Jägers das Mitleiden abgetötet hat, wie eine Krankheit beständiges Leiden verursacht, gewun-

den wie der Gang einer Schlange, wie ein schlechter Fürst tadelnswerte Taten vollbringt und bunt wie ein Regenbogen ist?

22. Weil die jungen Weiber, wie schon der Name sagt, ein Netz Indras (ein Zauber) sind, betören sie sogar die Männer, die in verschiedenen Wissenschaften bewandert sind. ...

23. Die Frau, die wie eine Hündin im Munde alle möglichen Speisereste birgt, treffliche Leute anbellt, von Tugendhaften nicht zu berühren, infolge früherer Sünden (als Weib wieder)geboren und von beständigen Unsauberkeiten beladen ist, zu tadelnswerten Taten schreitet, nach Gaben verlangt, die Liebe im Umherziehen betreibt und in Schöntuerei geschickt ist – die ist von trefflichen Leuten, die das Leben kennen, schon von ferne zu meiden.

24. Wie können Weise hier der Frau dienen, die die Schatzkammer aller Leiden, die Wohnung der Ungezogenheit, der Riegel vor der Himmels-Stadt, der Pfad zur Höllenwohnung, die Quelle der Schmach, die Wohnstätte der Unbedachtsamkeiten, die Axt für den Lusthain der Frömmigkeit, der Reif für den Lotus der Tugenden, die Wurzel des Sündenbaumes, der Erdboden für das Schlinggewächs Betrug ist?

25. Wenn die Schönen, gequält von den im Hause der Hinterbacken haftenden, überaus peinigenden Würmern, vor Schmerz überaus traurig ihre Augen verdrehen, so halten dies die Menschen, deren Verstand durch übergroße Verblendung gelitten hat, für reizende Tändelei. Also hat Yati Amitagati diese Wahrheit laut verkündet: Gedeihen folgt daraus!

Nach: Amitagiti, Subhashitasamdoha, ediert und übersetzt von Richard Schmidt und Johannes Hertel, in: Zeitschrift der Deutschen Morgenländischen Gesellschaft 59. Bd., Leipzig 1905, 303–308.

Kapitel 6
Gesundheit, Krankheit und Medizin

Die Sorge und das Wissen um Gesundheit und Krankheit konnten auf alte, reichhaltige und angesehene Traditionen zurückgreifen (Dok. 83). Dazu gehörten einfache Verhaltensregeln, die vor falscher Ernährung warnten oder die Heilkraft des Schlafes priesen (Dok. 84 und 85). Es gab aber auch – vor allem im islamischen Raum und in China – hoch entwickelte medizinische Systeme, die auf einem breiten Erfahrungswissen beruhten, zu bemerkenswerten Erkenntnissen gelangt waren und wirksame Hilfe bieten konnten (Dok. 86–89). Viele der Auffassungen sind heute allerdings schwer nachzuvollziehen, und die Möglichkeiten der damaligen Ärzte dürfen nicht überschätzt werden. Entsprechend verbreitet waren Wunderglaube (Dok. 90) und die Konkurrenz durch andere Heilkundige. In China genossen die Ärzte, die eine konfuzianische Ausbildung erfahren hatten, den Schutz des Staates, der ihre Tätigkeit mit zahlreichen Vorschriften regelte (Dok. 91 und 92).

83 Die Tolteken als Erfinder der Arzneikunde

In der Stilisierung ihrer Vergangenheit haben die Azteken die Tolteken auch als die Entdecker der Heilkraft von Pflanzen geschildert.

Und kenntnisreich waren im folgenden die Tolteken:
denn sie wußten gut, verstanden sich in jeder Weise
auf das, was betraf die Kräuter,
wie beschaffen ihre Kraft,
ob gut, ob richtig,

ob kostbar (heilsam),
und welches Kraut hingegen
böse, unrichtig,
gefährlich oder wohl gar tödlich.
Die Arzneikunde nämlich erfanden die, welche Tolteken
(Kunsterfahrene) waren,
die alten Leute, Oxomoco, Cipactonal, Tlaltetecui, Xochica-
vaca.
Das waren Weise,
die fanden, die gaben Kenntnis von den Heilmitteln,
die machten den Anfang mit der ärztlichen Kunst.

Nach: Sahagún, Bernadino de: Einige Kapitel aus dem Geschichtswerk von Fray Bernadino de Sahagún aus dem Aztekischen übersetzt
von Eduard Seler. Hg. von Caecilie Seler-Sachs mit W. Lehmann und
W. Krickeberg. Stuttgart 1927, 391–392.

84 Falsches Essen bringt Krankheit

Der bereits genannte anonyme Autor (vgl. Dok. 13) des „Heiligen
Kurral von Tiruvalluvar Nayanar" schildert hier als Ursachen von
Krankheiten das Schicksal, frühere Leben, falsches Verhalten und
falsches Essen.

Krankheit bringt das Zuviel oder Zuwenig dieser drei, beginnend mit „Wind", die von der medizinischen Lehre aufgezählt
werden.
    Ißt man erst dann, wenn die vorherige Nahrung verdaut ist,
braucht man keine Medizin.
    Iß erst nach dem Verdauen und in Grenzen – wer seinem
Körper zu langem Leben verhelfen will, richtet sich danach.
    Ist man sich der Verdauung der vorherigen Nahrung sicher
und hat guten Appetit, soll man essen, was nicht unverträglich
ist.
    Ißt einer verträgliche Nahrung mäßig, so entsteht kein Scha-
den fürs Leben.

Freude bleibt bei dem, der bewußt mäßig ißt – Krankheit kommt zu dem, der übermäßig ißt.

Ißt einer übermäßig, ohne die Grenze des Heißhungers zu kennen, wird er von Krankheit heimgesucht.

Stelle das Wesen der Krankheit fest, die Ursache und die Behandlungsweise – dann behandle die Krankheit.

Nur wer etwas von Medizin versteht, soll behandeln – er soll die Natur des Patienten kennen, das Wesen der Krankheit und die Zeit.

Die Medizin hängt von diesen vier ab: Patient, Heiler, Heilmittel und Fürsorger.

Nach: Die Welt lebt durch Güte. Die indische Spiritualität des „Tirukkural", aus dem Tamil übersetzt von Albrecht Frenz und K. Lalithambal, Düsseldorf 1999 (im Druck).

85 Lob des Schlafes

Der Textauszug ist eine Szene aus einem der Dramen, die an indischen Königshöfen seit dem Altertum zur Erbauung aufgeführt wurden. Der Autor Kshemishvara schrieb dieses Stück in fünf Akten im 10. Jahrhundert. Er setzt darin einen bekannten Sagenstoff, die Geschichte vom König Harishchandra, für die Bühne um. In der Geschichte muß der König wegen eines Versprechens all seinen Reichtum dem Weisen Vishvamitra geben. Als das Geld nicht reicht und um sein Wort nicht zu brechen, verkauft er Frau und Sohn und lebt selbst als Leichenverbrenner und unreiner Sklave. Am Ende wird der König aber für seine moralische Geradlinigkeit belohnt und sein Sohn kann wieder König werden. Die folgende Szene aus dem ersten Akt zeigt den König, der Vidushaka, dem Hofnarren, der zugleich sein Freund und Vertrauter ist, seine Sorgen anvertraut.

Vidushaka. He, he, mein lieber Freund, du tust, gleich einer
Schildkröte, welche halb den Mund entsperrt,
Die Augen, die vom Wachen müde sind,
Bald auf, bald zu und hast trotzdem nicht acht
Auf deinen Wege und taumelst hin und her

Wie eine blinde Maus.

König. Ist doch der Schlaf
Das wichtigste Mittel, lieber Freund,
Den Leib lebend'ger Wesen zu erhalten.
Zur Ruhe bringt er ja das Denken, macht
Gewandt die Glieder alle und entflammt
Die Kraft der Phantasie; Gebrechen läßt
Er schwinden, und das rechte Ebenmaß
Der Körperstoffe stellt er wieder her;
Er spendet also Freuden, wie sie sonst
Vollkommene Beschaulichkeit nur gibt.
Sieh, wie es mir jetzt geht: Schlafmüde sind
Die Glieder, und sie wollen brechen fast;
Mein Geist ist regungslos vom Übermaß
Der Mühsal; gähnen muß ich fort und fort:
Die junge Sonne anzuschaun, vermag
Mein Auge nicht. Was ist doch wohl der Zweck,
Daß unsers Hauses heil'ger Priester mir
Dies Wachen in der Nacht befohlen hat?
Indes man soll nicht grübeln über das,
Was von den Lehrern uns befohlen wird.

Vidushaka. Ich finde keinen andern Zweck heraus
Trotz meines Sinnens, Freund, als folgenden:
Er will der Königin, die deiner harrt
Im Schlafgemach, durch Täuschung Leid bereiten.

König. So laß den Scherz beiseite.

Vidushaka. Ei, der Scherz
Ist dein, doch bleibt der Schaden mir, dem armen
Brahmanen.

Nach: Kshemishvara, Kausika's Zorn (Tschandakauçika). Zum ersten
Male und metrisch übersetzt von Ludwig Fritze, Leipzig 1883, 16 f.

214

86 Medizinbücher sollen exakt und erschwinglich sein.

In seinem Werk „Das königliche Buch" oder „Das Vollständige der
ärztlichen Kunst" unterbreitete in der zweiten Hälfte des 10. Jh. der
Arzt al-Madschusi aus dem südwestiranischen Ahwaz in 20 Kapiteln
eine klare und konzise, heute noch beeindruckende Darstellung
medizinischer Theorie und Praxis. Er widmete das Buch seinem
Dienstherren, dem mächtigen iranischen Bujidenfürsten Adud al-
Daula. Bereits im 11. und 12. Jh. wurde das Werk ins Lateinische als
„Liber Pantegni" bzw. „Liber regius" übersetzt. Die folgenden Auszüge, die sich mit damals berühmten Werken auseinandersetzen,
stammen aus dem Vorwort des Autors.

Auch Juhanna Ibn Sarabijun[132] hat in dem Buch, das er geschrieben hat, nur die Therapie der Leiden und Krankheiten
erwähnt, soweit sie durch Heilmittel und Diät bewerkstelligt
werden kann; aber die Behandlung, die manuell ausgeübt werden muß, hat er ausgelassen, und ebenfalls hat er viele Krank-
heitsarten unberücksichtigt gelassen. So hat er z.B. von den
Krankheiten des Gehirns den Spukgeist, die Liebesleidenschaft
und die infolge der Kolik auftretende Erweichung unerwähnt
gelassen. Bei der Heilbehandlung des Auges hat er weder die
Therapie des Eiters, der ohne Geschwür auftritt, noch die Therapie des Males und des Leukoms, noch die Therapie des (Iris-)
Vorfalles in angemessener Weise berücksichtigt. Ferner hat er
die Behandlung des Krebses am Auge, der Lidausschwellung,
der Chemosis,[133] der Lidverhärtung, der Tränengeschwulst,
des Hagelkorns, der Steinbildung, der zu großen Haardichte, des
Gerstenkorns, der Lidverkürzung, der Verwachsung, der Lid-
randentzündung, der Verbrennung und der sonstigen Lid-
erkrankungen nicht erwähnt. Ebenfalls hat er die Liderweite-
rung und die Nachtblindheit nicht genannt. Bei den Magen-
erkrankungen hat er die Therapie der erstarrten Milch und
des erstarrten Blutes im Magen übergangen. Bei der Therapie
der Geschwülste hat er den Kropf, die Sprechbehinderung, die
Schlundgeschwulst und die Elephantiasis unerwähnt gelassen.
Die Pocken, ihre Symptome, Ursachen und die für sie geeig-

nete Therapie sowie die Aneurysma genannte Geschwulst, die durch Arterienriß entsteht, erwähnt er, ohne tiefer einzudringen. Das gleiche ist der Fall bei folgenden Uteruserkrankungen: Vorfall (?), Mole, Hämorrhoiden, Fissuren, die frischen Geschwüre, die Aufblähung und die in ihr entstehenden Winde. Bei den Erkrankungen des Penis übergeht er die Erektion, die ohne Wollust zustandekommt, mit Stillschweigen, ebenso läßt er bei den die Epidermis betreffenden Krankheiten die Warzen aus, erwähnt auch weder den Medinawurm noch die Krampfadern an den Beinen und an den Hoden, noch die an Händen und Füßen auftretenden Risse. Unerwähnt läßt er schließlich die *symlws* genannte Aufblähung der Finger, das Nagelgeschwür und die Erkrankungen der Nägel, ferner die im Gesicht auftretende Flechte. Zwar berichtet er über die Behandlung der Bisse und Stiche der Tiere, aber wie man bei Giften und tödlichen Mitteln verfahren soll, sagt er nicht. Den Stich des Skorpions erwähnt er nicht, auch nicht die Behandlung der Adlerlaus. Auch über die Behandlung der Wunden, die zuwachsen und vernarben müssen, weiß er nichts zu sagen. Außerdem trägt er seinen Stoff ohne rechte Ordnung vor. So kommt es, daß er viele Krankheiten, die er gemäß der Anordnung der Organe im Kapitel der Krankheiten der inneren Organe hätte erwähnen müssen, im Kapitel derjenigen Krankheiten abhandelt, die außen am Körper auftreten. Er schildert z. B. die Therapie der Erkrankungen des Uterus, die Therapie der Impotenz und der Gonorrhoe im Kapitel der Krankheiten, die an der Oberfläche des Körpers in Erscheinung treten. Ebenso erwähnt er die Therapie des Mund- und Nasengeruches und die Entfernung des Blutgerinnsels aus der Nase im Zusammenhang mit der Therapie der zu dieser Kategorie gehörenden (Körperoberflächen-)Krankheiten. All dies hätte er aber bei der Therapie der Krankheiten der inneren Organe nach der Reihenfolge ihrer Lage abhandeln müssen. Auch er bietet den Inhalt seines Buches ohne jede didaktische Methode dar. ...

Nun hat ja auch Muhammad Ibn Zakarija al-Razi[134] sein unter dem Titel *al-Mansuri* bekanntes Werk verfaßt. ... Zwischen ihnen (den Medizinern) besteht keine Meinungsverschiedenheit hinsichtlich der Natur, der Ursachen und der Symptome der Krankheiten, höchstens in der mehr oder minder großen Ausführlichkeit und in der Verschiedenheit der Ausdrücke. Und wenn einmal einer vom anderen abweicht bei der Verordnung der Heilmittelarten, so handelt es sich nicht um eine Verschiedenheit ihrer Kräfte und ihres Nutzens. So sind zwar Quitte, Birne und Mispel oder Ingwer, Pfeffer und die Früchte der Schoten des Pfeffers von verschiedener Art, aber in ihren Kräften und deren Nutzen bestehen nur graduelle Unterschiede. Er hätte sich also darauf beschränken müssen, nur einen Teil der Äußerungen dieser Autoren zu bringen, er hätte sich bei seiner Zitierweise mit dem Notwendigen begnügen müssen, er hätte sich nach den klügsten, fortschrittlichsten, schreibkundigsten und erfahrensten Ärzten richten müssen, so hätte man das Werk leichter erwerben oder abschreiben können. Es wäre nicht so lang und umfangreich geworden, wäre unter den Leuten verbreitet worden und häufig anzutreffen gewesen. Soweit mir bis heute bekanntgeworden ist, besitzen lediglich zwei gebildete, gelehrte und wohlhabende Personen ein Exemplar davon.

Nach: Ullmann, Manfred: Die Medizin im Islam. Leiden-Köln 1970, 142 ff.
Quelle: ᶜAlī ibn al-ᶜAbbās al-Maǧūsī: Kāmil al-ṣināᶜa al-ṭibbīya (al-Kitāb al-malakī). Ed. Būlāq 1294 H., Bd. I, 3 ff.

87 Hundefleisch gegen Zecken

Der Höfling und Kadi Abu Ali al-Muhassin Ibn Ali al-Tanuchi, geboren um 939 in Basra, gestorben 994 in Bagdad, verlor mehrfach die Gunst der Herrschenden, geriet in Arrest und zog sich schließlich in das Privatleben zurück. Die jähen Wendungen seines Schicksals beförderten offenbar seine Anekdotensammlung „Die Freude nach dem Leid". Folgende Geschichte daraus belegt das Verständnis von Ärzten für naturmedizinische Praktiken.

Ich hatte in Suq al-Arba'a einen Diener aus Aserbaidschan, der von heftigen Leibschmerzen befallen wurde, ohne daß er einen Grund dafür wußte. Es schmerzte ihn meistens so sehr, daß er beinahe starb, weil er wenig aß und sein Körper immer schwächer wurde. Man geleitete ihn nach (dem südwestiranischen) Ahwaz und suchte ihm auf jede Weise zu helfen. Doch kein Heilmittel hatte bei ihm Erfolg. Er wurde in sein Haus zurückgebracht, und alle Hoffnung für ihn schien verloren. Ein berühmter Arzt kam in der Nähe vorbei, und der Vater des Kranken rief ihn und erklärte ihm die Lage des Patienten. Der Doktor sagte zu ihm: „Setze dich auf und gib uns den Verlauf deiner Krankheit bekannt, seit der Zeit, in der du gesund warst, bis du krank wurdest!" Er erzählte ihm das, und sie sprachen lange miteinander, bis der Kranke sagte: „Ich ging in einen Garten, der uns gehört, er war beim Kuhstall, und darin gab es viele Granatäpfel. Ich aß mehrere davon." Der Arzt fragte ihn: „Wie hast du sie gegessen?" – „Ich packte den Butzen des Apfels mit meinen Zähnen, riß ihn ab und warf ihn fort. Dann aß ich die Kerne, einen nach dem anderen." Der Arzt sagte darauf: „Morgen werde ich dich rasch heilen; so Gott will, wirst du gesund!" Er ging fort, und am nächsten Tag kam er mit einem Topf Asfid Badsch[135], das er mit dem Fleisch eines fetten Hundes gekocht hatte. Er sagte dem Kranken: „Iß dies!" Der fragte: „Was ist es?" – „Wenn du es gegessen hast, werde ich es dir sagen!", und der Patient aß es. Der Doktor sprach zu ihm: „Füll dich ganz damit auf!", und er tat es. Dann gab er ihm viel Wassermelone zu essen und ließ ihn zwei Stunden allein. Danach mußte er Fruchtbier trinken, das mit warmem Wasser und Anis gemischt war, und der Arzt fragte ihn: „Was war es, was du gegessen hast?" – „Ich weiß es nicht!" Er sagte ihm, was es gewesen war; und als der Kranke das hörte, mußte er sich übergeben. Der Arzt befahl, man solle seinen Kopf halten, und begann ihn zu beobachten, bis der kranke Knabe etwas Schwarzes ausstieß, das aussah wie ein großer Dattelkern und sich bewegte. Der Doktor nahm es und sagte zu dem Patienten: „Hebe deinen Kopf, du bist geheilt; Gott, Er ist groß, hat dir Erleichterung verschafft."

Der Knabe hob den Kopf, und das Erbrechen hörte auf. Der Arzt gab ihm etwas zu trinken, das sein Würgen unterbrach, und goß Rosenwasser und Moschus über sein Gesicht. Dann nahm er das Ding, das einem Dattelkern glich, und zeigte es dem Vater des Knaben. Siehe da, es war eine Zecke! Der Arzt erklärte: „Ich vermutete, daß der Ort, wo die Granatbäume waren, durch die Kühe von Zecken infiziert sein mußte und daß eine davon in den Butzen eines Apfels eingedrungen sein konnte. Der Junge riß ihn mit seinen Zähnen ab, und so gelangte die Zecke in seinen Rachen, setzte sich in seinem Magen fest und begann ihn auszusaufen. Ich sagte mir: ‚Wenn meine Vermutungen richtig sind, wird die Zecke sich an dem Hundefleisch festsetzen und damit hinausgelangen, wenn er sich übergibt. Dann ist er geheilt. Wenn aber meine Annahme unrichtig ist, wird es ihm nichts schaden, von jenem Fleisch gegessen zu haben. Gott, Er ist hoch und erhaben, wollte seine Heilung, und was ich vermutete, war korrekt.'" Er warnte ihn, ihn Zukunft wieder etwas in den Mund zu nehmen, von dem er nicht wußte, was darin sei. Der Knabe war geheilt, und sein Körper wurde gesund.

Nach: At-Tanukhi: Ende gut, alles gut. Das Buch der Erleuchtung nach der Bedrängnis. Auswahl und Übersetzung aus dem Arabischen von Arnold Hottinger, Zürich 1979, 257 ff.
Quelle: al-Tanūḫī: Kitāb al-faraǧ baᶜda l-šidda. Ed. ᶜAbbūd al-Šāliǧī, Beirut 1398/1978, Bd. 4, 201–203.

88 Ärztliche Behandlung Verwundeter

Alte Handbücher enthalten im Regelfall nichts über die Behandlung von Soldaten und Personen, die im Kampf bzw. im Krieg verwundet wurden. Eine seltene und aufschlußreiche chinesische Quelle für die Behandlung Verwundeter sowie das Sanitätswesen allgemein ist das Militärhandbuch *Huqian jing* aus dem frühen 11. Jahrhundert. Es enthält viele praktische Hinweise für die Behandlung von Verletzungen und stellt, ähnlich wie manche andere Quelle, eine Kompilation aus früheren Quellen dar.

- Rezept für Wunden, die durch blanke Waffen verursacht wurden und nicht zu bluten aufhören:
Man nehme eine Unze Drachenknochen (fossile Knochen), die man zerreibe und ein wenig anröste, eine Unze Cnidium officinale (Doldenblütler), eine Unze durch Erhitzen getrocknete Rehmannia-Wurzel, eine halbe Unze Hirschhorn, die man zu einer Paste erhitzt, bis sie ein wenig gelb wird. Vorher muß man den Flaum entfernen. (Weiterhin) drei Unzen Kampferbaum-Wurzeln und eine Unze Türkisch-Weiß. Die obigen Ingredienzien werden zu einem Pulver zerstoßen, durch Gazeseide gesiebt und sodann auf die Verletzung aufgetragen. Die Blutung wird dann sofort aufhören. Zum Einnehmen zwei Zehntelunzen mit erwärmten Wein mischen, dreimal täglich einnehmen.

- Rezept, um eine Pfeilspitze aus dem Körper zu entfernen:
Ein von selbst gestorbener Mistkäfer, drei Maulwurfgrillen, ein wenig Asche vom Kopfhaar einer verheirateten Frau. Von dem Mistkäfer entferne man den Panzer und nehme das helle Fleisch und zerreibe es mit den beiden Stoffen zusammen zu einer Paste. Man nehme frisches Öl und schmiere das Ganze auf die vom Pfeil getroffene Stelle, so wie eine medizinische Salbe. Man warte, bis das Fleisch anfängt zu jucken, und drücke alsdann mit beiden Händen; dann kommt der Pfeil von selbst heraus.

- Rezept zum Vernähen eines aufgerissenen Bauches:
Wenn Haut und Fleisch zerrissen sind, schabe man frischen weißen Bast von einem Maulbeerbaum ab und mache daraus Fäden zum Nähen. Man verbinde gleichfalls mit frischem weißem Maulbeerbast. Auch streiche man den Saft von frischem weißen Maulbeerbast auf; das ist überaus wirksam. In leichteren Fällen braucht man nur mit weißem Maulbeerbast zu verbinden. Auch nachdem ein Muskel zertrennt ist, kann man dessen Oberfläche damit als zusätzliche Behandlung abdecken.

– Rezept zum Schutz vor Auskühlung und zum Stillen des Schmerzes:
Eine halbe Unze Ligusticum acutilobum zerkleinern und ein wenig anrösten. Eine halbe Unze Sichuan-Pfeffer, die Stengel entfernen und (die Frucht) öffnen und leicht anrösten, bis Flüssigkeit austritt; eine halbe Unze Wasserwegerich, eine Unze Cnidium officinale, eine Unze Akonit-Knolle, von der Haut und Augen entfernt wurden. Das obige zerstampfe man zu Pulver und gebe es durch ein Arznei-Gazesieb. Wenn aus der durch Metallwaffen verursachten Wunde fauliges Blut austritt, gebe man eine Zehntelunze in warmen Wein und nehme das dreimal täglich ein.

Nach: Franke, Herbert: Studien und Texte zur Kriegsgeschichte der Südlichen Song-Zeit. Wiesbaden 1987, 39.
Quelle: Xu Dong, Militärhandbuch Huqian jing, j. 10, 96–7. Congshu jicheng-Ausgabe, Fasz. 945–6.

89 Der tüchtige Arzt Qian Yi

Der folgende Text vermittelt einen Einblick in die Praxis der damaligen Heiltätigkeit sowie in medizinische Vorstellungen in China. Auffällig ist in diesem Zusammenhang das Festhalten an der sogenannten Fünf-Elemente-Theorie (Erde, Holz, Metall, Feuer, Wasser), eine Denkweise, die ursprünglich eng mit dem Namen Zou Yan (305–240 v. Chr.) verknüpft war und in der Han-Zeit (206 v. Chr.–220 n. Chr.) zum vollen Durchbruch gelangte. Diese Theorie stellt ein Beispiel für den Versuch dar, die Welt in ein einheitliches System zu pressen, welches bestimmten Prinzipien sowie räumlichen und zeitlichen Wechselwirkungen unterworfen war, die sich aus der Abfolge und Kombination der fünf Elemente ergaben. Die genannten fünf Elemente wurden mit der Vorstellung von den beiden polaren Kräften Yin und Yang kombiniert, deren gegenseitiges Interagieren durch die Urkraft *qi* vermittelt wird. Sie bilden noch heute eine wichtige Grundlage für die traditionelle chinesische Medizin.

Qian Yi erwarb sich zuerst mit seinen Rezepten für die Regulierung der Lebensenergien durch die Fontanellen als Kinderarzt einen guten Ruf in Shanding. In der Regierungsepoche *yuanfeng* erkrankte das Töchterchen der Schwester Seiner Majestät. Qian Yi wurde gerufen: Die Heilung gelang ausgezeichnet. Die Prinzessin richtete eine Eingabe an den Thron mit der Bitte, dem Arzt den Titel eines Gelehrten der Heilkunst der Pinselwald-Akademie zu verleihen. Der Kaiser bedachte ihn mit dem karmesinroten Seidenornat des fünften Beamtengrades.

Im Jahr darauf erkrankte der Sohn Seiner Majestät, der Prinz von Yiguo, am Veitstanz. Die Künste der Hofärzte versagten vor diesem Leiden. Als die Schwester des Kaisers Qian Yi als einen Arzt von ungewöhnlichen Fähigkeiten empfahl, ließ ihn Seine Majestät augenblicklich holen. Qian Yi verabreichte dem Prinzen eine Lehmbrühe als Arznei; und der Prinz genas. Kaiser Zhenzong empfing darauf Qian Yi in Audienz und sprach ihm persönlich sein allerhöchstes Lob aus. Dabei erkundigte er sich auch nach den besonderen Heilkräften des Lehms. Qian Yi erwiderte: „Das Erdelement überwindet das Wasserelement, und wenn das Wasserelement sein Gleichmaß gefunden hat, so verliert das Windelement von selbst seine Wirkkraft. Der Veitstanz gehört zu den Krankheiten, die durch das Windelement hervorgerufen werden. Zudem hatten ja die Hofärzte schon vorher die Krankheit nahezu geheilt, so daß Euer unwürdiger Untertan gerade noch zur Genesung zurechtkam. Möge Euer Majestät huldvoll selbst urteilen."

Dem Kaiser gefielen die Antwort und die Bescheidenheit Qian Yis. Er verlieh ihm den Titel eines Stellvertretenden Leibarztes und zeichnete ihn mit dem purpurroten Beamtenornat der höheren Ränge und einem goldenen Fisch als Abzeichen seiner neuen Würde aus.

Von nun an hatte Qian Yi einen solchen Zustrom von Patienten aus der kaiserlichen Familie, den vornehmen Häusern und den niederen Schichten, daß er kaum noch eine ruhige Stunde fand. Seine Ansichten über Fragen der Heilkunst pflegte er mit so viel Wissen und Scharfsinn zu verfechten, daß selbst die erfahrenen alten Ärzte sich seinen Argumenten beugen mußten. Infolge einer Erkrankung bat er um seine Entlassung aus dem kaiserlichen Dienst. Doch der neue Kaiser Zhezong berief ihn bald wieder an den Hof. Für einige Zeit tat er Dienst im Palast. Dann aber bat er wieder, aus gesundheitlichen Gründen sein Amt niederlegen zu dürfen. Diesmal war sein Abschied endgültig. Er kehrte nach Hause zurück und wurde nie wieder in den Palast gerufen.

Qian Yi war hager, von Natur schwächlich und kränklich, hatte ein schlichtes Wesen und ein lässiges Auftreten. Er trank gerne. Des öfteren hatte ihm seine angeborene Kränklichkeit zu schaffen gemacht, aber jedesmal war es ihm gelungen, sich selbst zu heilen, bis ihn schließlich eines Tages eine lähmende Schwäche überkam. Seufzend sagte er: „Das ist eine Paralyse, die durch die gleichzeitige Einwirkung des Windelementes und des Kalten und Feuchten verursacht wird. Wenn sie in die Eingeweide vordringt, tritt der Tod ein."

Nach: Schwarz, Ernst: Der Ruf der Phönixflöte. Klassische chinesische Prosa. Berlin 1988, 400 f.
Quelle: Liu Chi (gest. 1117), in: Wang Wenru (Hrsg.), Song Yuan Ming wen bingzhu duben. Shanghai 1920, Bd. II, 5 b–7 a.

90 Ertragreiche „Auferweckung" eines Toten

Al-Hamadhani (vgl. Dok. 55) schildert im folgenden Text, wie er angeblich versuchte, einen Toten zu erwecken. Beteiligt war Abu l-Fath aus dem ägyptischen Alexandria, der in zahlreichen seiner Geschichten als Held und Gegenspieler des Erzählers auftritt.

Als ich einst mit Abu l-Fath aus Alexandria von Mosul kommend auf dem Weg nach Hause war, da wurden wir von Räubern überkommen und Gepäck und Tiere uns genommen. Mit dem letzten Lebensrest erreichten wir ein kleines Nest, in dem ich Abu l-Fath dann fragte, wie wir es mit Tricks und Listen halten wollten, worauf er sagte, daß wir nur auf Gott als Schützer bauen sollten.

Wir wurden dann zu einem Haus verschlagen, wo der Haus-
herr eben erst verstorben war und sich gerade erst erhoben hatte
seine Klageweiberschar. Das Haus war angefüllt mit Männern,
denen die Trauer die Herzen zerriß und denen der Kummer
die Brust zerschliß, und voller Frauen, die mit aufgelösten
Haaren sich auf Brust und Wangen schlugen und den Ketten-
schmuck zerrissen, den sie an den Hälsen trugen.

Da sagte Abu l-Fath: „In diesem Hain steht sicherlich für
uns ein Palmenstamm, und hier in dieser Herde finden wir gewiß für uns ein Lamm."

Dann trat er in das Haus hinein und nahm den Toten
dort in Augenschein. Festgebunden war das Kinn des Mannes, heißes Wasser und die Bahre standen schon bereit, das
Grab war ausgehoben, und genäht war auch das Totenkleid.
Als ihn Abu l-Fath erblickte, faßte er ihn an der Kehle an,
befühlte seine Halsschlagader und erklärte dann: „Fürchtet
Gott! Begrabt den Mann noch nicht. Ein Schock hat ihm
die Sprache weggenommen, eine Lähmung seinen Körper
überkommen, doch er ist trotz alledem am Leben. Ich
kann ihn euch, die Augen wieder offen, in zwei Tagen übergeben."

„Wie willst du das denn wissen?", fragte man ihn dann,
worauf er sagte: „Stirbt ein Mann, dann werden seine Achselhöhlen kalt. Ich habe diesen Mann befühlt und merkte, daß er
lebt, recht bald."

Da legten sie in seine Achselhöhlen ihre Hände und erklärten: „Es ist so, wie er sagte, in der Tat, drum fragt um seinen
Rat!"

Abu l-Fath begab sich wieder zu dem Toten, zog das Sterbe-
hemd ihm aus, wand ihm Binden um den Kopf herum, band
ihm Amulette um, goß Olivenöl auf seine Zunge aus, drängte
alle aus dem Haus hinaus und sprach: „Geht weg und laßt ihn
ungestört und achtet nicht auf ihn, auch wenn ihr einen Seuf-
zer von ihm hört!"

Als Abu l-Fath die Leiche dann verließ, da war die Kunde
von der Auferweckung schon in aller Munde, worauf die
frommen Spenden nun aus allen Häusern zu uns kamen und

die Gaben aller Nachbarn gar kein Ende nahmen, bis vor lauter Gold und Silber unser Beutel schwoll, mit Käse und mit Datteln angefüllt die Satteltasche überquoll.

Wir suchten nun nach einer Fluchtgelegenheit. Indes wir fanden keine, bis der festgesetzte Zeitpunkt nähertrat und man um Erfüllung des gegebenen Versprechens bat. Da fragte Abu l-Fath die Leute: „Habt ihr von dem Kranken einen Laut vernommen, oder ist ein Blick von ihm zu Euch gekommen?" Und als sie dies verneinten, fuhr er fort: „Wenn er, seit ich ihn verlassen habe, keinen Laut ertönen ließ, dann ist die Zeit für ihn noch nicht bereit. Laßt ihn drum bis morgen liegen. Wenn er seine Stimme dann erhebt, so seid ihr sicher, daß er lebt. Sagt mir dann Bescheid, auf daß ich Mittel suche, um den Kranken zu behandeln und zu heilen seines Körpers Übelkeit." Darauf sagten sie zu ihm, er möge es nicht weiter auf den übernächsten Tag verschieben, was er ihnen auch versprach.

Als der nächste Morgen lächelnd seine Vorderzähne an den Rand des Himmels schob, das Licht der Schwingen über seinen Horizont erhob, da kamen auch die Männer schon in hellen Scharen, und die Frauen folgten drauf in Paaren. Sie sprachen: „Wir wollen, daß du dich beeilst, die langen Reden läßt und unsren Kranken endlich heilst."

Da sagte Abu l-Fath, sie sollten mit zum Kranken gehen. Dort angekommen, nahm er ihm die Amulette von den Händen, befreite seinen Körper von Verbänden, ließ ihn auf die Vorderseite drehn und sagte dann: „Nun stellt ihn auf und laßt ihn auf den Füßen stehn!" Doch als sie ihre Hände von ihm nahmen, fiel er ohne Regung auf den Boden nieder. Brummend meinte Abu l-Fath: „Der Mann ist eben tot. Wie soll ich dann lebendig machen seine Glieder?!"

Da packte ihn die Menschenmenge, ihre Hände nahmen ganz Besitz von ihm, und hatte eine Hand ihn losgelassen, war bereits die nächste da, nach ihm zu fassen.

Doch als sie dann damit beschäftigt waren, den Toten zur Bestattung aufzubahren, stahlen wir uns heimlich schnell davon und flohen.

Nach: Al-Hamadhânî: Vernunft ist nichts als Narretei. Die Maqâmen, aus dem Arabischen vollständig übertragen und bearbeitet von Gernot Rotter. Tübingen 1982, 93 ff.
Quelle: al-Hamaḏānī: Maqāmāt. Ed. M. ͨA. al-Miṣrī, Beirut 1889, 95 ff.

91 Ein Gesetz gegen falsche Heiltätigkeit

Die Geschichte des Heilwesens läßt sich in China über annähernd dreieinhalb Jahrtausende dokumentieren. Zur Tang-Zeit (618–906) wurden offizielle medizinische Ausbildungsstätten für Ärzte eingerichtet, doch blieb im damaligen China die institutionalisierte, offizielle Heilfürsorge meist eng mit einer konfuzianischen Ausbildung der Ärzte verknüpft. Ein erstes Gesetz zur Strafverfolgung schadenbringender Heiltätigkeit ist aus der Tang-Zeit bekannt. Besonders die freiberuflich praktizierenden, umherwandernden Ärzte waren im Falle von Mißerfolgen ihrer Behandlungen oft schweren Strafen ausgesetzt. Der entsprechende Gesetzestext, der im folgenden nur in Auszügen wiedergegeben werden kann, wurde von den Song später fast wörtlich aus dem früheren tangzeitlichen Text übernommen und durch Kommentare ergänzt, die im folgenden herausgehoben sind. In diesem Gesetz heißt es u. a.:

„Wenn Ärzte unter Nichtbeachtung der Verfahren und Vorschriften auf betrügerische Weise Krankheiten behandeln und sich dadurch materiell bereichern, so ist dies als Diebstahl zu behandeln …
Alle Ärzte, die bei der Zusammenstellung von Arzneien, bei der Kennzeichnung und Differenzierung (der Drogeneigenschaften) und bei der Akupunkturbehandlung fehlerhafterweise nicht den grundlegenden Verfahren folgen und auf diese Weise jemanden töten, sind für zweieinhalb Jahre zu verbannen."

(Kommentar): „Medizinmeister stellen für die Leute arzneiliche Aufkochungen zusammen. Unter den (zu verwendenden) Drogen ist zwischen Herrschern und Ministern und verschiedenen Mengenangaben zu unterscheiden. Die Drogennamen sind (auf der Verpackung) anzugeben und begleitende Anweisungen sind beizufügen. Bei manchen (Arzneien) ist zu bemerken, daß sie kalt oder heiß einzunehmen sind, bei anderen, daß sie eine langsame oder schnelle Aufkochung benötigen. Ähnliches gilt für die Akupunktur. Wenn (die Medizinmeister) sich in diesen Bereichen ‚fehlerhafterweise nicht nach den grundlegenden Verfahren richten', so ist damit gemeint, daß sie nicht den heutigen und früheren Rezepten für die Arzneien, sowie den Angaben in der drogenkundlichen Literatur (*bencao*) gefolgt sind. Resultiert ein solches Verhalten im Tode eines Menschen, so ist der verantwortliche Arzt für zweieinhalb Jahre zu verbannen. ... Auch wenn es nicht zu einem Todesfall gekommen ist, wird auf zweieinhalb Jahre Verbannung erkannt. Dies bedeutet eine Verringerung des für Tötung vorgesehenen Strafmaßes um drei Grad. Falls zum Beispiel jemand aufgrund von fehlerhafter Nichtbeachtung grundlegender Verfahren eine alte weibliche Sklavin tötet, so wäre die (ursprünglich vorgesehene) Strafe von zwei Jahren Verbannung (für die unbeabsichtigte Tötung eines solchen Menschen) um drei Grad auf 100 Schläge mit schwerem Stock zu ermäßigen. ..."

(Gesetzestext): "Wenn jemand sich absichtlich nicht nach den grundlegenden Vorschriften richtet, das heißt mit Absicht die grundlegenden Vorschriften erweitert oder einschränkt und nicht den alten Verfahren gemäß handelt und auf diese Weise einen Menschen tötet oder verletzt, so ist das als Tötung oder Verletzung infolge absichtlichen Handelns zu verurteilen. In solchen Fällen ist auch dann noch auf Schläge mit schwerem Stock zu erkennen, wenn es zu gar keiner Verletzung gekommen ist. Kommt es durch den Verkauf von Arzneien in Nichtbeachtung der ursprünglichen Vorschriften zu einem Todesfall oder zu Verletzungen, so ist ein solcher Tatbestand nach denselben Prinzipien abzuhandeln."

(Kommentar): „... Respektspersonen, Jüngere, Hochstehende und Gemeine fallen alle gleichermaßen unter das Statut über Tötung durch Absicht ... ‚Verkauf von Arzneien in Nichtbeachtung grundlegender Vorschriften' heißt: unspezifische Behandlung der Leiden eines Patienten und Routineverkauf von

Arzneien (unter Nichtbeachtung der individuellen Erfordernisse), bei denen man sich nicht nach den grundlgegenden Verfahren richtet, werden mit 60 Schlägen mit schwerem Stock bestraft, auch wenn es zu keiner Schädigung des Menschen gekommen ist. Wenn jedoch bereits eine Tötung oder Verletzung eingetreten ist, so fällt das unter das Gesetz absichtliche Tötung oder Schädigung. Daher heißt es oben im Gesetzestext ‚nach denselben Prinzipien abzuhandeln‘".

Nach: Unschuld, Paul: Arzneimittelmißbrauch und heterodoxe Heiltätigkeit im kaiserlichen China, in: Sudhoffs Archiv 61 (1977), 353–86, bes. 363–4.
Quelle: Changsun Wuji, Tanglü shuyi, j. 26, 32. Shanghai 1933.

92 Vorschriften chinesischer Gerichtsmedizin

Obwohl der Autor des folgenden Textes, Song Ci, diesen erst Mitte des 13. Jahrhunderts fertigstellte, ist hervorzuheben, daß er sich weitgehend auf Praktiken stützte, die während des 10. Jahrhunderts üblich waren. Bereits um 1000 mußten Beamte bei einem Todesfall genaue Untersuchungen der Todesursache vornehmen und bereits 1018 wurde ein Gesetz erlassen, wonach Beamte, die einen Fall nachlässig untersucht hatten, zu 100 schweren Stockschlägen verurteilt werden mußten. Nicht nur in China, sondern auch in anderen entwickelten Gesellschaften der damaligen Zeit spielten Fragen von Jungfräulichkeit und Abtreibung eine große Rolle.

Ein zuständiger Beamter darf nicht aus einem Schamgefühl heraus die Untersuchung eines weiblichen Leichnams unterlassen. Handelt es sich um die Frage der Jungfräulichkeit, lege den Körper, nachdem seine Position zu den umgebenden Dingen schriftlich festgehalten wurde, an einen gut beleuchteten, ebenen Platz. Zuerst unterweise die alte Frau, die assistieren soll, den Fingernagel ihres Mittelfingers abzuschneiden und ihn mit Watte einzuwickeln. Die Mutter des Mädchens, andere weibliche Verwandte und zwei oder drei Frauen aus der Nachbarschaft müssen die Untersuchung beobachten, um festzustellen, ob das Mädchen eine Jungfrau war oder nicht. Gib der alten Frau, die der Untersuchung beiwohnt, den Befehl, ihren Finger, dessen Nagel sie gestutzt hat, in die Vagina einzuführen. Wenn dann dunkles Blut zum Vorschein kommt, war das Mädchen eine Jungfrau. Wenn kein Blut da ist, war sie keine Jungfrau.

War eine Frau angeblich schwanger und die Ursache ihres Todes ist unklar, dann bestehe darauf, daß die assistierende alte Frau den Bauch untersucht, um herauszufinden, ob die Frau ein Kind in sich trug oder nicht. Wenn sie schwanger war, dann fühlt sich der Bereich von unterhalb des Herzens bis zum Bauchnabel beim Abtasten fest wie Eisen oder Stein an. War sie nicht schwanger, dann wird sich dieser Bereich weich anfühlen.

War das Opfer nicht schwanger und trägt auch sonst keine auffälligen Anzeichen einer Verletzung, dann bestehe darauf, daß die alte Frau, die während der gerichtlichen Untersuchung assistiert, das Innere der Vagina untersucht, für den Fall, daß ein Werkzeug hinein geschoben wurde.

Wenn schwangere Frauen getötet wurden oder bei Komplikationen während der Geburt sterben, so daß das Kind nicht geboren wurde, wird es, gesetzt den Fall der Leichnam war bereits begraben, zum Zeitpunkt der Untersuchung zum Vorschein kommen. Im allgemeinen wird der Körper, wenn er unter der Erde begraben war, aufgrund der Wirkung der Naturkräfte auf ihn anschwellen, die Gelenke und Muskelöffnungen werden sich öffnen und daher wird das Kind aus der Gebärmutter hinausgedrückt werden. Babies, die noch immer an der Nabelschnur hängen, werden an den Füßen des Leichnams gefunden werden. Der „Durchlaß der Geburt" wird voller Blut und Wasser sein; auch ein übler Ausfluß wird entwichen sein.

Falls das Mädchen ein Dienstmädchen in der Familie eines reichen Mannes war, miß zunächst ihre Position im Verhältnis zur Umgebung und lasse dann den Körper hinaus zur Straße tragen. Untersuche ihn dort um festzustellen, ob er Spuren von Verletzungen aufweist, und weise die versammelte Menschenmenge an, alles zu beobachten, um jeglichen Verdacht auszuschließen.

Entsprechend den Statuten wird jeder, der eine Frau dazu zwingt abzutreiben, zu einhundert Stockschlägen mit einer harten Rute verurteilt, wenn der Fötus noch nicht voll entwickelt ist, und zu drei Jahren Strafdienst (zwei Jahre laut dem Song-Kodex von 963), wenn der Fötus voll ausgebildet ist. ...

Wenn Männer als Resultat von sexuellem Exzeß zu Tode kommen, liegt das daran, daß ihre Lebensenergien aufgebraucht wurden. Starben sie während des Geschlechtsverkehrs mit einer Frau, muß der Fall untersucht werden. Falls es sich tatsächlich um einen Tod, verursacht durch (sexuellen Exzeß), handelt, wird sich keine Erektion niedergeschlagen haben; andernfalls wird sie erfolgt sein.

Übers.: Angela Schottenhammer, aus: Mc Knight, B. E.: The Washing Away of Wrongs. Ann Arbor 1981, 82f..
Quelle: Song Ci, Xiyuan jilu (1249), 24f.

Kapitel 7
Auf der Suche nach Recht

Die Beziehungen der Menschen zueinander bestanden weitgehend aus persönlichen Kontakten und Abhängigkeiten und waren vielfach durch Gewalt geprägt, darunter die verbreitete Institution der Rache (Dok. 93). Übergriffe waren häufig, nicht zuletzt im Europa nördlich der Alpen, wo es denn auch zu frühen Versuchen kam, durch Friedensbünde und die Festsetzung von Regeln größere Sicherheit für Leib und Leben zu erreichen (Dok. 94 und 95). Beispiele für komplexe juristische Verfahren liegen unter anderem aus dem islamischen Raum vor (Dok. 96). Gegenseitiges Vertrauen war für den Umgang miteinander wohl wichtiger als derartige Regelungen, konnte allerdings ausgenutzt werden (Dok. 97). Spezifische Traditionen besaß der chinesische Staat mit dem Ausbau seiner Bürokratie, die – wie stets in derartigen Fällen – zu Korruption und Amtsmißbrauch führen konnte (Dok. 98). Hier kam es seit Ende des 10. Jahrhunderts zu breiten Reformbemühungen, die von Beamtengelehrten getragen wurden. Deren Texte geben Auskunft über Motive und Zielsetzungen, dienten aber zugleich der Rechtfertigung der eigenen Position und waren nicht frei von idealisierender Verklärung (Dok. 99; vgl. Dok. 29–32, 104–107).

93 Rituelle Rache eines toltekischen Priester-Königs

Quetzalcoatl, „die gefiederte Schlange", legendärer Priester-König von Tollan, rächte den Mord an seinem Vater, indem er die Täter auf dessen Grab opferte.

Und als (das Kind) geboren wurde, quälte es vier Tage lang (während der Geburtswehen) seine Mutter sehr.

Darauf wird „1 Rohr" (Quetzalcoatl) geboren.

Und nachdem er geboren war, da stirbt sogleich seine Mutter.

Aber den (jungen) Ce Acatl (Quetzalcoatl) zieht auf die Quilaztli, die Cihuacoatl („weibliche Schlange").

Und als er mannbar geworden ist, da begleitet er seinen Vater auf Eroberungen.

Und er erprobte sich im Kriege in Xihuacan. Dort machte er Gefangene.

Und die dortigen Oheime Ce Acatl's, die vierhundert Wolkenschlangen,

die haßten, die töteten seinen Vater.

Und nachdem sie ihn getötet haben, da verscharren sie ihn (in einem Loch) im Sande.

Und Ce Acatl sucht darauf seinen Vater.

Er fragt:

„Was ist mit meinem Vater?"

Und da spricht zu ihm der Halsband-Adler (eine Art Geier):

„Getötet haben sie deinen Vater.

Dort liegt er, (dort ist es, wo) sie ihn begruben."

Und da holte er ihn (grub er die Gebeine seines Vaters aus) (und) setzte sie bei im Tempel des Wolkenschlangenberges.

Und seine Oheime, die seinen Vater töteten, hießen: Apanecatl („Der am Wasser") und Çolton („Kleine Wachtel") und Cuilton („Reicher"?).

Darauf spricht er (Ce Acatl):

„Womit soll ich den Tempel (des Mixcoatl) einweihen? Etwa mit einem Kaninchen? Etwa mit einer Schlange?"

„Wir werden schon ein gutes Opfer gewinnen,

den Jaguar, den Adler, den Wickelbären", sagten sie (seine Oheime, die drei Wolkenschlangen) da zu ihm. –

Es sagte der Ce Acatl, er sprach zu ihnen:

„Schon gut! Das wird gehen."

Darauf ruft er den Jaguar, den Adler, den Wickelbären.

Er sprach zu ihnen:

„Kommt her, o meine Oheime!

Sie (die drei Wolkenschlangen) sagen:

‚Mit euch werde ich einweihen meinen Tempel'.

Aber (ich sage euch), ihr werdet nicht sterben (geopfert werden).

Vielmehr sollt ihr die Leute auffressen, mit denen ich meinen Tempel einweihen werde, (nämlich) meine Oheime (die drei Wolkenschlangen)."

Und nur zum Scheine wurde ihnen (den drei Tieren) ein Strick um den Hals gebunden

Und Ce Acatl ruft nunmehr die Maulwürfe, er sprach zu ihnen:

„O meine Oheime, kommet her!

Wir wollen ein Loch graben in unserem Tempel!"

Und die Maulwürfe, sodann gruben (und) höhlten ein Loch, wo Ce Acatl hineinging, (so daß) er oben auf der Höhe seines Tempels herauskam.

Und es sagten seine Oheime (die drei Wolkenschlangen):

„Wir sind es, die den Feuerbohrer niederbringen werden oben (auf der Höhe des Tempels)".

Sehr freuten sie sich, als sie den Jaguar, den Adler, den Wickelbären sahen, die einer vom anderen bejammert werden.

Aber als sie (die Tiere) wieder zur Besinnung kommen, bohrt Ce Acatl schon Feuer.

Und da werden seinen Oheime (die drei Wolkenschlangen) sehr zornig. Da geht, da schreitet voran der Apanecatl, da steigt er eilends (den Tempel) hinauf.

Aber Ce Acatl erhob sich darauf, da zerschmetterte er (dem Apanecatl) das Haupt mit dem Spiegel <Schlangen->kopf.

Darauf fällt er (in Stücken) hinunter vom (Tempel).

Dann packte er den Çolton (und) den Cuilton.

Da blasen die Raubtiere.

Da tötet (opfert) er sie (den Çolton und Cuilton);

roten Pfeffer schüttet er über sie;

in kleine Stücke schneidet er ihr Fleisch.

Und nachdem sie sie dem Feuer ausgesetzt haben, da schneidet er ihnen die Brust auf.

Und darauf zieht er von neuem auf Eroberungen aus Ce Acatl, nach dem Ort namens Ayotlan.

Und nachdem er obsiegt hat, da geht er nach Chalco (und) Xicco; auch (dort) macht er Eroberungen.

Und nachdem er Eroberungen gemacht hat, da geht er nach Cuixcoc; auch (dort) macht er Eroberungen.

Und darauf geht er nach Çacanco; auch (dort) macht er Eroberungen.

Darauf geht er nach Tzonmolco; auch (dort) macht er Eroberungen.

Darauf geht er nach Mazatzonco; auch (dort) zog er auf Eroberungen aus.

Darauf geht er nach Tzapotlan; auch (dort) zog er auf Eroberungen aus.

Darauf geht er nach Acallan, wo er (oder: man) über das Wasser (in Booten) setzt; auch (dort) konnte er Eroberungen machen,

bis er nach Tlapallan gelangte.

Aber da nun erkrankt er dort.

5 Tage war er krank; darauf stirbt er.

Und nachdem er verschieden war, verbrannten sie ihn, verbrannte er.

(Und Topiltzin war 2x20 dazu 15 und 1 Jahr alt geworden (56 Jahre).

In (einem Jahre desselben Zeichens) „1 Rohr" (in dem er geboren war, d.h. nach 52 Jahren) da setzte er sich in Bewegung, zog er fort, verließ seine Stadt Tollan.

Und im (Jahre) „4 Kaninchen" starb er dort in Tlapallan.

Nach: Die Geschichte der Königreiche von Colhuacan und Mexico. Text mit Übersetzung von Walter Lehmann; 2. Auflage hg. von Gerdt Kutscher, in: Quellenwerke zur alten Geschichte Amerikas aufgezeichnet in den Sprachen der Eingeborenen, hg. von der Ibero-Amerikanischen Bibliothek, Berlin. Stuttgart u.a. 1974, Bd. I, 365–372.

94 Der Gottesfrieden von Arles

Im ausgehenden 10. Jahrhundert war die Herrschaftsstruktur des westfränkisch-französischen Reichs von einem schwachen Königtum und machtvoll vordringenden regionalen Adelsfamilien geprägt. Der Klerus bemühte sich deshalb verstärkt um den Schutz des ständig durch Adelsfehden gebrochenen Friedens. Kleriker und auch Bauern schlossen sich eidlich in Friedensbünden zusammen, zu deren Zielen besonders die ungestörte Religionsausübung sowie die Sorge für die Armen und Waffenlosen gehörten. Es wurden Friedenstage festgesetzt und schwere (Kirchen-) Strafen über deren Störer verhängt. Die Bewegung gewann bald an Kraft, wurde von den cluniazensischen Kirchenreformern, gegen Ende des 11. Jahrhunderts schließlich auch vom Papst unterstützt. Der Friedensbund von Arles fällt in den Zeitraum von etwa 1037–1041.

Im Namen Gottes, das allmächtigen Vaters, und des Sohnes und des Heiligen Geistes.

Raginbald, der Erzbischof von Arles, und mit ihm Benedikt von Avignon und Neithard von Nizza, die Bischöfe, dazu auch der ehrwürdige Abt, Herr Odilo, und alle Bischöfe und Äbte und der gesamte Klerus in ganz Gallien wenden sich an alle Erzbischöfe, Bischöfe, Priester und allen Klerus in ganz Italien. Wir grüßen euch und wünschen euch den Frieden Gottes, des allmächtigen Vaters, der ist und war und der kommen wird.

1. Wir bitten und beschwören euch alle, die ihr Gott fürchtet und an ihn glaubt und durch sein Blut erlöst seid, Sorge zu tragen und zu achten auf das Heil eurer Seelen und Leiber und Gottes Spuren zu folgen, Frieden zu halten untereinander, auf daß ihr des ewigen Friedens und der ewigen Ruhe würdig seiet.

2. Nehmet also jenen Gottesfrieden an und haltet ihn, den wir durch Gottes Eingebung als uns vom Himmel gesandt angenommen haben und halten, und der folgende Anordnungen beschließt: Von der Vesper des Mittwochs bis zum Sonnenaufgang am Montag soll zwischen allen Christen, Freunden und Feinden, Nachbarn und Fremden, fester

Friede und unverbrüchliche Waffenruhe herrschen, so daß in diesen vier Tagen und Nächten alle Christen zu jeder Stunde sicher seien und alles tun können, was nützlich ist, frei von aller Furcht vor Feinden und sicher in der Ruhe dieses Friedens und Waffenstillstandes.

3. Alle, die diesen Frieden und diese Gottesruhe beachten und sicher halten, sollen von Gott, dem allmächtigen Vater, und seinem Sohne Jesus Christus und dem Heiligen Geiste und der heiligen Maria mit den Chören der Jungfrauen und vom heiligen Michael mit den Chören der Engel und vom heiligen Apostelfürsten Petrus und allen Heiligen jetzt und immer und für alle Ewigkeit von ihren Sünden losgesprochen sein.

4. Wer aber den Frieden versprochen hat und ihn wissentlich bricht, der sei exkommuniziert von Gott, dem allmächtigen Vater, und seinem Sohne Jesus Christus und dem Heiligen Geiste und von allen Heiligen Gottes; sie seien exkommuniziert, verflucht und verwünscht hier und in alle Ewigkeit, und solche Menschen sollen verdammt sein wie Dathan und Abiron[136] und wie Judas, der den Herrn verraten hat, und sie seien in den Pfuhl der Hölle geschleudert wie Pharao mitten in das Meer, wenn sie nicht, wie es beschlossen ist, zur Buße kommen.

5. Wer an diesen Tagen des Gottesfriedens einen Menschen tötet, werde verbannt und aus seiner Heimat verjagt. Er soll nach Jerusalem wallfahrten und dort ein langes Exil erleiden. Wer auf andere Weise den oben beschriebenen Gottesfrieden bricht, der werde nach den weltlichen Gesetzen abgeurteilt und soll sich entsprechend seiner Schuld lösen. Nach den heiligen Kanones aber werde er mit einer doppelten Buße belegt.

6. Wir halten es für richtig, daß wir zu doppelter geistlicher und weltlicher Strafe verurteilt werden, wenn wir dies unser Versprechen in irgendeinem Punkte zu brechen versuchen sollten. Denn wir glauben, daß uns dies von Gott aus dem Himmel auf seinen ausdrücklichen Wunsch eingegeben ist, da bei uns, wie wir überzeugt

sind, nichts Gutes geschieht. Deshalb hat Gott es seinem Volke aufgetragen. Denn nicht einmal der Sonntag wurde noch geheiligt, sondern an ihm geschahen alle niedrigen Werke.

7. Und so haben wir Gott die vier genannten Tage versprochen und geweiht, so daß der Donnerstag wegen der Himmelfahrt Christi, der Freitag wegen Christi Passion, der Samstag wegen der Grablegung und der Sonntag wegen der Auferstehung unbedingt von allen feierlich begangen wird, daß keine Landarbeit an diesen Tagen geschieht, daß kein Feind seinen Feind verfolge.

8. Wir segnen und absolvieren alle nach der göttlichen und von den Aposteln stammenden Vollmacht, die diesen Gottesfrieden lieben, wie oben gesagt ist; jene aber, die dem zuwiderhandeln, exkommunizieren, verwünschen und verfluchen wir und schließen sie aus der heiligen Mutter Kirche aus.

9. Wenn sich aber jemand zur Wehr setzen muß gegen solche, die diese Urkunde und diesen Gottesfrieden zu brechen unternehmen, dann sollen die Rächer des Gottesfriedens keinen schuldhaften Schaden davon haben, sondern sie sollen als Verteidiger der Sache Gottes von allen Christen gesegnet werden. Wenn irgendein Werk an den übrigen Tagen begonnen wird und an den Friedenstagen entgegensteht, dann soll das nicht gelten, damit nicht dadurch dem bösen Feind eine Gelegenheit geboten wird.

10. Vor allem bitten wir euch, unsere lieben Brüder, daß ihr den Tag, an dem bei euch dieser Gottesfrieden in Kraft tritt, im Namen der heiligen Dreifaltigkeit recht feiern möchtet. Verflucht und exkommuniziert im Namen aller oben genannten Heiligen die Räuber, die ihr aus euerem Gebiet vertreibt und die ihr verabscheut!

11. Euren Zehnten und die ersten Früchte eurer Arbeit bringet Gott dar, reichet von euren Gütern den Kirchen zum Heile der Lebenden und der Toten, auf daß Gott euch erlöse von allen Übeln in diesem Leben, und auf daß er

euch nach dieser Zeitlichkeit in das Himmelreich geleite, er, der mit Gott, dem Vater und dem Heiligen Geist lebt und herrscht als Gott in alle Ewigkeit.
Amen.

Nach: Geschichte in Quellen. Bd. 2: Mittelalter. Bearb. v. Wolfgang Lautemann, München o. J. [1970], 234f.
Quelle: Treuga Dei archidiocesis Arelatensis. In: Constitutiones et acta publica imperatorum et regum inde ab a. DCCCCXI usque ad a. MCXCVII (911–1197). Hg. v. LUDWIG WEILAND (MGH Constitutiones 1), Hannover 1893/Ndr. 1963, Appendix III, Nr. 419, 596f.

95   Unter dem Bischofsstab

Das Hofrecht (1023/25) des Bischofs Burchard von Worms beleuchtet wie kaum eine andere zentraleuropäische Quelle des beginnenden 11. Jahrhunderts die Rechtsverhältnisse einer geistlichen Grundherrschaft. Burchard sah sich zu strikten Regelungen veranlaßt, nachdem innerhalb nur eines Jahres 35 (unfreie) Bauern der Grundherrschaft seiner Kirche getötet worden waren.

Im Namen der heiligen und ungeteilten Dreifaltigkeit. Ich Burchard, Bischof der Wormser Kirche, habe wegen der beständigen Klagen der Armen und der häufigen Übergriffe vieler Leute, die wie Hunde die Hausgenossenschaft von St. Peter[137] zerfleischten, indem sie diesen andersartige Vorschriften auferlegten und gerade die Schwächeren mit ihren Rechtssprüchen bedrückten, nun mit dem Rat der Geistlichkeit, der Ritter und der ganzen Hausgenossenschaft die folgenden Vorschriften aufzeichnen lassen, damit kein Vogt, Vitztum, Meier oder sonst ein anderer geschwätziger Mensch unter ihnen irgendeine Neuerung bei der genannten Hausgenossenschaft einführen kann, vielmehr soll ein und dasselbe Gesetz – vor Augen sichtbar abgefaßt – den Reichen und den Armen, ja allen gemeinsam sein. ...

(3) Wenn jemand, der auf Unserem Herrenland Erbbesitz hat, stirbt, soll sein Erbe den Erbbesitz ohne Abgabe erhalten und danach den dafür gebührenden Dienst versehen. ...

(6) Wenn jemand sein Gut oder Erbgut innerhalb der Hausgenossenschaft verkauft und einer seiner Erben anwesend ist und keinen Einspruch erhebt, oder wenn einer der Erben abwesend ist, später davon erfährt und innerhalb der Frist eines Jahres dazu schweigt, verliert er danach das Recht daran. ...

(10) Es soll recht sein: Wenn aus der Hausgenossenschaft ein Mann und seine Ehefrau sterben und Sohn und Tochter hinterlassen, soll der Sohn die Erbschaft des Knechtlandes erhalten, die Tochter aber die Kleidungsstücke der Mutter und das erarbeitete Geld erhalten, das übrige, was hinterlassen worden ist, sollen sie in allen Stücken gleichmäßig untereinander teilen. ...

(19) Sie hatten folgendes als Gewohnheit: Wenn jemand einem anderen Geld geliehen hatte, konnte der Schuldner, soviel er wollte, zurückgeben, und was er nicht geben wollte, unter Eid leugnen. Doch um Meineide auszuschließen, haben Wir bestimmt: Wenn jemand, der einem sein Geld geliehen hat, dessen Eid nicht dulden will, mag er gegen diesen im Zweikampf kämpfen und sich dadurch das verweigerte Geld besorgen, wenn er will. Wenn es sich aber dabei um einen so Würdigen handelt, daß er es ablehnt, wegen solch einer Sache zu kämpfen, mag er seinen Vertreter stellen. ...

(23) Es soll Gesetz der Hausgenossenschaft sein: Wenn jemand von ihnen in das Haus eines anderen mit bewaffneter Hand eindringt und dessen Tochter mit Gewalt raubt, soll er alle Kleidungsstücke, die sie trug, als sie geraubt wurde, jeweils dreifach ihrem Vater oder Vormund ersetzen, für alle einzelnen Stücke aber dem Bischof die Bannbuße entrichten; schließlich soll er sie unter dreifacher Leistung der Frevelbuße sowie mit der Bannbuße des Bischofs dem Vater zuführen, und

weil er sie nach den Kanonischen Bestimmungen nicht zur Ehe erhalten kann, soll er deren Blutsfreunden 12 Schilde und ebensoviel Lanzen sowie ein Pfund Pfennige zur Versöhnung zahlen. ...

(28) Gesetz soll es sein: Wenn jemand in der Stadt, um einen zu töten, sein Schwert zückt, den Bogen spannt und einen Pfeil auf die Sehne legt, oder eine Lanze zum Stoß erhebt, soll er 60 Schilling Bußgeld entrichten. ...

(30) Wegen der Morde aber, die fast täglich in der Hausgenossenschaft von St. Peter wie bei wilden Tieren geschahen, weil häufig wegen einer Nichtigkeit oder Trunkenheit oder aus Übermut einer wie wahnsinnig über den anderen so in Wut geriet, daß im Verlauf eines Jahres 35 Knechte von St. Peter unschuldig von Knechten dieser Kirche umgebracht wurden und die Mörder sich dessen mehr gerühmt und gebrüstet haben, als daß sie etwas Reue gezeigt hätten – wegen dieses besonders großen Schadens für Unsere Kirche haben Wir daher mit dem Rat Unserer Getreuen folgende Änderung beschlossen: Wenn einer aus der Hausgenossenschaft seinen Mitgenossen ohne Notwehr (das heißt ohne folgende Not: wenn dieser ihn selbst töten wollte oder ein Räuber war und er diesen bei der Verteidigung von sich und seiner Habe tötet), vielmehr ohne die vorgenannten Umstände ermordet, verfügen Wir, ihm sollen Haut und Haar genommen werden, er soll mit einem dazu gefertigten Eisen in beide Backen gebrannt werden, er soll Wehrgeld zahlen und mit den Verwandten des Ermordeten in der gewohnten Weise Frieden schließen, und die Verwandten werden dazu verpflichtet, dies anzunehmen.

Nach: Quellen zur deutschen Verfassungs-, Wirtschafts- und Sozialgeschichte bis 1250. Hg. u. übers. v. Lorenz Weinrich (FSGA 32), Darmstadt 1977, Nr. 23, 91–105 (Textzitate bis 103).
Quelle: Lex familiae Wormatiensis ecclesiae. In: Constitutiones et acta publica imperatorum et regum inde ab a. DCCCCXI usque ad a. MCXCVII (911–1197). Hg. v. Ludwig Weiland (MGH Constitutiones 1), Hannover 1893/Ndr. 1963, Nr. 438, 640–644.

Diese „Stehdarbietung" von al-Hamadhani (vgl. Dok. 55) läßt erkennen, daß die islamische Gesellschaft zwar patriarchalisch geprägt war,
Frauen jedoch zuweilen auf juristischem Wege Rechte einklagen
konnten.

Als ich einst das Richteramt in Syrien übernommen, sind zwei
Frauen und ein Mann mit ihrem Streit zu mir gekommen,
wobei die eine von dem Mann die Scheidungssumme wollte
und die andere verlangte, daß der Mann sie doch verstoßen
oder ihr den Unterhalt bezahlen solle.

Da fragte ich den Mann: „Was sagst du über jene, die die
Scheidungssumme will?", worauf er sagte: „Gott möge dir,
dem Richter, Kraft verleihn. Ich komm' aus Alexandria und
bin ein Fremder hier. Wofür verlangt sie denn das Scheidungs-
geld von mir? Bei Gott, sie hat mir meinen Pflock nie schwer
gemacht und hat auch meinem Herzen nie Befriedigung gebracht, und wie sie mir mein Säckchen leer gelassen hat, so
wenig hat sie aufgerichtet meine Trümmerstatt."

Und als ich ihn dann weiter fragte, ob er denn mit ihr ge-
schlafen habe, klagte er und sagte: „Ja, doch hab' ich ihren
Mund nicht kühl empfunden, und ihr Speichel tat mir auch
nicht munden. Nicht voll war ihre Brust, und ihre Augen
blickten ohne Lust. Und wie der Weg in sie hinein nicht eng
bemessen war, so war ihr Körper unfruchtbar."

Nun wandte ich mich der Frau zu und fragte sie: „Was sagst
nun du?", worauf sie mir zur Antwort gab: „Gott möge dir,
dem Richter, Kraft verleihen. Dieser Mann hier lügt noch
mehr, als ihn sein Hoffen trügt. Er ist noch schlimmer als sein
Tun, gemeiner als die eignen Tricks, im Umgang schlechter als
sein Unterleib, ein übles Zeichen des Geschicks. Und wie ich,
wahrlich, einem Habichtschnabel seinen Mund vergleichbar
fand, so schien mir wie ein rauher Felsen seine Hand. Sein
Brustkorb sieht so dünn wie Nadelstiche aus, und unten bringt
er nichts heraus. Ich habe einen Körper wie Brokat aus Seide
mitgebracht zum ehelichen Schlaf, Augen wie ein Mutterschaf,

ein Antlitz wie der Lampenschein, eine Brust wie echtes Elfenbein, einen Bauch wie eines Zelters Rücken, einen rauhen Weg in meinen Leib hinein, ein enges Tor davor und schließlich eine Lust so heiß, daß keiner sie zu stillen weiß. Doch wie soll ich denn gebären? Ja, wie soll dies denn gelingen, wenn der Mann nicht ausführt, was er mir verspricht? Er fand ja seinen trügerischen Pflock trotz aller Mühe nicht."

Da sprach ich zu dem Mann: „Sie hat dich jetzt der Impotenz geziehen, dich sogar als Päderast verschrien."

Drauf wandte sich der Mann dem Weibsbild zu und schrie es an: „Wenn dein Hintern reden könnte, würde er was anderes erzählen. Hab' ich dich mit deinen neunzig Jahren nicht zu einer Dreißigjährigen gemacht, habe ich nicht zwanzig Mal gekämpft pro Nacht, und doch hast du nur eine Fehlgeburt hervorgebracht?!"

Da sprach die Frau: „O Richter, ich erkläre seine Worte für gelogen!", worauf der Mann sie schimpfte: „O du Stinkscham, somit hast du mich betrogen!"

Nun ergriff die zweite Frau das Wort und sprach: „Möge Gott dem Richter Glück verleihn! Ich bitte, daß ich von dem Mann als Frau behalten werde, aber ordentlichen Unterhalt beziehe, oder daß er sich von mir in ordentlicher Weise scheiden läßt."

Da fragte mich der Mann: „Wieviel genügt für sie im Monat, auf daß ich es im voraus zahlen kann?"

Ich erwiderte: „Stelle jeden Monat hundert Dirham für die Frau bereit, um sie abzusichern gegen all die Unbill dieser Zeit."

Da sagte er: „Du mißt vielleicht das Geld, das mir im Monat zur Verfügung steht, an deinem, doch kannst du nicht vergleichen dein Gehalt mit meinem!" Und als ich ihm darauf erklärte, daß ich einen kleineren Betrag nicht akzeptieren würde, sprach er:

„Dreimal wird sie jetzt von mir verstoßen, wenn du es nicht akzeptierst, daß ich ihr zwei Monatsgelder von zusammen hundert Dirham jetzt sofort und auf der Stelle zahle."

Da sprach die Frau: „O Richter, akzeptiere diese Gaben, denn ich bin von Sorge sehr erfüllt um meine kleinen Töchter, die nur ihn allein als Sorger und Ernährer haben!"

242

So befahl ich denn dem Mann, der Frau sofort das Geld in der von ihm genannten Höhe auszuzahlen.

Als zwei Monate vergangen waren, kamen aber beide wieder mit der Bitte, doch den Unterhalt erneut zu regeln. Da sagte ich: „Verschwindet! Ich laß' mich lieber selber scheiden, als erneut zu richten über die Geschichte von euch beiden."

Nach: Al-Hamadhânî: Vernunft ist nichts als Narretei. Die Maqâmen, aus dem Arabischen vollständig übertragen und bearbeitet von Gernot Rotter, Tübingen 1982, 116 ff.
Quelle: al-Hamaḏānī: Maqāmāt. Ed. Istanbul 1880.

97 Ausgenutzte Frömmigkeit

Der Kadi al-Tanuchi (vgl. Dok. 87) hielt in einer „Tischunterhaltung" Anekdoten für die Konversation in geselliger Runde fest. Die folgende Geschichte schildert, wie ein Mann aus Bagdad, der sich als Asket ausgab, mit Hilfe seiner Frau die sprichwörtlich einfältigen Bewohner der syrischen Stadt Hims betrog und deren frommes Gerechtigkeitsverständnis ausbeutete.

Ein durchtriebener Bettler reiste einmal in Begleitung seiner Frau von Bagdad nach Hims. Dort angekommen, sagte er zu ihr: „Dies ist eine ebenso blöde wie reiche Stadt. Ich möchte deshalb die Leute hier gehörig übertölpeln, und du mußt mir dabei helfen, ohne ungeduldig zu werden." „Ich tue, wie du willst", antwortete die Frau. Nun befahl er ihr: „Halte dich stets an ein und demselben Ort auf und lasse dich unter keinen Umständen bei mir blicken. Nimm täglich zwei Drittel Pfund Dörrobst und ebensoviel rohe Mandeln für mich. Knete sie zu einem Brei, den du in der Mittagszeit auf einen für mich durch seine Sauberkeit erkennbaren Ziegelstein an dem und dem Brunnen" – er war in der Nähe der Hauptmoschee – „hinsetzt. Füge mir sonst nichts hinzu und laß dir nicht einfallen, bei mir vorbeizukommen." Sie erwiderte ihm: „Ich werde tun, wie du mir befohlen hast."

Nun kam er, nachdem er ein wollenes Obergewand und ebensolche Hosen aus seinem Reisegepäck angezogen und sich einen Turban auf den Kopf gesetzt hatte, und lehnte sich in dieser Asketenkleidung in der Hauptmoschee an eine Säule, an der fast alle Leute vorbeikamen. Er verharrte dort den ganzen Tag und die ganze Nacht im Gebet und gönnte sich nur zu den Zeiten Ruhe, in denen das rituelle Gebet unstatthaft ist. Selbst wenn er sich zur Ruhe niederließ, murmelte er noch fromme Lobsprüche, sprach aber im übrigen kein Wort. Einige Tage blieb er unbemerkt. Dann wurde man auf seine Erscheinung aufmerksam und beobachtete ihn eine Weile. Die Kunde von ihm verbreitete sich, und aller Augen richteten sich auf ihn. Man sah mit Verwunderung, daß er sein Gebet nicht unterbrach und keine Nahrung zu sich nahm, ja bald waren die Einwohner der Stadt völlig sprachlos über ihn. Er verließ das Gebäude der Moschee täglich nur einmal in der Mittagszeit, um jenen Brunnen aufzusuchen. Dann verrichtete er seine Notdurft und ging zu dem ihm bekannten Stein, auf dem der Brei für ihn bereitstand. Dieser hatte sich inzwischen schnell verändert und sah wie vertrockneter Kot aus, so daß jeder, der die Moschee betrat oder verließ, keinen Zweifel daran hegte, daß dies Kot sei. Wenn er den Brei verzehrt und sich auf diese Weise etwas gestärkt hatte, kehrte er zu seiner Säule zurück. Nachts aber trank er soviel Wasser, wie er brauchte. Die Einwohner von Hims glaubten jedoch, er nehme weder Speise noch Trank zu sich und hungere die ganze Zeit über. Er gewann daher bei ihnen hohes Ansehen. Sie kamen zu ihm her und sprachen ihn an, ohne daß er ihnen antwortete. Sie umringten ihn von allen Seiten, ohne daß er den Blick wendete, und auch wenn sie heftig auf ihn einsprachen, blieb er ihnen gegenüber bei diesem Schweigen und Gehaben. Schließlich steigerte sich sein Ansehen derart, daß, wenn er zur rituellen Waschung hinausging, sie an ihn herantraten, um sich mit dem Saum seines Kleides über das Gesicht zu wischen, die Erde, über die er hinweggeschritten war, aufzuheben und die Kranken zu ihm zu tragen, daß er mit der Hand über sie striche.

Als er sah, daß er zu solchem Ansehen gelangt war, und über dieser Lebensführung von ihm bereits ein Jahr vergangen war, traf er sich mit seiner Frau an dem Brunnen und sprach zu ihr: „Komm beim nächsten Freitagsgebet her, klammere dich an mich, schlage mich ins Gesicht und fauche mich an: ‚Du Schurke! Du verkommener Lump! Du hast meinen Sohn in Bagdad ermordet, bist geflohen und hergekommen, um ein Asketenleben zu führen. Dein frommes Leben schlägt dir aber ins Gesicht.' Weiche nicht von mir und stelle dich, als ob du mich zur Rache für deinen Sohn töten wolltest. Dann werden sich die Leute um dich zusammenrotten, ich werde sie aber daran hindern, dir ein Leid anzutun, und werde bekennen, daß ich ihn getötet und mich daher bekehrt habe und hierhergekommen bin, um, wie ich es tue, zu beten, zu büßen und zu bereuen. Danach verlange, daß ich zur Wiedervergeltung vor den Sultan geschleppt werde. Dann werden sie dir an meiner Statt das Blutgeld[138] anbieten. Nimm es aber nicht an, es sei denn, daß sie dir das Blutgeld für zehn Ermordete oder einen Betrag gewähren, der dir im rechten Verhältnis zu der erhöhten Zahlungsbereitschaft und dem Interesse, die du an ihnen wahrnimmst, zu stehen scheint. Wenn ihr Lösegeldangebot schließlich eine Höhe erreicht, über die sie nicht hinausgehen, dann erkläre dich zur Annahme bereit, packe das Geld zusammen, nimm's und verlasse noch am gleichen Tage die Stadt in Richtung Bagdad. Ich selbst werde mich dann auch aus dem Staube machen und dir folgen."

Am nächsten Tag kam die Frau. Als sie ihren Mann sah, behandelte sie ihn seiner Anweisung gemäß, schlug ihm ins Gesicht und sagte, was er ihr eingeschärft hatte. Die Einwohner der Stadt erhoben sich, um sie zu töten, und sprachen: „Du niederträchtiges Weib! Dieser Mann ist ein Ersatz für die Propheten, einer von den Großen der Welt. Er ist der Ausgangspunkt der Zeit, die Krönung unserer Epoche. Er ist... Er ist..." Er aber befahl ihnen durch einen Wink, sich zu beherrschen und ihr kein Leid anzutun. Sie beherrschten sich deshalb, während er sein Gebet abkürzte. Danach begrüßte er die Leute, wand sich dabei in größter Bescheidenheit lange am Boden herum und sagte schließlich zu ihnen: „Habt ihr je ein Wort von mir gehört, seitdem ich bei euch weile?" Da freuten sie sich, weil sie ihn sprechen hörten, und mit einem gewaltigen Schrei antworteten sie: „Nein!" Nun fuhr er fort: „Ja, ich habe mich bei euch nur aufgehalten, um für das Buße zu tun, was sie berichtet hat, bin ich doch ein verirrter und verlorener Mann gewesen. Ich habe nämlich den Sohn dieser Frau ermordet, habe mich aber bekehrt und bin zu frommen Übungen hierhergekommen. Aus Angst, daß meine Buße nicht genügen könnte, habe ich die Hoffnung gehegt, zu der Frau zurückzukehren und sie bitten zu können, daß sie mich in Fesseln legen läßt. Ohne Unterlaß habe ich zu Gott dem Erhabenen gebetet, er möchte doch meine Buße gnädig annehmen und dieser Frau Gewalt über mich schenken, bis nun mein Gebet Erhörung gefunden und Gott meine Buße gnädig angenommen hat, nachdem er mich mit der Frau zusammengeführt und ihr die Möglichkeit gegeben hat, Blutrache an mir zu nehmen. So lasset die Frau mich töten, und damit Gott befohlen!" Jetzt erhob sich ein allgemeines Schreien und Jammern. Der eine rief ihm zu: „Bete für mich, frommer Gottesknecht!", der andere: „Bitte für mich!"

Danach ging er, während die Frau ihm voranschritt an den Leuten vorbei zum Oberhaupt der Stadt. In langsamem und gemessenem Schritt begab er sich aus der Moschee zu dem Haus des Emirs, damit er ihn zur Rache für ihren Sohn hinrichten lasse. Da sagten die gereiften Männer: „Ihr Leute, wie könnt ihr angesichts dieses Ärgernisses die Hände in den Schoß legen und leichtfertig den Schutz preisgeben, den eure Stadt durch diesen frommen Gottesdienst genießt? Redet doch der Frau gütlich zu und bittet sie, das Blutgeld anzunehmen, das wir dann aus unseren eigenen Taschen bezahlen." Als sie sie nun umringten und mit Bitten auf sie einstürmten, weigerte sie sich. Darauf boten sie ihr das Blutgeld für einen Doppelmord. Sie erklärte aber: „Ein einziges Haar meines Sohnes kostet das Blutgeld für tausend Morde!" Nun boten sie ihr weiter, bis sie schließlich auf den Betrag für zehn Morde kamen. Da sprach sie: „Holt das Geld zusammen! Ich will sehen, ob sich mein Herz bei seinem Anblick bereit findet, es anzunehmen und den

Mord zu verzeihen. Andernfalls werde ich das Blut des Mörders fordern." Nachdem sich die Leute mit dieser Lösung einverstanden erklärt hatten, bat der Mann: „Laß mich, verehrte Frau, an meinen Platz in der Moschee zurückkehren!" „Dies tue ich keineswegs", gab sie ihm zur Antwort, und er stammelte: „Ganz, wie du willst." Als die Leute allmählich 100.000 Dirhem gesammelt hatten und sie ihr anboten, erklärte sie: „Ich will einzig und allein das Blut des Mörders meines Sohnes. Er hat eine Narbe in mein Herz geschlagen." Da begannen die Leute, ihre Kleider, Mäntel und Siegelringe vor ihr niederzuwerfen. Die Frauen opferten ihren Schmuck, und von den Männern warf ein jeder irgendetwas aus seinem Besitz vor ihr nieder. Wer aber keinen Anteil von diesem Lösegeld übernehmen konnte, war schlimm daran und kam schier um vor Kummer und Schmerz. Am Ende nahm sie die Zahlung an, erklärte den Mord für gesühnt und ging. Der Mann blieb noch einige Tage in der Moschee, bis er erfuhr, daß sie die Stadt verlassen hatte. Dann floh er in einer Nacht von dannen. Als er am folgenden Tage gesucht wurde, war er nicht zu finden, und es wurde nichts mehr von ihm gehört, bis den Einwohnern von Hims nach langer Zeit klar wurde, daß er sie hinters Licht geführt hatte.

Nach: Weisweiler, Max: Von Kalifen, Spaßmachern und klugen Haremsdamen. Düsseldorf-Köln 1963, 192 ff.
Quelle: al-Tanūḫī: Nišwār al-muḥāḍara. Ed. David S. Margoliouth, London 1921, 277 ff.

98   Gegen Amtsmißbrauch

Im folgenden Text wendet sich der Richter Bao Zheng (999–1062) gegen Beamtenmißbrauch. Der Delinquent Zhang Kejiu, ein Beamter höheren Status, hatte gegen die staatlichen Monopolvorschriften verstoßen.

Meine Amtskollegen und ich haben untertänigst das versiegelte Schreiben zur Kenntnis genommen, in dem der zeichnungsbevollmächtigte Überwachungsbeamte der Wuxin-Militärpräfektur, Wu Yan, über seine Ermittlungen gegen den früheren Finanz- und Überwachungskommissar von Huainan und Direktor im Amt für Verleihungen von Ehrentiteln, Zhang Kejiu, berichtet. Demnach gestand dieser, während seiner Amtstätigkeit in dem ihm unterstellten Gebiet mehr als 10.000 Pfund illegalen Salzes unerlaubterweise verpfändet und verkauft zu haben. Die Strafakte wurde an den obersten Gerichtshof weitergeleitet.

Wie ich ergebenst befürchte, wird dieser Gerichtshof die Bestimmungen über Verstöße gegen die Monopolgesetze etc. heranziehen und nach der Vorschrift entscheiden, die die konfiszierte Menge zugrundelegt. Wo Zhang Kejiu das illegale Salz, mit dem er Handel getrieben hat, jetzt bereits vollständig verkauft hat, so daß nichts mehr davon auffindbar ist, wäre sein Vergehen dann zwangsläufig nur als geringfügig zu klassifizieren.

Die eben erwähnte Vorschrift ist jedoch ursprünglich zur Anwendung gegenüber der einfachen Bevölkerung konzipiert worden. Zu bedenken ist, daß Zhang Kejiu von seiner mittelmäßigen Qualifikation her ungeeignet für ein aufsichtsführendes Amt ist, er, auf das Vertrauen des Hofs gestützt, Vorbild und Führer eines Bezirks hätte sein sollen, statt dessen auf verschlagene Weise nach Profit trachtete und frech gegen die Verbotsvorschriften verstieß. Zwar ist es in der Vergangenheit hin und wieder vorgekommen, daß sich ein Beamter im hauptstädtischen Rang durch Bereicherung beschmutzte und dafür Strafe zuzog. Doch keiner dieser Fälle war so schwerwiegend wie der des Zhang Kejiu. Wäre hier Milde zu gewähren, was bliebe dann, das nicht auch geduldet werden müßte!

Ich ersuche darum, Zhang Kejiu nicht im Hinblick auf die vor kurzem ergangene „mildernde Entscheidung der Gerichtsfälle" zu amnestieren, sondern gegen ihn eine strenge Sonderentscheidung innerhalb des gesetzlichen Rahmens zu fällen. Er sollte an einem entfernten Ort unter Aufsicht gestellt werden, um künftigen Delinquenten eine Warnung zu erteilen.

Weiterhin ersuche ich darum, in Fällen, in denen ein Amtskollege bei illegalem Handel gegen eine der verschiedenen

Monopolvorschriften verstößt etc., von nun an nicht mehr anhand der erlangten Menge des betreffenden Erzeugnisses, mit der das Delikt ursprünglich begangen worden war, die Straftat zu klassifizieren und das Urteil zu fällen. In Fällen, in denen einfache Leute gegen diese Vorschriften verstoßen, sollten (hingegen) nach wie vor die alten Bestimmungen zur Anwendung gebracht werden. Zu hoffen wäre, daß dann die Bande der Habgierigen und Niedriggesinnten ein wenig in Furcht und Schrecken gerät.

Nach: Schmoller, Bernd: Bao Zheng als Beamter und Staatsmann, Bochum 1982, 153 f.
Quelle: Bao Zheng, Eingaben, j. 4, 13 b, f.

99 Melancholischer Abschied

In diesem Gedicht des Mei Yaochen, verfaßt im Jahr 1041[139], wird eine gewisse Resignation deutlich, die der Literat anläßlich des Unverständnisses verspürte, das ihm zahlreiche Vertreter der Gesellschaft, ja sogar Amtskollegen, wegen sozial- und gesellschaftskritischer Äußerungen entgegenbrachten. Seine kritische Haltung, die eng mit den Reformplänen des 11. Jahrhunderts verknüpft war (vgl. Dok. 29–31), weicht jedoch im Schlußwort – fast wie eine Selbstkritik des vorher Gesagten – der Betonung konfuzianischer Ethik, dem pietätvollen Verhalten gegenüber den Eltern.

Der erste Reif ist noch nicht gefallen, der Bian-Fluß ist seicht;
trotz meines leichten Bootes fürchte ich dennoch, mich auf dem Weg hinunter nach Osten zu verspäten.
Ich ging in der ganzen Stadt herum, bis ich einen alten und lahmen Gaul mieten konnte,
der bei jedem Schritt strauchelte, daß es mich ganz müde machte.
Nun bin ich zu Deinem (Ouyang Xius)[140] Amtssitz gekommen, um Abschied zu nehmen;
Du bedauerst, daß ich fortgehe, und seufzest wiederholt.

Du hast Deinen bärtigen Sklaven geschickt, den Zilü zu rufen, und hast außerdem Anweisung gegeben, ein Fest vorzubereiten und die Weinbecher aufzustellen.

Da nun nach einiger Zeit Herr Chen (Zilü) schließlich auch gekommen ist,

sitzen wir alle in dem kleinen Zimmer, und unsere Mienen haben sich ein wenig erhellt.

Du hast ein Huhn gekocht und einen Hasen zubereitet; wir bedienen uns der Eßstäbchen, (und die Speisen schmecken) vorzüglich,

und auf den Tellern sind Früchte wie Kastanien und Birnen in reicher Fülle ausgelegt.

Der trostlose Nieselregen schafft einen Hauch von Kälte;

nachdem wir alle so reichlich getrunken haben, wie kann ich mich da verabschieden!

Sollte vor der Tür ein Besucher auftauchen, so melde ihn uns nicht!

Wir trinken gewaltig, und unsere Mützen sitzen schon schief.

Wir diskutieren über die Literatur bis in ihre verborgensten Geheimnisse;

beim Abwägen von Leicht und Schwer[141] haben wir niemals auch nur ein Gramm vernachlässigt.

Bisweilen fällt ein scharfer Spott, und jedes Mal kugeln wir uns vor Lachen;

was kümmert es uns, ob wir morgen noch etwas zu essen haben werden!

Die Straßen der Hauptstadt sind des Nachts verboten, das Ausgehverbot ist noch nicht aufgehoben.

Die Diener sind insgeheim über unsere Narreteien verwundert.

Was hat es für einen Sinn, über Krieg zu diskutieren und Mißstände zu erforschen,

da das Volk sowieso nicht glaubt, wir Gelehrten verstünden davon allzuviel?

Vom Wein gelöst und mit heißen Ohren versuche ich, meinem Herzen einmal gründlich Luft zu verschaffen,

und die beiden Herren sind auch sogleich über mein Tun erschrocken.

Da es von alters her verpönt ist, sich selbst zu loben, indem man sein Talent zur Schau stellt,
will ich meine Zunge zügeln und stummen Mundes nach Süden eilen.
In jenem Gebiet der Ströme und Seen sind im Spätherbst die Barsche fett,
und wenn ich nach Hause komme, bringe ich (meinen Eltern) Leckerbissen dar, wie sich dies geziemt.
Auf Vogelschwingen möchte ich ihnen die Botschaft zukommen lassen,
sie mögen doch nicht traurig wie Kinder sein.

Nach: Leimbigler, Peter: Mei Yaochen (1002–1060), 90–93.
Quelle: Mai Yaochen, Wanling xiansheng ji, j. 8, 4 b. Sibu congkan-Ausgabe.

Kapitel 8
Bildung und Wissenschaft

Insbesondere auf dem Gebiet von Bildung, Technik und Wissenschaft bestanden große Unterschiede zwischen den verschiedenen Regionen und Kulturen, wobei sich im allgemeinen jeweils nur kleinere Gruppen innerhalb der einzelnen Gesellschaften daran beteiligen konnten. Die übergroße Mehrheit der Menschen war weder des Lesens noch des Schreibens kundig, in Europa blieb Latein die Sprache der Gebildeten. Wichtige Stätten der Bildung waren – nicht nur in Europa, sondern auch in Asien – die Klöster, die zudem auch für die Wirtschaft und die Erneuerung der Gesellschaft große Bedeutung besaßen (Dok. 100 und 101). Vielfältige praktische Probleme ergaben sich bei den Bemühungen, das Wissen zu vermehren (Dok. 102). Ausgebaut war das Bildungssystem – neben China und Byzanz – in Städten der islamischen Regionen, was sich im Selbstbewußtsein der Gelehrten niederschlug (Dok. 103). Für chinesische Beamte wiederum war Bildung die entscheidende Ressource, mit der sie ihren Anspruch auf Anerkennung und Macht begründeten. Diese Bildung befähigte sie zu beeindruckenden Aussagen und wissenschaftlichen Erkenntnissen (Dok. 104–109).

100 Mönche, Gelehrte und Künstler hinter Klostermauern

Eine der farbigsten erzählenden Quellen des abendländischen Früh- und Hochmittelalters sind die „St. Galler Klostergeschichten" des um 980 geborenen, nach 1057 gestorbenen Ekkehard (IV.). Selbst Mönch des alten Reichsklosters, schrieb er, nachdem er auch einige Zeit fernab der Heimat zugebracht hatte, eine ältere, 883 endende St. Galler Klosterchronik bis 972 fort. In einzigartiger und unterhaltsamer Weise bietet sie Einblicke in den Klosteralltag und zeitgenössische Mentalitäten. Der folgende Auszug entreißt nicht nur drei künstlerisch hochveranlagte Personen der Anonymität, in der ansonsten die meisten Künstler und Forscher der damaligen Zeit verborgen sind, sondern unterstreicht auch die lebendige Kraft der Schultradition St. Gallens noch im 11. Jahrhundert. Anknüpfend an eine Skizzierung der älteren Erzieherpersönlichkeiten Iso und Marcellus, charakterisiert Ekkehard deren noch kreativere Schüler Notker, Ratpert und Tuotilo. Notker (III., „der Deutsche"), der nach Ekkehards Worten „als erster in der Volkssprache schrieb und viele Bücher aus Liebe zu seinen Studenten auf Deutsch erklärte", war Ekkehards eigener Lehrer in der Klosterschule gewesen.

Von seinen und des Marcellus Schülern Notker, Ratpert und Tuotilo, die ja ein Herz und eine Seele waren, beginnen wir vermischt zu erzählen, was die drei zusammen vollbracht, soviel wir hierüber von den Vätern erfahren haben. Von Iso zuvor in den göttlichen Dingen sattsam geschult, schlossen sie sich dann ... dem Marcellus an. Der war in göttlichem und menschlichem Wissen gleicherweise beschlagen und führte sie den sieben freien Künsten zu, insonderheit aber der Musik. Diese Kunst ist ursprünglicher als die übrigen Künste und, obzwar schwieriger zu erlangen, in ihrer Anwendung gewiß lieblicher. In ihr brachten sie es am Ende zu solcher Meisterschaft, wie sie in den Werken eines jeden ... deutlich sichtbar wird. Aber freilich waren diese drei, obgleich sie in ihrem Sinnen und Trachten völlig eins waren, in ihrem Naturell begreiflicherweise doch voneinander verschieden.

Notker, dürr an Leib, aber nicht an Seele, stammelnd in der Rede, aber nicht im Geiste, hochragend in göttlichen Dingen, geduldig in irdischem Ungemach, milde bei allem, drang bei den Unsrigen auf scharfe Zucht. Vor jähen und überraschenden Geschehnissen verzagte er leicht, nur nicht vor dem Angriff der Dämonen, denen er sich ja regelmäßig kühn entgegenstellte. Im Beten, im Lesen, im Dichten war er unermüdlich. Und um alle die Gaben seiner heiligen Persönlichkeit bündig zusammenzufassen: er war ein Gefäß des Heiligen Geistes, so überquellend reich, wie es zu seiner Zeit kein anderes gab.

Dagegen war Tuotilo auf gänzlich andere Art tüchtig und trefflich, ein Mann von Armen und lauter Gliedern, gleichwie Fabius lehrt, Ringkämpfer auszulesen. Er war beredt, von heller Stimme, in Relieftechnik und Malkunst ein Meister von Geschmack. Ein Musiker war er wie auch seine Gefährten, aber allen überlegen in jeglicher Art Saiten- und Blasinstrument. Unterwies er doch auch die Söhne des Adels in einem vom Abt hierzu bestimmten Raum im Saitenspiel. Botengänge fern und nah versah er mit Geschick, und im Bauen und anderen praktischen Fertigkeiten leistete er den Seinen große Dienste; des Dichtens kundig in beiden Sprachen und hierzu von Natur aus befähigt, verstand er im Ernst und im Scherz unterhaltlich zu sein, und zwar so sehr, daß einmal unser Karl den verwünschte, der einen Mann von solchem Schlage zum Mönch gemacht. Doch bei alledem war er, vor seinen anderen Vorzügen, eifrig im Chordienst, im Verborgenen aber voller Tränen; meisterlicher Schöpfer von Versen und Melodien, erwies er sich in seiner Keuschheit als ein echter Schüler des Marcellus, welcher vor Frauen die Augen verschloß.

Ratpert aber hielt zwischen den beiden Genannten die Mitte; Schulmeister seit seinen Jünglingsjahren, als Lehrer verständlich und verständnisvoll, war er in Dingen der Zucht doch recht streng; er setzte den Fuß noch seltener als die Brüder aus dem Klosterinnern hinaus und hatte im Jahr bloß zwei Schuhe; Ausgehen nannte er den Tod, und oft beschwor er unter Umarmungen den reisefrohen Tuotilo, sich vorzusehen. Emsig in der Schule tätig, kümmerte er sich meist nicht um Tagzeiten und Messen, indem er sagte: „Gute Messen hören wir, sooft wir lehren, sie zu halten." Und wiewohl er als größtes Verderben für ein Kloster die Straflosigkeit bezeichnete, kam er doch nur, wenn man ihn rief, zum Kapitel[142]; denn ihm sei, wie er sagte, das schwierigste Amt, zu kapiteln und zu strafen, anvertraut.

Solcherart also waren die drei Senatoren unseres Gemeinwesens; wie es aber kundigen und tüchtigen Leuten immer wieder ergeht, hatten sie von Nichtstuern und Windbeuteln beständig Verleumdungen und üble Nachrede zu erleiden, sonderlich aber, weil er sich gewöhnlich weniger zur Wehr setzte, Herr Notker – der heilige Notker, um die Wahrheit zu sagen.

Nach: Ekkehard IV. St. Galler Klostergeschichten. Hg. u. übers. v. Hans F. Haefele (FSGA 10), Darmstadt ³1991, 76–79 (33–35). Quelle: Ebenda.

101 Schüleralltag im Kloster

Abt Aelfric von Eynesham (gest. vor 1020), leidenschaftlicher Pädagoge, verfaßte neben einer zweisprachigen Grammatik unter anderem auch sein „Colloquium", ein altenglisch-lateinisches Gesprächsbüchlein, das erfrischende Einblicke in die Unterrichtspraxis einer europäischen Klosterschule um 1000 gewährt. Nokturn, Prim, Terz, Sext, Non, Vesper und Komplet sind die sieben antiker Zeiteinteilung entlehnten Gebetszeiten, die der nach der Benediktsregel lebende Mönch in täglich wiederkehrendem Rhythmus einzuhalten hat.

Wir Jungen bitten dich, Lehrer, daß du uns richtig Latein reden lehrst, denn wir sind ungelehrt und reden fehlerhaft. – Worüber wollt ihr denn reden? – Was kümmert es uns, worüber wir reden, wenn es nur eine richtige und nützliche Rede ist, nicht dummes oder schlimmes Zeug. – Wollt ihr beim Unterricht geschlagen werden? – Es ist uns lieber, daß wir geschlagen werden, damit wir etwas lernen, als daß wir nichts können. Aber wir wissen, daß du sanft bist und uns keine Schläge geben willst, außer wenn wir dich dazu zwingen. – Nun frage ich dich, worüber willst du mit mir reden? Was ist deine Arbeit? – Ich bin ein Mönch, der die Gelübde abgelegt hat, und singe jeden Tag die sieben Stundengebete mit den Brüdern und bin mit Lektüre und Gesang beschäftigt; aber zwischendurch möchte ich doch in lateinischer Sprache reden lernen. ...
Dann frage ich euch, warum ihr so fleißig lernt. – Weil wir nicht wie dumme Tiere sein wollen, die nichts kennen als

Gras und Wasser. – Und was wollt ihr sein? – Wir wollen weise sein. – In welcher Weisheit? Wollt ihr wetterwendisch sein, tausendfältig im Lügen, schlau im Reden, schlau, verschlagen, schön redend und übel denkend, süßen Worten ergeben und im Innern Arglist nährend, wie ein Grab mit aufgemalter Fassade, innen voller Gestank (Matthäus 23, 27)? – Solche Weise wollen wir nicht sein, denn der ist nicht weise, der sich durch Verstellung selbst betrügt. – Und wie wollt ihr sein? – Wir wollen einfach sein ohne Heuchelei und weise, um das Böse fernzuhalten und das Gute zu tun. Aber du redest auch jetzt noch zu tiefgründig mit uns, als daß unsere Altersstufe es fassen könnte; sprich doch auf unsere Art mit uns, nicht so tiefgründig! – Ich will tun, wie ihr es erbittet. Du, Junge, was hast du heute gemacht? – Viel habe ich getan. Heute nacht, als ich das Zeichen hörte, stand ich vom Bett auf und ging hinaus in die Kirche und sang mit den Brüdern die Nokturn. Danach sangen wir die Litanei von allen Heiligen und das Morgenlob, nachher die Prim und die sieben Psalmen mit den Litaneien und die Frühmesse. Dann die Terz, und wir feierten die Tagesmesse. Nachher sangen wir die Sext und aßen und tranken und schliefen, und wieder standen wir auf und sangen die Non, und jetzt sind wir hier bei dir und bereit zu hören, was du uns sagen willst. – Wann wollt ihr Vesper und Komplet singen? – Wenn es Zeit ist. – Bist du heute geschlagen worden? – Nein, denn ich habe mich vorsichtig verhalten. – Und wie steht es mit deinen Genossen? – Was fragst du mich das? Ich traue mich nicht, dir unsere Geheimnisse zu verraten. Jeder weiß selber, ob er geschlagen wurde oder nicht. –

Was ißt du den Tag über? – Jetzt esse ich noch Fleisch, weil ich ein Junge bin, der unter der Rute lebt. – Was ißt du außerdem? – Kohl und Eier, Fisch und Käse, Butter und Bohnen, überhaupt alles Saubere esse ich und sage Dank dafür. – Da bist du sehr gierig, wenn du alles ißt, was dir vorgesetzt wird. – So gefräßig bin ich nicht, daß ich alle Arten von Speisen bei einer einzigen Mahlzeit essen kann. – Aber wie machst du es denn? – Manchmal esse ich von dieser Speise, manchmal von einer anderen, immer mit Maßen, wie es sich für einen Mönch gehört, nicht mit Gefräßigkeit, denn ich bin kein Schlemmer. – Und was trinkst du? – Bier, wenn ich es habe, oder Wasser, wenn ich kein Bier habe. – Trinkst du denn keinen Wein? – So reich bin ich nicht, daß ich mir Wein kaufen kann; Wein ist auch kein Getränk für Jungen und Dumme, sondern für Greise und Weise. – Wo schläfst du? – Im Schlafsaal mit den Brüdern. – Wer weckt dich zur Nokturn? – Manchmal höre ich das Zeichen und stehe auf; manchmal weckt mich mein Lehrer unsanft mit der Rute.

Nun, ihr tüchtigen Jungen und liebenswerten Schüler, euer Erzieher ermahnt euch: Gehorcht den heiligen Regeln der Zucht und benehmt euch anständig an jedem Ort! Geht gutwillig hin, wenn ihr die Kirchenglocken hört, und zieht hinein zum Beten; verbeugt euch demütig vor den heiligen Altären und stellt euch ordentlich auf; singt einträchtig miteinander und betet für eure Fehler; zieht dann ohne Unfug wieder hinaus zum Kloster oder zur Schule!

Nach: Borst, Arno: Lebensformen im Mittelalter, Frankfurt/Main u. a. [14]1995, 564 f.
Quelle: Ælfric's Colloquy. Hg. v. George Norman Garmonsway/M. J. Swanton, Exeter 1978, 18 f., 42–49.

102 Der abenteuerliche Weg zum Wissen

Als seltene Ausnahme für die Zeit um 1000 sind uns die „Vier Bücher Geschichten" des nach 998 gestorbenen Mönches Richer aus dem Reimser Kloster Saint-Remi als Autograph, das heißt in der vom Autor selbst geschriebenen Originalhandschrift erhalten. Richer war in Reims Schüler des Universalgelehrten Gerbert (vgl. Dok. 7) gewesen und hatte in dessen Auftrag 992 mit dem Geschichtswerk begonnen, das als wichtigste Chronik aus dem letzten Drittel des 10. Jahrhunderts die damaligen Vorgänge im Westfrankenreich, vor allem den Thronwechsel von 987 ausführlich darstellt. Richers vielseitige wissenschaftliche Interessen beleuchtet der nachfolgende Text, zugleich aber auch die Abenteuer und Beschwerlichkeiten, die vor tausend Jahren für den Erwerb von Kenntnissen zuweilen bewältigt werden mußten.

Während ich oft und viel über das Studium der freien Künste nachdachte und gern die Logik des Hippokrates[143] von Kos kennenlernen wollte, traf ich eines Tages, als ich zufällig in der Stadt Reims war, einen Reiter aus Chartres. Ich fragte ihn, wer er sei, in wessen Diensten er stehe, warum und woher er komme. Er antwortete, er sei der Bote des Klerikers Heribrand in Chartres und wolle mit Richer, einem Mönch im Kloster des heiligen Remigius, sprechen. Sowie ich den Namen des Freundes und den Anlaß der Sendung erkannte, sagte ich ihm, daß ich der Gesuchte sei, küßte ihn und zog ihn beiseite. Nun holte er einen Brief hervor, eine Einladung zur Lektüre der Aphorismen. Darüber freute ich mich sehr, nahm mir zu dem Reiter aus Chartres noch einen Burschen und beschloß, mich nach Chartres aufzumachen.

Bei der Abreise gewährte mir mein Abt bloß ein Packpferd. Ohne Bargeld, ohne Kleider zum Wechseln und ohne andere notwendige Dinge kam ich nach Orbais. Der Ort ist für große Gastfreundschaft berühmt. Dort erholte ich mich im Gespräch mit Herrn Abt D. und wurde freigebig unterstützt. Am nächsten Tag brach ich nach Meaux auf. Aber als ich mit meinen zwei Begleitern auf verschlungene Waldwege geriet, häuften sich die Widerwärtigkeiten. Denn an den Wegkreuzungen gingen wir fehl und machten einen Umweg von sechs Meilen. Nachdem wir an Château-Thierry vorbeigekommen waren, verfiel das Packpferd, das bisher wie ein Bukephalos erschien, in Eselstrott. Die Sonne hatte die Mittagshöhe überschritten und wollte untergehen, die ganze Luft schien sich in Regen aufzulösen; da brach dieser starke Bukephalos, von äußerster Anstrengung erschöpft, zwischen den Schenkeln des reitenden Burschen zusammen und verendete, wie vom Blitz getroffen, sechs Meilen vor der Stadt. Welche Verwirrung und Angst mich ergriff, mögen diejenigen ermessen, die einmal ähnliche Unfälle erlitten und sie mit verwandten Situationen vergleichen können. Der Bursche, der noch nie eine so weite und schwierige Reise mitgemacht hatte, lag nach dem Verlust des Pferdes völlig ermattet da. Für das Gepäck gab es kein Tragtier mehr. Der Regen goß in Strömen herab. Der Himmel war mit finsteren Wolken überzogen. Der Sonnenuntergang brachte die Androhung der Nacht.

Während ich inmitten all dieser Bedrängnisse überlegte, kam Gottes Rat. Ich ließ den Burschen mit dem Gepäck da, schrieb ihm vor, was er auf Fragen der Vorbeikommenden antworten solle, und schärfte ihm ein, daß er trotz seiner Müdigkeit nicht einschlafen dürfe. Dann machte ich mich allein mit dem Reiter aus Chartres auf und kam nach Meaux. Als ich die Brücke betrat, war es kaum mehr hell genug, sie zu sehen, und wie ich sie genauer betrachtete, befielen mich neue Sorgen. Auf ihr klafften so viele und so große Löcher, daß an diesem Tag kaum die Ortskundigen hinüberkamen. Der Mann aus Chartres, unverdrossen und beim Reisen recht umsichtig, suchte allenthalben nach einem Kahn, fand aber keinen, riskierte doch den Weg über die Brücke und brachte mit Hilfe des Himmels die Pferde heil hinüber. Wo Löcher waren, legte er den Pferdehufen seinen Schild oder weggeworfene Bretter unter, und bald gebückt, bald aufgerichtet, bald vorwärtsgehend, bald zurücklaufend kam er tatsächlich mit den Pferden und mir hinüber.

Die Nacht war hereingebrochen und bedeckte die Welt mit abscheulicher Finsternis, als ich die Kirche des heiligen Faro betrat. Dort bereiteten die Mönche gerade einen Freundschaftstrunk. Sie hatten an diesem Tag festlich gespeist und sich dabei das Kapitel vom „Kellermeister des Klosters" vorlesen lassen; deswegen fand der Umtrunk so spät statt. Sie nahmen mich wie einen Bruder auf und erquickten mich mit freundlichen Gesprächen und genug Speisen. Den Reiter aus Chartres schickte ich mit den Pferden zu dem verlassenen Burschen zurück; er mußte die eben überstandene Gefahr an der Brücke noch einmal auf sich nehmen. Ebenso geschickt wie vorher kam er hinüber und fand den Burschen während der zweiten Nachtwache schließlich mit Mühe nach einigem Herumirren und häufigem Rufen. Er nahm ihn mit und kam zur Stadt. Aber mißtrauisch wegen der gefährlichen Brücke, deren Tücken er aus Erfahrung kannte, bog er mit dem Burschen und den Pferden zur Hütte eines Menschen ab; dort wurden sie nach einem ganzen Tag ohne Verpflegung für die Nacht zum Schlafen, aber nicht zum Essen aufgenommen.

Wie schlaflos ich die Nacht verbrachte und welche Qualen ich in ihr litt, können diejenigen ermessen, die einmal aus Sorge für ihre Lieben um den Schlaf gebracht wurden. Als der ersehnte Morgen kam, trafen sie sehr früh und völlig ausgehungert ein. Auch ihnen gab man zu essen und schüttete den Pferden Hafer und Stroh vor. Ich ließ den Burschen, weil er zu Fuß war, bei Abt Augustin und gelangte, nur von dem Mann aus Chartres begleitet, rasch nach Chartres. Von hier schickte ich die Pferde sogleich zurück und ließ den Burschen aus der Stadt Meaux holen. Als er angekommen und alle Sorge beseitigt war, studierte ich eifrig in den Aphorismen des Hippokrates bei Herrn Heribrand, der sehr liebenswürdig und gelehrt war. Weil ich aber darin nur medizinische Diagnosen fand und meiner Wißbegier die einfache Kenntnis der Krankheiten nicht genügte, bat ich ihn, auch das Buch mit mir zu lesen, das den Titel trägt „Von der Übereinstimmung zwischen Hippokrates, Galen und Suran[144]." Das erreichte ich auch, denn er war ein sehr erfahrener Gelehrter, der die Methoden der Pharmazeutik, Botanik und Chirurgie durchaus beherrschte.

Nach: Borst, Arno: Lebensformen im Mittelalter. Frankfurt/Main u. a. [14]1995, 146 ff., auf der Grundlage von: Richer. Vier Bücher Geschichte. Übers. v. Karl von den Osten-Sacken, bearb. v. Wilhelm Wattenbach (Die Geschichtschreiber der Deutschen Vorzeit 37), Leipzig [3]1941. Quelle: Richer de Saint-Remi. Histoire de France. Hg. u. frz. übers. v. Robert Latouche. 2 Bde. (Les Classiques de l'Histoire de France au Moyen Age 12/17), Paris 1930–37/Ndr. 1964–67, hier Bd. 2, 224–230 (IV,50).

103 Ein Lehrer ist der bessere Vater

In seinem ethischen Traktat über Bildung in weltlichen und religiösen Dingen behandelte der Bagdader Ober-Kadi al-Mawardi (vgl. Dok. 63) auch verschiedene Seiten des Verhältnisses von Schülern und Lehrern. Dabei unterstrich er die Aussage eines anonymen Dichters, daß der Lehrer in seiner Wirkung den leiblichen Vater eines Schülers übertreffen könne.

Zuerst laß' dir sagen, daß der Schüler zur Zeit seines Studiums größte Zuvorkommenheit und Unterwürfigkeit zu zeigen hat. Denn wenn er sich so verhält, dann wird er seinen Gewinn davon haben; unterläßt er es aber, sich dieser Eigenschaften zu befleißigen, dann wird er zu nichts kommen. Erzeigt nämlich der Schüler seinem Lehrer gegenüber eine einschmeichelnde Höflichkeit, so bringt er dadurch dessen verborgenes Wissen an den Tag. ... Es tradiert Mu'adh[145] vom Propheten: „Die Schmeichelei gehört nicht zu den Eigenschaften des Gläubigen, außer, wo es sich um das Streben nach Wissen handelt." ...

Ferner hat der Schüler den Vorzug des Wissens seines Lehrers anzuerkennen und ihm für seine Bemühungen dankbar zu sein. Tradiert doch A'ischa[146] vom Propheten: „Wer einen Gelehrten ehrt, der ehrt dadurch Gott." ... Denn die Lehrer verdienen auf Grund ihres Wissens die Beehrung, nicht aber wegen ihres Besitzes oder Machteinflusses. ...

Auch hat der Lernende sich den guten Charaktereigenschaften der Gelehrten anzupassen und in all seinen Handlungen sich als Muster vorzunehmen, damit er sich so an deren Charakter gewöhne und darin aufwachse, das dazu im Gegensatz Stehende aber zu vermeiden. Sagte ja diesbezüglich der Prophet: „Die besten eurer jungen Leute sind die, so euren Scheichen ähneln, und die Schlimmsten eurer Scheiche die, so den jungen Leuten ähneln." ...

Auch steht es einem Lernenden nicht an, es seinem Lehrer zu zeigen, daß er nunmehr seiner nicht mehr bedürfe und seines Wissens entraten könne, ... wie es ja sprichwörtlich in dem Vers des Abu l-Batha heißt: „Ich lehre ihn alle Tage das

Pfeilschießen. Und nachdem dann sein Arm stark geworden, legte er den (ersten) Pfeil auf mich an." ...

Viele von den (früheren) Weisen waren nun der Ansicht, daß der Gelehrte mehr Rechte als sogar der eigene Vater habe. Und demgemäß sagte ein Dichter: „Oh du, der du ob deiner Torheit dich mit deinen Vorfahren brüstetest und Hochsinn und Ehre unterläßt. Unsere körperlichen Väter, sie sind die Ursache, daß wir dem (Todes-) Geschick überantwortet werden. Wer aber die Menschen unterweist, der ist der beste Vater; ein solcher ist der geistige Vater, nicht der der körperlichen Zeugung."

Der Umstand jedoch, daß der Lernende das Recht des Lehrers anzuerkennen hat, braucht den Schüler nicht dazu zu veranlassen, auch Zweifelhaftes von ihm zu akzeptieren, und wenn er auf die Rechthaberei gegen den Lehrer verzichtet, so braucht er ihn in dem von ihm Gelernten (nicht sklavisch) nachzuahmen. Denn manchmal kommt es vor, daß eine Clique von Schülern in der Übertreibung so weit geht, die Worte und Überzeugungen ihres Lehrers als entscheidenden Beweis zu betrachten, auch wenn sie eines solchen völlig ermangeln. Das führt dann auch dazu, daß solche Schüler die Verantwortung für das Gelernte völlig dem Lehrer überlassen. Diesen aber führt dieser Umstand dazu, in seiner Unterweisung zurückzubleiben, weil er sich ja zumeist in seiner geistigen Bemühung nach seinen Hörern richten wird.

Nach: Das kitâb „adab ed-dunjâ wa'ddîn (Über die richtige Lebensart in praktischen und moralischen Dingen) des Qâdî abû'l-Ḥasan el-Baçrî, genannt Mâwerdî, aus dem Arabischen übersetzt von Osman Rescher. Stuttgart 1932, Teil I, 94 ff.
Quelle: al-Māwardī: Kitāb adab al-dunyā wa-l-dīn. 2. Auflage Kairo 1315h., 39 ff.

104 Ein Kaiser ermahnt zum Studium

Die ersten songzeitlichen Kaiser in China betonten die Bedeutung des kulturellen Erbes und gaben der eigenen Kultur und dem eigenen Schrifttum Vorrang gegenüber dem Primat des Militärs. Schon der erste Song-Kaiser Taizu soll im Jahre 966 seinen militärischen Beamten empfohlen haben, Bücher zu lesen und Wert auf das höchste Prinzip (*dao*) des Regierens zu legen. Ihm folgte Kaiser Zhenzong (998–1023) mit einem Lob des Studiums.

> Der Reiche braucht nicht gutes Land zu kaufen,
> da aus dem Buch Reis scheffelweise rollt;
> noch braucht er hohe Häuser sich zu bauen –
> im Buch lockt ein Palast aus purem Gold;
> nach Frauen braucht er sich nicht umzuschauen –
> im Buch entzücken sie wie Feen hold.
> Ihm fehlt's nicht an Trabanten oder Pferden –
> im Buch ist alles, was ihn glücklich macht.
> Studiert drum, Männer, wollt ihr etwas werden
> der Konfuzianer Bücher Tag und Nacht!

Nach: Schwarz, Ernst: So sprach der Weise. Chinesisches Gedankengut aus drei Jahrtausenden. 3. Aufl. Berlin 1988, 435.

105 Die Phänomene der Welt

Yang Shi (1053–1135), ein berühmter neo-konfuzianischer Beamtengelehrter, gründete eine Akademie und förderte öffentliche Vorträge über konfuzianische Gelehrsamkeit.

Die Phänomene (Dinge) der Welt sind alle vom selben Prinzip, aber ihre Manifestationen sind unterschiedlich. Da wir wissen, daß das Prinzip eines ist, deshalb sprechen wir von Menschlichkeit (*ren*). Da wir wissen, daß die Manifestationen und Funktionen mannigfaltig sind, deshalb sprechen wir von Rechtschaffenheit (*cheng*) der Beziehungen.

Die Phänomene besitzen viele Namen – es gibt zehntausende. Deshalb gibt es keinen Weg für uns, sie alle zu kennen. Wenn ich mich selbst beobachte und Integrität erlange, dann sind alle Phänomene der Welt in mir. ... Kategorisiere die Seelenverwandtschaften der Myriaden von Phänomenen, habe teil an den Veränderungen von Himmel und Erde; dann werden deren Prinzipien nicht weit (von Dir) entfernt sein.

Untersuche die Phänomene und Deine Erkenntnis wird die höchste Stufe erreichen. Hat die eigene Erkenntnis einmal die höchste Stufe erreicht, dann weiß man, daß dies der Punkt ist, an dem es gilt, aufzuhören (die Phänomene zu untersuchen). Das ist der korrekte Ablauf. Dient die Untersuchung der Phänomene dem Zwecke, seine Erkenntnis zu vervollkommnen, dann erreicht man durch die Untersuchung der Phänomene den Punkt, an dem (alle gründlich) analysiert worden sein werden; derjenige, der sie kennt, ist am Ziel angelangt.

Übers.: Angela Schottenhammer, aus: Yang Shi, Guishan ji, j.20, 2a, j. 18, 7b, j. 21, 4a.

106 Das höchste Prinzip

Anders als ihre tangzeitlichen Vorläufer sahen die neo-konfuzianischen Song-Gelehrten die Rettung der staatlichen und gesellschaftlichen Ordnung nicht mehr dadurch gewährleistet, daß sich die Herrschenden um die Durchsetzung der konfuzianischen Kultur und ihrer Grundsätze kümmerten. Vielmehr wollten sie durch ein gesellschaftliches Erziehungsprogramm die selbstbewußte Zustimmung aller zu den bestehenden Verhältnissen (Moralismus) erzeugen. Geprägt von diesem Moralismus sollten die Menschen sich aus eigener Einsicht für das Wohl des großen Ganzen, der staatlich-gesellschaftlichen Einheit einsetzen, selbst wenn diese Verhältnisse ihnen schadeten. Jeder sollte aus eigener Einsicht die gesellschaftlichen Verhältnisse bejahen, auch wenn es für ihn keinen sachlichen Grund dafür gab. Moral war für die Gelehrten der Ausfluß eines inneren Prinzips (li) oder ganz allgemein des höchsten Prinzips (dao), das die Welt beherrschte und das es zu erkennen und pflegen galt. Jeder, der das innerste Prinzip

erkannt hatte, konnte korrekt und damit moralisch handeln. Der Beamtengelehrte Hu Yuan (993–1059) gilt als Verfechter einer Verbindung von klassischen Studien und politischer Praxis. Er forderte seine
Studenten auf, Studium, Politik und Privatleben zu verknüpfen und
so nach dem höchsten Prinzip (dao) zu streben.

Es heißt, daß das *dao* drei Aspekte besitzt: Substanz (*ti*), Funktion (*yong*) und literarischen Ausdruck (*wen*). Die Beziehung
zwischen Prinz und Minister, zwischen Vater und Sohn,
Menschlichkeit, Rechtschaffenheit, Riten und Musik, das sind
Dinge, die sich im Laufe der Zeitalter nicht verändern – sie
bilden seine Substanz. Das *Shijing* (Buch der Lieder) und das
Shujing (Buch der Dokumente), die Dynastiegeschichten, die
Schriften der Philosophen, sie alle verewigen die wahren Vor-
bilder durch die Jahrhunderte hindurch – sie sind sein literari-
scher Ausdruck. Die Substanz zu aktivieren und sie im ganzen
Reich in die Praxis umzusetzen, dadurch das Leben der Menschen zu bereichern und alle Dinge in hoheitlicher Perfektion
zu regeln – das ist seine Funktion.

Unsere Dynastie[147] hat in ihren aufeinanderfolgenden Re-
gierungsperioden nicht die Substanz und die Funktion zum Kri-
terium für die Auswahl der Beamten genommen. Statt dessen
haben wir Verschönerungen und die Ausschmückung gewöhnlicher Verskunst ausgezeichnet und haben auf diese Weise die
Standards zeitgenössischer Gelehrsamkeit verdorben. Mein Lehrer (Hu Yuan) war von (der Regierungsperiode) *mingdao* bis zur
(Regierungsperiode) *baoyuan* (1032–1040) sehr besorgt über
diese verheerende (Entwicklung) und hat seinen Schülern die
Lehren dargelegt, die darauf abzielen, die Substanz (des *dao*)
klar werden zu lassen und seine Funktion auszuüben. Unermüdlich und mit unverzagtem Eifer hat er sich über zwanzig
Jahre lang ganz der schulischen Lehre gewidmet, zunächst in
der Region Suzhou und schließlich an der Kaiserlichen Akademie. Die Zahl der Schüler, die bei ihm gelernt haben, beläuft
sich auf mindestens einige tausend. Die Tatsache, daß Schüler
heutzutage die grundlegende Bedeutung der Substanz und der
Funktion des *dao* der Weisen für die Regierung und Erziehung
erkennen, ist das Verdienst meines Lehrers.

Übers.: Angela Schottenhammer, aus: Sung Yuan xue'an, j.1, 17; vgl. Wm. Theodore de Bary (ed.), Sources of Chinese Tradition. New York, Vol. 1, 384.

107 Grabinschrift eines verdienstvollen Staatmannes

Grabinschriften um das Jahr 1000 enthielten mehr oder weniger ausführliche Biographien der Verstorbenen. Deren Aufkommen seit der späteren Han-Zeit (25–220 n.Chr.) lag in religiösen Vorstellungen begründet, die eng mit dem traditionellen Ahnenkult und der Darstellung der Leistungen des Verstorbenen für Staat und Gesellschaft im „Jenseits" verbunden waren. Möglicherweise sind sie im Rahmen konfuzianischer Traditionen ursprünglich als eine Art Ersatz für aufwendige Gräber und Grabbeigaben entstanden, um den Mächten der Unterwelt und den Nachkommen die gesellschaftliche Bedeutung und Stellung des Verstorbenen sowie seine Taten und seine Charaktere weiterzuvermitteln. Ursprünglich nur mit wenigen Angaben zu Namen, Abstammung und gesellschaftlichem Rang des Toten versehen, bildeten sich Grabinschriften bis zur Song-Zeit zu einem festen, literarischen Genre heraus. Neben zum Teil sehr ausführlichen Angaben zu den Erfolgen des Verstorbenen wurden oftmals auch Episoden aus dessen Leben geschildert und besonders konfuzianisch-moralische Tugenden betont. Eine hohe gesellschaftliche Stellung allein war nicht mehr ausschlaggebend, um als moralisch „gute" Person eingestuft zu werden. Dies kann man bereits an der Grabinschrift des hohen Staatsmannes Yang Chengxin (921–964) ablesen.

Grabinschrift des Herrn Yang, des vertrauenswürdigen, hochgeschätzten, rechtschaffenen und tugendhaften, verehrungswürdigen und verdienstvollen Staatsmannes, des Militärgouverneurs der Garnison zum Schutze des Reiches in Hezhong, des Überwachungsbeauftragten zur Regelung von inneren Angelegenheiten und Aufsichtskommissaren, der auch weitere Überwachungsaufgaben wahrnahm, des dreifachen Ehrenkommandeurs, des leitenden Großpräzeptors sowie des Direktors der Staatskanzlei, des Gouverneurs von Hezhong, der höchsten Säule des Reiches, des Herzogs des Staates Zhao, mit einem Kernlehen von 2400 von 7300 Haushalten und beschenkt mit dem Titel eines Direktors des kaiserlichen Sekretariats. ...

Der (Palast)torbeamte Hu Ting, ehemals tätig als Überwachungsbeauftragter und Bezirksrichter, Nominierter des Kreises für die Jinshi-Prüfung, verfaßte (die Inschrift).

Der Herr trug den Namen Xin und den Beinamen Shouzhen. Seine Vorfahren kamen aus Taiyuan. Früher hatte (ihr Aufstieg) in den Ländern der Zhou-(Dynastie) begonnen. Tang Shu war geadelt worden, der Sohn des Herzogs von Wu, Boqiao, stieg auf zum Marquis Yang. Daher resultierte der Name der Familie. So steil wie die Berge, so (schnell) wie das Fließen des Wassers kamen immer mehr Herzöge und Marquise hervor. Hierüber wurde sogar ein Familienregister geschrieben, in dem man ebenfalls eine kurze Darstellung finden kann. ...

(Der Verstorbene) war der zweite Sohn des Königs von Qin, seine Mutter war die Großherrin des Staates Chu. Aus der Familie eines Generals entsteht (wieder) ein General, aus einer tugendhaften Generation wird (wieder) Tugendhaftigkeit geboren, unaufhörlich wird diese Linie fortgesetzt. Daher gingen aus solch einer hervorragenden Familie auch wieder hervorragende Leute hervor.

Zu Beginn (der Regierungsdevise) qingtai (934–936) erhielt (der Verstorbene) durch Protektion den Titel eines Großmeisters für kaiserliche Unterhaltung mit Silbersiegel und blauem Band und eines Beraters des Kronprinzen und gleichzeitig des Zensors in Aufwartung in der Palastverwaltung übertragen. Er war auch tätig als Beauftragter der militärischen Bezirke Zhenwujun und Yiwujun. Bis zum Ende (der Regierungsdevise) tianfu (936–944) war er zusätzlich als Minister für Erziehung und Bezirksrat von Lanzhou tätig und war militärischer Hauptkommandeur im Hauptquartier des Yamen im militärischen Bezirk Pinglujun in Xijing.

In militärischen Diensten des Kaisers war er stets seriös und tapfer und wurde von anderen geachtet. Es gab niemand anderen im Bezirksministerium, der soviel Talent besaß wie er. (Deshalb) erhielt er sehr schnell die Gunst und Gnade des Kaisers. ...

Im Jahre 4 (der Regierungsdevise *kaiyuan*, d. h. 947) im ersten Monat des Frühjahrs erhielt er als leitender Großbewahrer das Amt eines Militärgouverneurs des militärischen Bezirks Pinglujun und wurde mit dem Titel eines Reichsgründers Vicomte des Kreises Hengnongxian mit fünfhundert Haushalten belehnt. Das beinhaltete auch die alten Ländereien des verstorbenen Königs von Qin. Der Herr führte auch die Untertanen seines Vorfahren. Mit dem Zepter eines Militärbeauftragten kehrte er nach Hause zurück. Man kann (daher) sagen, daß er in der Mitte seines Lebens mit lauter Titel- und Rangverleihungen in die Heimat zurückkehrte. Es war wie ein roter Faden, der sich durch alle aufeinanderfolgenden Generationen zog. Er besaß zwar viel Ehre und Ruhm, aber wenn er an seinen Vorfahren dachte (den König von Qin), war er bekümmert und betrübt. Wenn er seine Aufgaben tagsüber nicht erledigen konnte, arbeitete er bis spät in die Nacht hinein. ...

Nochmals erhielt der Herr kaiserliche Referenzen, weil er ehrerbietig die gesamte Bevölkerung verwaltete. Im besten Mannesalter hat er dennoch nie die Geschäfte wegen eigener Vergnügen beiseite gelegt. Er verbesserte die Moral und Handlungsweise der Menschen und half ihnen. Die Macht, (andere) zu bestrafen oder zu belohnen, nutzte er nicht zu seinem Vorteil aus, hat (Verbrecher) aber stets zur Rechenschaft gezogen. Er machte die (Gesetzes-)Klauseln des Himmelssohnes bekannt und lebte entsprechend den Sitten und moralischen Verhaltensnormen eines Beamten. Zu Beginn (der Regierungsdevise) *qianyou* (948–951) trat er zusätzlich eine Stelle als leitender Großverteidiger an, im Jahre 2 eine weitere Stelle als leitender Großpräzeptor. ...

Der Herr handelte im offiziellen und persönlichen Bereich voller Rechtschaffenheit, seine Politik maß sich an Ruhe und Sicherheit. ...

Im Jahr 2 (der Regierungsdevise) *qiande* im vierten Monat des Sommers (964) erkrankte er grausam und verschied in seiner Wohnung im Alter von vierundvierzig Jahren. Als der Himmelssohn das hörte, trauerte er bestürzt. Er schickte einen Boten, um ihm seine Kondolenz zu erweisen, (und) brachte Wagen, Pferde, Güter und auch Geld. Die Audienzen wurden eigens für drei Tage eingestellt. ...

Von Trauer bewegt gingen alle durch die großen, breiten Straßen. Eilig kamen sie, um dem Begräbnis beizuwohnen, und stellten eine Gedenktafel in den Ahnentempel. Sie schrieben Aufzeichnungen nieder und gaben sie an den Kaiser weiter. Auf diese Weise wurde er durch die Güte des Kaisers lange gepriesen. In einem kaiserlichen Erlaß erkundigte man sich nach seiner Familie.

Der (Verstorbene) wurde viel verehrt, (auch nachdem er) in die Unterwelt (hinabgestiegen war). Im Augenblick seines Todes schauten viele Leute voller Mitgefühl zu ihm auf.

Über dem Luo-Fluß verdunstet der Atem, Geist und Seele erfrischen sich. (Auch) weise Menschen leben nicht ewig, alleine der Himmel weiß warum. (Aber) sein hervorragender Ruf wird stets gegenwärtig sein, auch noch nach seinem Tod. Er stand dem Kaiser bei seinen Staatsgeschäften so loyal und aufrichtig wie keiner sonst hilfeleistend zur Seite. Bei häuslichen Angelegenheiten vermochte er, in Harmonie mit den angeheirateten Familien zu leben. Er bemühte sich auch um Personen mit wenig Talent und war stets eng mit seinen alten Freunden verbunden. Sein Verhalten war ruhig und gelassen. Privat war er äußerst gütig gegenüber anderen.

Ich bin mit dieser Inschrift betraut worden und stehe voller Scham vor dieser bedeutenden Aufgabe.

In einem dunklen Raum mit einer verriegelten Tür wird dies bis in alle Ewigkeit so bleiben. ...

Nach: Schottenhammer, Angela: Grabinschriften in der Song-Dynastie. Heidelberg 1995.
Quelle: Zhao Shigang, Bei Song Yang Chengxin muzhi ba, Kaogu yi wenwu 1 (1985), 55–58, 62.

108 Vom erhabenen Gesichtspunkt in der Malerei

Der chinesische Beamtengelehrte Shen Gua (1031–1095) mit univer-salen, darunter technischen Kenntnissen, äußerte sich auch im selte-nen Genre der Kunstkritik.

Li Cheng malt Bergschlösser, Türme, Pagoden und andere Ge-bäude stets so, als blicke er empor zu den Traufen. Nach sei-ner Ansicht müßte der Blick von unten nach oben gerichtet sein, so daß man, wie ein Mensch, der auf ebener Erde eine Pagode betrachtet, zwischen den Traufen das Gebälk sieht. Diese Anschauung ist abwegig.

Im allgemeinen liegt das Wesen der Landschaftsmalerei darin, von einem erhabenen Gesichtspunkt aus Kleines zu er-schauen, so, wie man auf die Berge eines Miniaturgartens blickt. Schaute man von unten nach oben wie bei einem rich-tigen Gebirge, könnte man jeweils immer nur eine Bergkette sehen. Wäre es dann vielleicht noch möglich, Reihen von Ber-gen in ihrer Gesamtheit zu erschauen? Und überdies könnte man nichts von alledem erblicken, was in den Tälern und Schluchten vor sich geht. In gleicher Weise bliebe bei der Dar-stellung von Gebäuden alles unsichtbar für den Blick, was in den Höfen und Gassen geschieht. Befände sich demnach der Beobachter an der Ostseite eines Berges, müßte die Westseite für ihn in unerreichbarer Ferne liegen; und ebenso unerreich-bar fern wäre für ihn die Ostseite, stünde er an der Westseite des Berges. Kämen dabei überhaupt noch Bilder zustande, wenn man so malte?

Li Cheng begriff offenbar nicht die Bedeutung der Zusam-menschau von einem erhabenen Gesichtspunkt in der Ma-lerei. Natürlich erfordern Höhe und Ferne besondere Aus-drucksmittel, aber muß man deshalb die Dachtraufen auf-wärts biegen?

Nach: Schwarz, Ernst: Der Ruf der Phönixflöte. Klassische chinesi-sche Prosa. 4. Aufl. Berlin 1988, 358.
Quelle: Shen Gua, Mengxi bitan (Hu Daojing, Mengxi bitan jiaozheng. Shanghai 1957, 283 ff).

109 Die Vermessung der Erde

Der Bian-Kanal verband die damalige Hauptstadt Bianliang (das heutige Kaifeng) mit dem Huai-Fluß im Süden und diente vor allem der Versorgung der Hauptstadt mit Reis und anderen Gütern. Seine enorme Länge von fast 460 km ermöglichte es dem technisch versierten Shen Gua im Jahre 1072 durch Messungen die Krümmung der Erde festzustellen. Derartige geodätische Messungen wurden in Europa erst Jahrhunderte später durchgeführt.

Für das Entschlammen des Bian-Kanals wurden zum Beginn der Dynastie jedes Jahr aus der Hauptstadtpräfektur und mehr als dreißig Kreisen der umliegenden Bezirke Männer rekrutiert. In den Jahren der Regierungsära *xiangfu* (1008–1016) leitete der Audienzzeremonienmeister Xie Dequan die Arbeiten an den Kanälen und Wasserläufen in der Hauptstadtpräfektur. Mit Hilfe der zum Entschlammen des Bian-Kanals eingeteilten Männer befahl er den Beamten und dem Volk der Hauptstadtpräfektur als ständige Pflicht, einmal alle drei Jahre die Kanäle und Flußläufe instand zu setzen. Doch im Laufe der Zeit wurden die Arbeiten an den Kanälen immer mehr vernachlässigt, so daß die Kreisbeamten ihre Pflicht versäumten. So wurde der Bian-Kanal zwanzig Jahre lang nicht entschlammt, in deren Verlauf er mit jedem Jahr immer mehr versandete. Früher wurde das Wasser der Gräben und Wasserläufe in der Hauptstadt sämtlich in den Bian-Kanal eingeleitet. Im alten Kanzleramt stand an der Mauer der Amtshalle geschrieben: „Reguliere die acht Wasserläufe und leite sie nach Süden in den Bian-Kanal ab." Genau das war gemeint. Seitdem der Bian-Kanal versandet war, lag der Grund des Kanals, wenn er vom östlichen Wassertor der Hauptstadt aus Yongqiu und Xiangyi erreichte, außerhalb der Deiche mehr als ein Zhang und zwei Chi (ca. 3,64 m) höher als die umliegende Ebene. Wenn man von den Deichen des Bian-Kanals hinunter auf die Dörfer schaute, schienen sie wie in einem tiefen Tal zu liegen.

In den Jahren der Regierungsära *xining* (1068–1077) erörterte man den Plan, das Wasser des Luo-Flusses in den Bian-Kanal umzuleiten. In diesem Zusammenhang wurde ich zum

Bian-Kanal entsandt und habe ihn vom Tor der erhabenen Güte in der Hauptstadt bis zur Mündung in den Huai-Fluß bei Sizhou vermessen. Die Länge dieser Strecke beträgt insgesamt 841 Li 130 Bu (459,181 km). Im Hinblick auf die Gestalt der Erde ist die Hauptstadt insgesamt 19 Zhang 4 Chi 8 Cun 6 Fen (59,081 m) höher als Sizhou. Als man mehrere Li östlich der Hauptstadt am Kanal einen Brunnen grub, erreichte man erst nach drei Zhang (9,10 m) die alte Kanalsohle. Zur Vermessung der Gestalt der Erde wurden eine Wasserwaage, ein Visierbrett und eine Maßstablatte verwendet. Um kleine Fehler einhalten zu können, befahl ich, die jenseits der Kanaldeiche befindlichen alten Gräben, aus denen die Erde für die Deiche gewonnen wurde, miteinander zu verbinden und in Abständen ihr Wasser mit einem Damm aufzustauen. Dann wartete ich, bis die Wasseroberfläche eben war. Wenn das Wasser im höhergelegenen Grabenabschnitt ausgetrocknet war, ließ ich darunter den nächsten Damm anlegen, wobei die Dämme in ihrer Gesamtheit eine Treppe bildeten. Dann wurden die Höhen der Wasserspiegel aufeinanderfolgender Dämme gemessen. Die Summe der einzelnen Höhen ergab den wahren Wert der Höhendifferenz des Kanals.

Nach: Shen Kuo: Pinselunterhaltungen am Traumbach: das gesamte Wissen des alten China. Aus dem Altchinesischen übertragen und hg. von Konrad Herrmann, München 1997, 172 f.

Anmerkungen

[1] Wahrscheinlich eine der Komoren-Inseln oder Sansibar.

[2] An der Mündung des Jangtsekiang gelegen.

[3] Damalige chinesische Bezeichnung für Korea.

[4] Präfekt dieser Küstenregion.

[5] Lage unklar, wahrscheinlich an der ostafrikanischen Küste südlich von Somalia.

[6] Wohlriechendes, wachsähnliches Stoffwechselprodukt des Pottwals, wichtig für die Herstellung von Parfüm.

[7] Ausdruck für sehr große Menge.

[8] Freigelassener, der bei seinem Herrn blieb oder sich einem anderen Mächtigen anschloß.

[9] Freigelassener Eunuch äthiopischer Herkunft, der bis 968 im Namen der turkstämmigen Ichschididen (935–969) in Ägypten und Syrien herrschte.

[10] Schiitischer Zusatz zum Gebetsruf des Muezzins.

[11] Im heutigen Tunesien, Vorstadt von Kairuan, bis 920 Hauptstadt der Fatimiden.

[12] Hierbei könnte es sich um ein gleichnamiges Werk des römischen Senators Boëthius (ca. 480 bis 524 n. Chr.) handeln. Gerbert hat offensichtlich den Wunsch des wissensdurstigen Otto mit Übersendung einer Prachthandschrift erfüllt.

[13] Nikephoros II. Phokas, byzantinischer Kaiser (963–969).

[14] Zwischen der Petschora und dem nördlichen Ural.

[15] Ein finnischer Volksstamm, arab. auch Wīsū, russ. Ves'.

[16] Sagenumwobene Inselgruppe, bei einigen arabischen Geographen vielleicht Sumatra.

[17] Oder Wikinger, Normannen , d.h. die Ostsee, die auf arabischen Weltkarten als südliche Ausbuchtung des nördlichen (Umfassungs-) Ozeans dargestellt wurde.

[18] Angehörige des Standes der Krieger und Herrscher.

[19] Angehöriger des untersten Standes.

[20] Wörtlich „Königssohn", Angehöriger einer Kriegerkaste.

[21] Dies ist die Göttin Durga, die mächtigste weibliche Gestalt im indischen Pantheon.

[22] Ambrosia, Unsterblichkeitstrank.

23 Die „Prim" ist die erste Gebetsstunde des Tages, eingeläutet wird sie gegen sechs Uhr.

24 Byzantinisches Schnellboot.

25 Dietrich I. von Metz (gest. 984), der zehn Jahre zuvor die hier gleichfalls erwähnte Gemahlin Kaiser Ottos II., die byzantinische Prinzessin Theophanu, an den deutschen Herrscherhof geleitet hatte.

26 Hier für Kinder, Abkömmlinge.

27 „Obsidianschmetterling".

28 Tollan entspricht der archäologischen Stätte Tula im heutigen mexikanischen Bundesstaat Hidalgo.

29 Ein Beiname Quetzalcoatls, dessen Übersetzung als „Vierfuß" in seiner Bedeutung noch unklar ist.

30 Nonohulaco – „wo man verstummt" – bezeichnete das Land der fremdsprachigen Leute.

31 Ihuiquecholi und Mamaliteuctla begleiteten ihren Fürsten auf der Wanderung.

32 Der Vorgänger des Quetzalcoatl auf dem Thron von Tollan.

33 Späterer Fürst von Tollan.

34 Identisch mit Ihuitimalli, dem Vorgänger des Quetzalcoatl.

35 Hoch geschätztes Räucherharz für rituelle Zwecke.

36 Die Lage des Affenberges ist noch unklar.

37 Wahrscheinlich das Jahr „10 Haus", d.h. 1009 n.Chr.

38 Entspricht 1010 n.Chr.

39 Entspricht 1011 n.Chr.

40 Entspricht 1014 n.Chr.

41 Auf der folgenden 7. Seite des Codex Nuttal werden neun weitere Nachkommen genannt.

42 Vgl. Dokument 106.

43 Vgl. Dokument 106.

44 Kaiser der Shang-Dynastie (provisorische Daten: 1086–1045 v.Chr.).

45 Kaiser der Han-Dynastie (189–220 n.Chr.).

46 Kaiser der Tang-Dynastie (888–904 n.Chr.).

47 Kaiser der Zhou-Dynastie (1049/45–1043 v.Chr.).

48 *Jingde* ist die Bezeichnung für eine Regierungsperiode des Kaisers Zhenzong (1004–1007)

49 *Patricius* und *Oblationarius* sind römisch-antikisierende Amtsbezeichnungen. Die Nennung dieser Würdenträger wie auch die summarische Erwähnung von „Kardinälen" unterstreicht die Hochrangigkeit der Delegation, die Otto auf der Wallfahrt nach Gnesen begleitete.

50 Der heute als Heiliger verehrte, aus Trapezunt am Schwarzen Meer stammende Asket Athanasios hatte 963 das erste noch heute existierende Athoskloster gegründet.

51 Gründerabt eines der ältesten Athosklöster, von Xeropotamu, dem wegen seiner Lage so getauften Kloster „des ausgetrockneten Flusses".

52 ,Laura' bzw. ,Lawra' ist eine Ableitung von ,Labyrinth' und kennzeich-
net plastisch die Felshöhlen der frühen Mönchsbehausungen. Das von
Athanasios gegründete erste Kloster, die hoch auf einem Felsen über
der Südostküste aufragende Klostersiedlung, die an der Spitze der Athos-
Hierarchie steht, trägt den Namen ,Große Laura'. Melana lautet der alte
Ortsname.

53 Koran 81, 29.

54 Koran 83, 15.

55 Der muslimischen Gebetsrichtung nach Mekka.

56 Nach der Befragung durch die Engel Munkar und Nakir für sündige
Verstorbene.

57 Ein großes Wasserbecken, das den Durst der Auferstandenen stillen
sollte, wie die folgenden Kennzeichen Bestandteil islamischer Jenseits-
vorstellungen.

58 Muslime, die als rechtmäßige Führer/Imame der islamischen Gemeinschaft allein Abkömmlinge aus der Ehe des wenige Zeilen später genannten Ali Ibn Abi Talib, Cousin Muhammads (gest. 661), mit Fatima,
Tochter Muhammads (gest. 632), anerkennen.

59 Ein Sohn Alis mit einer Sklavin von den Banu Hanifa, gest. 700.

60 Sohn des Ali und der Fatima, fiel 680.

61 Sohn des Ali und der Fatima, gest. 670.

62 Schiitische Dynastie im heutigen Marokko (789–974), hier verwechselt
mit den Fatimiden, Kalifen in Nordafrika seit 909.

63 Kopfsteuer für Angehörige nicht-islamischer Offenbarungsreligionen
wie Juden oder Christen.

64 Koran 43,61.

65 „Betrüger", Satan im Volksislam, soll am Ende der Zeiten für 40 Tage
seine Willkürherrschaft errichten, bevor er von Jesus getötet wird.

66 Gog und Magog, sagenhafte, wilde Völker im fernen Norden, gegen die
Alexander d. Gr. angeblich einen eisernen Wall errichtete und die nach
biblischen und islamischen Vorstellungen in der Endzeit die zivilisierte
Welt überfluten.

67 Übertragung menschlicher Eigenschaften auf Gott.

68 Gemeint ist Ahmad Ibn Hanbal (gest. 855), Begründer ihrer Lehren.

69 Koran 3,110.

70 Koran 3,125–126.

71 Koran 3,156.

72 Koran 22,40.

73 Koran 9,38–39.

74 Yao und Shun, die beiden letzten Herrscher vor der Gründung der Xia-
Dynastie (trad. 2205–1767 v.Chr.).

75 Ca. 440–360 v.Chr.; erster namentlich bekannter Vertreter eines gewissen Hedonismus, der sich gegen den Anspruch der Moral wandte.

76 Ca. 480–397 v.Chr.; Vertreter des Prinzips der gegenseitigen Liebe.

[77] Dong Zhongshu, ein berühmter hanzeitlicher Konfuzianer, 179–104 v. Chr.

[78] Koran 56,89.

[79] Amrta ist der unsterblich machende Nektar.

[80] Agni ist der Feuergott des Veda.

[81] Karma: die Tat; nach der Lehre vom Karma setzt jede gute oder schlechte Tat einen Vergeltungsprozeß im nächsten Leben frei, der nicht beeinflußt werden kann.

[82] Ursprünglich stabile kosmische Ordnung, später ethisch rituelle Pflicht, bei deren Erfüllung jede Kaste eigene geistliche und weltliche Vorschriften zu beachten hatte; hier: die wahre Religion der Jainas.

[83] Dreizack.

[84] Die ‚Durga, welche in den Bergen lebt'.

[85] König Arduin, der Wilhelms Klostergründung ermöglichen half, unterlag im Ringen mit dem ostfränkisch-deutschen König Heinrich II. Im Jahr 1014, dem Jahr von Heinrichs Kaiserkrönung, ließ er sich als Mönch in das Kloster Fruttuaria aufnehmen.

[86] Odilo wurde 994 Abt von Cluny.

[87] Vorgänger von Odilo als Abt von Cluny.

[88] Pishaca: Dämon.

[89] Im Original tragen diese Namen Längenzeichen, die sie als maskulin und feminin kenntlich machen.

[90] Vgl. Anm. 81.

[91] Hinduistisches Symbol, vergleichbar einem Goldesel, der alle Wünsche erfüllt.

[92] Hohlmaß, zwischen 30 und 300 Litern.

[93] Hohlmaß, ursprünglich ein halber Liter.

[94] Goldmünze.

[95] Berühmter Beamtengelehrter (989–1052), der trotz Armut studierte, später wichtige politische Ämter bekleidete und mutige Vorschläge zur Reform der Verwaltung unterbreitete.

[96] „Gerber-Somach", lat. rhus coriana, Strauch mit Blättern und Beeren zum Würzen.

[97] Metall, in Pulverform als Farbstoff benutzt.

[98] Dieser und die folgenden Rhythmen waren für die orientalische Musik dieser Zeit typisch.

[99] Zugleich Symbol für einen unfähigen Zensor.

[100] Sinnbild für einen schwächlichen Literaten.

[101] In seinem Urteil empfahl der König der Dschinnen den Menschen als Krönung der Schöpfung, die Tiere besser zu behandeln.

[102] Hirse ist die bekannte Sorghum-Hirse; Kodrava ist eine Hirse mit kleinen, schwarzen Körnern, die nur von armen Leuten gegessen wird.

[103] Ein bekannter Dichter byzantinischer Abstammung, gest. um 896.

[104] Berühmter arabischer Dichter, gest. um 816.

[105] Dschibril Ibn Bachtischu, gest. 827, aus einer berühmten christlichen Medizinerfamilie, Leibarzt mehrerer Kalifen.

[106] Kama ist der Liebesgott.

[107] Kokila: Kuckuck.

[108] Hari: Synonym für Vishnu, dessen Inkarnation auf Erden Krishna ist.

[109] Wakula: ein Baum von dem es heißt, daß er Blüten treibt, wenn er benetzt wird vom Nektar aus dem Mund schöner Frauen.

[110] Tamala: ein Baum mit dunkler Rinde und weißen Blüten.

[111] Kinsuka: ein Baum, den Dichter wegen seiner schönen Blüten gerne besingen.

[112] Madana: ein Name des Liebesgottes Kama.

[113] Ananga: ein Name des Liebesgottes Kama.

[114] Kesara: eigentlich Haar der Augenbraue; Name für die Blüten verschiedener Pflanzen.

[115] Kandarpa: ein Name des Liebesgottes Kama.

[116] Patali: eine Reispflanze.

[117] Karuna: ein Baum, der verwandt ist mit Orangen und Zitronen.

[118] Ketaki: ein Baum, der auch Pandanus genannt wird.

[119] Atimukta: ein Strauch, dessen Blüten „weißer als Perlen" sind.

[120] Amra: der Mangobaum.

[121] Wrindawana: der Ort Brindavan bei Mathura in Nordwestindien.

[122] Jamuna: der Fluss Yamuna, ein Nebenfluss des Ganges.

[123] Madhavi: ein berauschender Trank.

[124] Malika: Name für verschiedene Blüten und einen berauschenden Trank.

[125] Malli: Jasmin.

[126] Jungfrau im Paradies nach islamischer Vorstellung.

[127] Hier: Anhänger eines Astralkultes.

[128] Ein Shinto-Fest, das alljährlich im 11. Mondmonat am Shinto-Schrein begangen wurde.

[129] Die Göttin des Herbstes, die kunstvoll das Herbstlaub färbte.

[130] Die himmlische Weberin – der Stern Wega im Sternbild der Leier.

[131] Aus Tzapotlan, dem Land der Zapoteken – „der Herr des Küstenlandes".

[132] Ein bekannter syrischer Mediziner des 9. Jh.

[133] Schwellung der Bindehaut des Augapfels.

[134] Arzt, Alchimist und rationaler Philosoph persischer Herkunft, gest. um 925; sein „Continens des Rhazes" wurde auch Standardwerk mittelalterlicher lateinischer Medizin.

[135] Ein Gericht aus Fleisch, Zwieben, Butter, Käse u. a.

[136] Zwei Brüder, die sich gegen Moses empört hatten und deshalb von der Erde verschlungen wurden.

[137] Petrus war der Patron von Dom und Bistum Worms.

[138] Nach islamischem Recht hatten die Angehörigen eines Getöteten Recht auf Blutrache. Sie konnten darauf verzichten und stattdessen ein Lösegeld verlangen.

[139] In jenem Jahr hatten die Truppen der Tanguten den Chinesen eine Niederlage bereitet.

[140] Ouyang Xiu (1007–1072) führender, konfuzianisch gesinnter Beamter.

[141] D. h. der Bedeutung und Qualität der Literatur.

[142] Versammlung der stimmberechtigten Mitglieder eines Klosters.

[143] Der wohl berühmteste griechische Arzt (460–375 v.Chr.), nach dem der hippokratische Eid der Ärzte benannt ist.

[144] Galen und Suran (Soranos) waren bekannte antike Ärzte.

[145] Gefährte Muhammads, Kadi im Jemen.

[146] Frau Muhammads, „Mutter der Gläubigen", gest. 678.

[147] Die Song-Dynastie.

Literaturhinweise

Borst, Arno: Lebensformen im Mittelalter. 14. Auflage Frankfurt/M. u.a. 1995.

Endreß, Gerhard: Der Islam. Eine Einführung in seine Geschichte. 2. überarb. Auflage München 1991.

Engels, Odilo und Peter Schreiner (Hg.): Die Begegnung des Ostens mit dem Westen. Sigmaringen 1993.

Fichtenau, Heinrich: Lebensordnungen im 10. Jahrhundert. München 1992.

Franke, Herbert und Rolf Trauzettel: Das Chinesische Kaiserreich (Fischer Weltgeschichte 19). 16. Auflage Frankfurt/M. 1996.

Fried, Johannes: Die Formierung Europas 840-1046. 2. unveränderte Auflage München 1993.

Haarmann, Ulrich (Hg.): Geschichte der arabischen Welt. 3. erweiterte Auflage München 1994.

Hall, John (Hg.): Das Japanische Kaiserreich (Fischer Weltgeschichte 20). 10. Auflage Frankfurt/M. 1997.

Haussig, Hans-Wilhelm: Die Geschichte der Seidenstraße in islamischer Zeit. Darmstadt 1988.

Iliffe, John: Geschichte Afrikas. München 1997.

Köhler, Ulrich (Hg.): Altamerikanistik. Eine Einführung in die Hochkulturen Mittel- und Südamerikas. Berlin 1990.

Kuhn, Dieter: Die Song-Dynastie. Eine neue Gesellschaft im Spiegel ihrer Literatur. Weinheim 1987.

Kulke, Hermann und Dietmar Rothermund: Geschichte Indiens. München 1998.

Meissner, Marek: Die Welt der sieben Meere. Leipzig – Weimar 1980.

Nagel, Tilman: Die islamische Welt bis 1500. München 1998.

Prem, Hans J. und Ursula Dykerhoff (Hg.): Das alte Mexiko. Geschichte und Kultur der Völker Mesoamerikas. München 1986.

Schreiner, Peter: Byzanz. 2. überarbeitete Auflage München 1994.

Van Houtte, J.A. (Hg.): Europäische Wirtschafts- und Sozialgeschichte im Mittelalter. Stuttgart 1980.

Villiers, John (Hg.): Südostasien. Vor der Kolonialzeit (Fischer Weltgeschichte 18). 6. Auflage Frankfurt/M. 1993

Faszination Geschichte

Margo Westrheim
Kalender der Welt
Eine Reise durch Zeiten und Kulturen
Band 4780
Erstaunliche Fakten – von Stonehenge bis zu den Azteken, von den Navahos bis zu unserer modernen Zeitrechnung. Mit einem Überblick, wie die ‚heiligen‘‘ Zeiten in den verschiedenen Kulturen gefeiert werden.

Jonathan Riley-Smith
Die Kreuzzüge
Kriege im Namen Gottes
Band 4755
Die Kreuzzüge gehören zu den dunkelsten Kapiteln der christlichen Geschichte. Wie kam es dazu? Was waren die treibenden Ideen und tragenden Kräfte?

Hans Maier
Welt ohne Christentum – was wäre anders?
Band 4721
Vor nahezu 2000 Jahren kam das Christentum in die Welt. Es hat die Gesellschaften des Abendlands geprägt. Welche Rolle wird es in Zukunft spielen?

Peter Dinzelbacher
Die letzten Dinge
Himmel, Hölle, Fegefeuer im Mittelalter
Band 4715
Ein Buch über kollektive Vorstellungen, Schrecken und Hoffnungen, die heute noch gegenwärtig sind in Kunstwerken und Kirchen.

Norman Cohn
Die Sehnsucht nach dem Millennium
Apokalyptiker, Chiliasten und Propheten im Mittelalter
Band 4638
Endzeitfieber gibt es nicht nur heute, angesichts der Jahrtausendwende. Eine Fundgrube für alle am Mittelalter Interessierten.

HERDER / SPEKTRUM

Régine Pernoud
Hildegard von Bingen
Ihre Welt – Ihr Wirken – Ihre Vision
Band 4592
Ein lebendiges Portrait.

Andreas Beck
Der Untergang der Templer
Größter Justizmord des Mittelalters?
Band 4575
Eine Geschichte von Korruption, Machtkalkül und politischer Justiz.

Eberhard Horst
Der Sultan von Lucera
Friedrich der II. und der Islam
Band 4453
Eine spannende Erzählung über das Leben des Sultans von Lucera.

Ingrid Ahrendt-Schulte
Weise Frauen – böse Weiber
Die Geschichte der Hexen in der frühen Neuzeit
Band 4336
Die Historikerin hinterfragt alte und neue Mythen.

Hans Sedlmayr
Die Entstehung der Kathedrale
Band 4181
„Ein Buch von gleicher materialer Weite und gleicher Tiefe wird nicht wieder geschrieben werden können" (Das Münster).

Hans Maier
Die christliche Zeitrechnung
Band 4018
„Eine kompakte Darstellung, die eine Wissenslücke füllt"
(Wiener Zeitung).

HERDER / SPEKTRUM